Joyful-Life

15

Joyful-Life

15

成功之輪

邁向成功的*12*個關鍵點

Anthony 伍國隆 ◆ 著

Joyful-Life 15

成功之輪：邁向成功的12個關鍵點

作　　　者	Anthony 伍國隆
書封設計	林淑慧
特約編輯	洪禎璐
特約美編	李緹瀅
主　　　編	劉信宏
總 編 輯	林許文二

出　　　版	柿子文化事業有限公司
地　　　址	11677臺北市羅斯福路五段158號2樓
業務專線	（02）89314903#15
讀者專線	（02）89314903#9
傳　　　真	（02）29319207
郵撥帳號	19822651柿子文化事業有限公司
投稿信箱	editor@persimmonbooks.com.tw
服務信箱	service@persimmonbooks.com.tw

業務行政	鄭淑娟、陳顯中

初版一刷	2022年10月
定　　　價	新臺幣480元
I S B N	978-626-7198-06-3

國家圖書館出版品預行編目(CIP)資料

成功之輪：邁向成功的12個關鍵點/Anthony伍國隆著.
-- 一版. -- 臺北市：柿子文化事業有限公司, 2022.10
　面；　公分. -- (Joyful-life；15)

ISBN 978-626-7198-06-3(平裝)

1CST: 成功法 2.CST: 自我實現

177.2　　　　　　　　　　　　　　111015278

推薦序

　　成功一定有方法，失敗一定有原因。想要成功，就要找到真正有成功的經驗，並且能夠整合出一套可落地成功系統的實踐家去學習！擅長邏輯分析、理論實踐的青年創業家Anthony伍國隆，正是這樣一位已經幫助過上萬人突破自我、帶來自主生活的卓越導師，值得你好好學習！

　　國隆是實踐家主辦全球知名課程Money&You華文版的畢業家人，他的成功思維和經驗，有許多和M&Y課程理念相似的地方，我們相信：你就是錢，錢就是你！人對了，錢就來了！有錢之後如果變了一個人，人變了，錢自然也就會沒了！

　　如何成為一個對的人呢？《成功之輪》從思維篇、行動篇、人性篇到大道篇，有非常具體的論述和實踐步驟，可以讓人參考借鏡！

　　不為失敗找藉口，只為成功找方法。成功之輪給的都是有用的方法！生命成長的過程，不是得到，就是學到，邁向成功的十二個關鍵點讓你既能得到又能學到！讀好並運用成功之輪，既是邁向成功的巨輪，也是持續成功的轉輪。

　　我一直以我的老師證嚴法師所教導的「對人有益、對己無虧、對事圓滿」做為成功的定義，在此分享給你，也祝福你轉動自己事業和家庭平衡發展的成功之輪。加油！

——林偉賢博士／實踐家教育集團創始人、MDW元宇宙實踐家創始人、東吳大學講
　　　座教授、Money & You及Winningforlife國際課程的華文版創辦人、慈善家

　　欣聞伍國隆先生的新書《成功之輪》即將付梓，實屬可喜可賀！

　　伍先生是一個朝氣蓬勃，有夢想並且願意全力以赴的年輕企業家，無論是生活或工作，都擁有非凡的經歷，令人羨慕不已。他指導「成功學」多

年，也推廣行孝、行善和助人的精神，此次不吝嗇的將精華匯集成書和讀者分享，必定能夠讓讀者帶來重大的啟發，讓我們的社會有更多人可以走向成功之道！

文武雙全的他，頭腦聰穎縝密，善於借鑑吸收經驗精髓，而且勇於劈山開路，並順時應勢建基立業。他一路把組織做到數萬人以上，今天，事業甚至遍布十多個國家，足以顯示出他的「成功之道」必然有過人之處，也證明了他更是一名成功的實踐家！

有幸為這本《成功之輪》寫序，並搶先一睹這本有理論、有故事，且精彩活潑的好書，獲益甚多。我也祝福所有讀者能夠從這本富有哲理，對人生有啟迪教育意義的新書中得到啟發，走向生命的巔峰！

千里之行始足下，國隆豪爽闖天涯。

商機蓬勃通四海，成功不忘利他人。

——拿督蔡旭偉／馬來西亞上市公司麻坡萬利集團首席執行官

記得第一次認識Anthony，是在二〇〇九年的墨爾本希爾頓酒店，一個標誌性的地點中的一個會議。讓我印象深刻的是，他那種既理性、專業又謙遜的性格，卻又不失他對未來充滿熱情的憧憬，非常出眾。

從那時起到現在，我和Anthony已共事十三年，我見證了這位年輕人成為我們行業的領軍人物之一。是的，他已經成為一個很有魅力的人，但他仍然是一位謙虛、成功的企業家，一位丈夫以及慈愛的父親。

成功是一件非常有趣的事情。有些人會以「物質」來衡量這一點，而另外一些人則會通過他人的福祉、幫助的人和社區的數量來衡量這一點。無論你的目標或目的是什麼，你都需要完整計畫和系統來配合。在這裡，在Anthony的第一本書的頁面中，你將找到指導走向成功之路所需的一切，不管它是什麼。他提供了一個清晰的路線圖，而你只需要付出動力、釋放能量

和職業道德。就像我與Anthony愉快的合作關係一樣，我相信你也一定會喜歡這段成功之旅。

——David Mulham / 衝浪者、慈善家、成功企業家、摯友、
美國紐交所上市公司首席銷售官

　　人生的道路儘管漫長，緊要處往往只有幾步。成功的路上「心態」決定著我們未來的結果，所以我們必須要多看些成功人士的書，就像羅伯特·清崎《富爸爸》系列的書，讓我受益良多，它在教我們財商觀念，如何在未來的人生中，走向時間自由、財富自主。這本《成功之輪》也有異曲同工之妙，假如你看懂了，就會有動力去提升自身的能力，提升思考的能力，提升判斷的能力，提升分析的能力，這樣自然會看到機會。

　　《成功之輪》作者Anthony，通過十幾年的努力，總結了成功人士必備的心態與技巧，讓許多創業者在未來的人生中少走彎路，用成功人士的經驗，彎道超車，更快取得人生的成功，此書給許多正站在人生十字路口上的人，特別是當前因受到疫情危機衝擊，而對自己未來如何獲得穩定財富而感到無助的人，是一個極好的機會，只要你用心看、用心學、用心悟，就可以開始過上你所夢想的生活。

——Steven陳老師 / 成功國際系統創始人、成功企業家、國際知名成功學講師

　　轉眼間，從事商務行業已經超過三十餘年，可能因為高強度的積效需求，我對成功學有著非常執著的情懷與獨特的感悟，凡事都會要求自己做到至臻至善。多年來，通過近距離與各界的菁英領袖交流、與世界頂尖的企業家合作，我確實相信，成功人士在思維、心態、行動和結果上，都有著奇妙的共通點。

為了更具體地了解這些共通點與成功的秘訣，我一直廣泛涉獵無數關於成功學的資訊與書籍，而Anthony所撰寫的《成功之輪》正是我期待已久的答案，這本關於成功學的書，不單只有條理地分析成功者所具備的十二個特徵，並且有實踐的練習可以讓讀者立刻掌握其精髓，是一本非常全面的成功學指南。

除了在世界各地拓展他事業的版圖，成為優秀企業家，Anthony亦有很高尚的情操，他並不滿足於只屬於個人的成功，亦致力協助團隊發展，以生命影響生命！他通過自己不斷的努力和嘗試，實踐所有成功理論而達致今天的成就，他把這些通過《成功之輪》與我們分享，我很榮幸能為這本書寫序，各位正在向成功出發的朋友們，請不要錯過這本書！

——Judy 陳曉陵 / 前法國老佛爺百貨集團首席運營官

當我和我的朋友拉巴・夏爾巴（Lhakpa Sherpa）向珠穆朗瑪峰頂峰（又稱聖母峰）邁出最後幾步時，我簡直不敢相信我是如何成功登上世界最高山峰的。

隨後，我繼續進行了許多世界級的冒險活動，譬如七天內在七大洲完成七場馬拉松（777）比賽，或在世界最高的喜馬拉雅山ChoLa 山口進行馬拉松比賽，以及在擔任波音787機長的高壓下，仍從未間斷與我的孩子們一起冒險。

回首往事，不管任何事我都充滿好奇心，總想敞開心扉接受任何實現夢想和目標的新想法。

我強烈推薦Anthony的新書《成功之輪》，它將會讓你充滿能量與想法，你可以用這股力量來推動你的行動，並啟動屬於你的成功之輪。讓我們一起採取行動、擁抱自己夢想，並成功登上屬於您的巔峰！

——Mike Allsop / 冒險家、暢銷書作家、國際知名激勵講師、航空公司機長

在我過去20多年的從商經驗中，嘴巴掛著成功的人比比皆是，但真正的成功實踐家卻寥寥可數，而當中懂得如何總結並能夠像Anthony老師般傳授給他人的，更是少之又少。Anthony老師編纂此書是以生動易明的手法，手把手地教導大家他一路走來成功的實踐方法。而最令我感動的是他把那交織著自身的汗水、冷水以及淚水的經驗結晶無私地和大家分享，來幫助大家「達者為先」，並打造一個「眾樂樂」的成功團隊。

——Kevin余競恆／跨國房地產開發商、成功企業家

「江山代有才人出，各領風騷數百年」，新時代領軍人物Anthony老師憑借堅毅的精神改變了產業的面貌。想達到巔峰境界的你必須閱讀《成功之輪》中提倡的成功十二條強大關鍵點。

——Jason 林威仁／五星級度假村開發商、成功企業家

我見證了無數位的實踐家，包括我自己，跟隨Anthony老師在他過去十多年來所創立的各種課程，深入地實習並實踐此書裡的精髓，而取得人生的改變，成功啟動了百萬事業的成功之輪。邁向成功並不需要太多理論，擁有此書，用心閱讀與實踐，你會找到每個成功時刻的每一把鑰匙。

——Reece 林志倩博士／細胞學生物化學博士後、
澳大利亞營養與健康協會副會長、公益慈善推廣者

在追求成功的路上最忌迷失了初心和方向。此書幫助我認清終點，以終為始地佈局再執行；面對挫折時，又該如何調整心態再推倒重練。書中提及關於人性和寓工作於娛樂，對我領導和管理團隊很有幫助。

感恩Anthony老師讓我蛻變成功！

——L.F. 張齡方博士 / Britishpedia《馬來西亞成功人士》百科全書名人榜得主、

內科醫學博士、知名電視直播節目嘉賓

Anthony老師不僅是一位能夠靠自己取得成功的人，還是一位可以分享光明，照亮別人未來的人，是一名真正的良師。我強烈推薦此書給任何渴望改變人生的人，這是你獲得成功的必修課本！

——Patrick 余嘉傑 / 澳洲華人籃球聯盟 (ABA)創始人、P5籃球學院創始人、

澳洲NBL1籃球聯賽教練

成功的路總是模糊，這本書實在太讚了！因為它把黑暗模糊的成功之路變得光明可見，以真人實證系統化的成功方法，把人生帶到巔峰！

——Andy張國舜 / 首位華人球證代表FIBA參與NBA美國職籃球賽、運動員

CONTENTS

第一象限
思維篇 Mindset

1：00 Purpose 目的 25

「目的」能發展成信念，「信念」可以吸引成功，「相信」能夠改變命運，「積極」創造生命奇蹟。

2：00 Positive 正面 51

正面思考的人是「相信好結果」主義者，無論對順境或逆境，都能懷著希望和信心。

3：00 Passion 熱情　79

只要生命有熱情，人生就有動力，就有機會成功；寧願在
熱情中發光，也不要在沉寂中老去。

第二象限
行動篇 Action

4：00 Proactive 主動　105

主動需要勇氣、志向遠大，以及信念堅定；只有主動才能
立足於當今競爭激烈的社會。

5：00 Plan 計畫　133

計畫是一個結合指導性、預測性、科學性和創造性的管理
活動，能有效具體化每個步驟。

6：00 Preparation 準備　

失敗源自於準備不足，準備與失敗是成反比的存在，越輕視準備，越容易失敗。

第三象限
人性篇（Humanity）

7：00 People 人　

成功學上，所有事情都離不開與人交流，處理好人際關係，對完成目標有著十分重要的影響。

8：00 Pain 痛苦

成功的金磚往往就是在淘洗錯誤的沙礫中誕生的，用心體
會失敗所帶來的痛苦，將能讓你獲得更踏實的成就。

9：00 Play 玩

「玩」有助於成功路上的人從困境變向順境；未來是屬於
會玩的人，會玩才是致勝的關鍵。

第四象限
大道篇 Path

10：00 Practice 練習

如果比喻「學」為成功的起點，是從零到一的過程，那重
複實踐的「習」則是走向成功從一到一百的過程。

11：00 Perseverance 堅毅　

如果沒有咬牙撐過的堅毅，就無法跨越成功前的黑暗期，也就實現不了自己的理想。

12：00 Pinnacle 巔峰　

經歷了成功路上無數次的突破、由淚水與汗水交織出的道路，到達了頂峰之時，正是榮耀之日，也是具歷史意義的一刻！

前　言

　　成功學是我的熱情之一，教學也是如此。將近二十年的時間，我每年都用超過大半年的時間，去實踐成功學的理論，致力於幫助他人了解我對成功學的理解。成功學的範圍很廣泛，主題也是無窮無盡的，為什麼？因為成功本身對每個人的定義都是不同的。如果你想對世界產生積極的影響，追尋真正成功的過程將幫助你做到這一點。

　　十多年來，我與許多位來自各行各業的菁英人才交流了成功的真諦，發現很多人對於成功的認識都是模糊的，或者知其一未知其二，存在著許多盲點，這樣就更談不上如何去追求它。

　　在我教授成功學的這些年來，經常聽到人們指出在其他地方學習所謂的成功學，內容通常太過理論化，只點出某些元素對成功的重要性，卻沒有具體講出該怎麼做才能掌握這些元素，以及如何融入生活中形成高效的習慣；或者是缺乏整體性，對成功要素只能看到片面，卻沒辦法將道理融會貫通地表達出來，形成清晰的邏輯；更不用說那些為了點擊率、炒噱頭、嘩眾取寵之流。

　　成功學的起源是為了提升自我與培養他人，從而促使人們更加積極向上，推動社會進步而自然產生的學問。既然是一門學問，我深信它應該可以更有邏輯性、系統性，即使不同的人有著不同的成功之路，猶如八仙過海各顯神通，可是在看似雜亂無章的表面之下，卻隱藏著許多相同的成功規律在裡面起作用，如果能發現它的規律，成功是可以走直線的！

　　當我思考這一點時，關於成功是如何運作的概念，開始在我的腦海中形成。這個概念就是「成功之輪」的四個象限與十二個成功關鍵點，我花了將近二十年的時間來發展與實踐此理論，並在之後一直言傳身教，走遍世界各地教授分享。每次我講解這些概念時，人們總會問我什麼時候能寫一本關於這方面的書，把這些智慧的結晶傳承下去。我認為這是一個重要的使命，

於是出自理科生而不善文筆的我，也終於鼓起勇氣撰寫這本書——《成功之輪》，希望能對成功路上的同行者有所幫助，這就是我最大的願望。

最後，感謝無數成功研究者以及成功人士所共同創造出的智慧結晶，因為前人的努力與分享，才能讓我有機會成長學習。我想藉著這本書，向我的家人、恩師們、Global Galaxy（銀河國際）系統的夥伴，還有成功路上的你們致謝，沒有你們，就沒有今天的我。我會秉承著行善、行孝、助人的宗旨，繼續以生命影響生命，為世界帶來更多的正能量！

淺談成功之輪

▌神奇的數字：四、十二

華夏民族五千年的文化中，數字「四」代表四象，有圓滿的意思，如年分四季（春、夏、秋、冬）；地分四方（東、南、西、北）、城有四郊，房有四至。這個習慣也流傳至今，「四」也是漢字文化圈常用的並稱，如四大名著、四大發明、縱橫四海、志在四方……比比皆是。本書講述的成功理論，也是以四個象限為基礎，成功的根本源於思維、始於行動、安於人性、終於恆心與信念，因此按照流程分為四篇：思維篇（Mindset）、行動篇（Action）、人性篇（Humanity）、大道篇（Path），如右頁圖。

此外，在四個篇章中，各有三個成功關鍵點，而每一個關鍵點都會以英文字母P開頭的單字來代表，四乘三共十二個成功關鍵點，其順位為：

(1) Purpose／目的；(2) Positive／正面；(3) Passion／熱情；(4) Proactive／主動；(5) Plan／計畫；(6) Preparation／準備；(7) People／人；(8) Pain／痛苦；(9) Play／玩；(10) Practice／練習；(11) Perseverance／堅毅；(12) Pinnacle／巔峰。

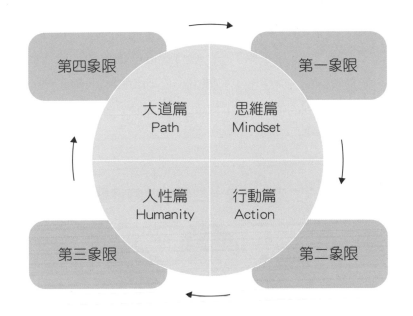

第一象限			第二象限		
思維篇（Mindset）			行動篇（Action）		
1	目的	Purpose	4	主動	Proactive
2	正面	Positive	5	計畫	Plan
3	熱情	Passion	6	準備	Preparation
第三象限			第四象限		
人性篇（Humanity）			大道篇（Path）		
7	人	People	10	練習	Practice
8	痛苦	Pain	11	堅毅	Perseverance
9	玩	Play	12	巔峰	Pinnacle

　　除了數字「四」，「十二」這個數字對人類也具有極其特殊的意義；在天文學上，每年月球會繞著地球公轉十二次，出現十二次滿月；東方有十二生肖的典故，西方也有十二星座之說，無獨有偶，根據《聖經》中的記載，

耶穌從諸門徒中也選了十二位門徒，所以說「十二」是特別的。在日常生活中，人們總離不開「十二」這個數字，彷彿每天的生活都在追逐它的腳步一般，是的，正是我們的「時鐘」！一圈又一圈的滾動，一輪又一輪的交替，看似每一輪都在走相同的路，可是如果能細心品味，卻又會發現每一輪都有所不同。

十二個小時與十二個成功關鍵點

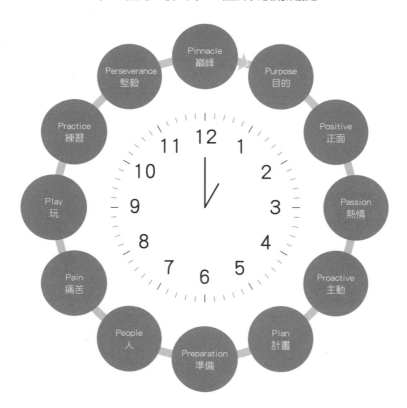

時鐘代表勇往直前、義無反顧、絕不退縮，也代表生命不息，隨著時鐘不斷轉動的過程中，人們會逐步成長、成熟以至蛻變。

本書《成功之輪》正是以同樣的精神撰寫，猶如時鐘一般，十二個成功關鍵點與十二個小時互相呼應，一點鐘對應目的之起點，十二點鐘對應巔峰

之終點，巔峰後又會再一次進入下一輪的起點，生生不息，屢創高峰，此乃成功之輪！

基礎概論

·思維篇──1:00 Purpose目的；2:00 Positive正面；3:00 Passion熱情

在思維篇中，從「一點鐘」所代表的Purpose（目的）正式啟動了成功之輪，此關鍵點代表對於成功必須要有正確的方向，你需要深入挖掘出自己內心對成功真正的「需求點」為何物？這是起點亦是終點，更是至關重要的第一步。

確實奠定好「一點鐘」的基礎、有了正確的定向後，我們將進入「兩點鐘」的Positive（正面），此關鍵點是思維篇中重要的心態，真正的成功都需要經過千錘百鍊的過程，而擁有正面思維可以幫助強化正確的態度，來迎接種種挑戰，並轉化一切成為成功道路上寶貴的經驗。

來到「三點鐘」的Passion（熱情），此關鍵點能幫助我們在較少的時間中完成更多的事，它將密切連結到下一篇章：行動篇，因為熱情是對成功付諸行動的原動力，也能幫助我們做出更適合的決定。

·行動篇──4:00 Proactive主動；5:00 Plan計畫；6:00 Preparation準備

行動篇連結著「三點鐘」的熱情所帶來的動能，在「四點鐘」的Proactive（主動），你將迎接第一個重要的轉折點。主動是推動一件事情完成的重要能力，它會促使你擁有積極態度去面對問題、處理問題。培養好正確的思維與開始實際行動時，你將進入「五點鐘」的Plan（計畫），在此關鍵點，你需要有條理地設計有實施性的計畫，避免紙上談兵，並做好目標管理、時間管理，這麼一來就能有效幫助你更快狠準地達成各種目標任務。計畫是成功路上完成許多小目標的完整途徑。完成計畫後，你將迎來「六點

鐘」的Preparation（準備），此關鍵點會更進一步細化計畫中的目標任務，針對細節來準備並落實執行，把握每一個能成功的機會。

・人性篇──7:00 People人；8:00 Pain痛苦；9:00 Play玩

成功的關鍵離不開適當地與他人和自己溝通，走向第三篇章──人性篇，「七點鐘」的People（人）是成功路上一定會遇到的人而衍生出來的關鍵點，了解人性、懂得處理人際關係，是成功團隊中不可或缺的重要元素。

再來走到「八點鐘」的Pain（痛苦）是成功的必經之路，當你真正了解痛苦所帶來的影響並成功轉念時，將練就出更渾厚、更深層的能量，幫助你走完屬於你的成功之輪。

「九點鐘」的Play（玩），與其說是痛苦之後的關鍵點，不如說，假如你能寓工作於娛樂、視挫折為動力，就能對所謂的痛苦一笑置之，讓自己與團隊可以突破難關，享受過程，此關鍵點能調整狀態、讓人有高效的戰鬥力、增加成功的機會。

・大道篇──10:00 Practice練習；11:00 Perseverance堅毅；12:00 Pinnacle巔峰

這個篇章進入到「十點鐘」的Practice（練習），此關鍵點將注重在如何學會成功之實戰技巧，打好技術層面上的基礎，努力練習直到學會的過程，而「十一點鐘」的Perseverance（堅毅），是將練習中所培養出來的技巧與技能，在實質的行動和心態上，磨練得更加爐火純青，進一步將你的能力與心態更腳踏實地、安靜且穩健地提升。

來到最後一個關鍵點，「十二點鐘」的Pinnacle（巔峰），此時你已經成功登頂，摘到豐碩肥美的果實，享受著成功所帶來的一切，可是正如前文提到，十二點鐘是終點也是起始點，此時，你需要慎重地檢視正在巔峰的自己，將會保持卓越，還是從此墜落，這是一種選擇，也是一種智慧。當你沉

澱以後，勢必能發現下一個目的的路口，正式啟動新的一輪「成功之輪」，再登高峰！

　　本書會針對成功之輪中的十二個關鍵點進行探討，從理論到實踐經歷，然後在每一個篇章中，會附上兩個如何獲得該能力的訓練與兩個對應的寓言故事，小故事大道理，更進一步深化其核心思想，總共二十四個實踐練習、二十四個生動故事，相信能助你一臂之力，成功登峰！事不宜遲，成功之輪，正式啟動！

第一象限
思維篇 Mindset

1:00

Purpose 目的

個人經歷分享

　　世界上絕大部分的人在生活中都會因為不知道自己的目的是什麼而盲目地活著，或者說他們根本沒時間去思考這個問題，結果每天都只是在別人的指示下行動。與其把自己人生的決定權拱手讓給別人決定，何不勇敢踏出第一步去尋找屬於自己的夢想？

　　既然不知道自己想要什麼，就別再糾纏那未知的問題，不如靜下來問問自己：如果金錢和時間都不是問題，你最想做什麼？**當你細心聆聽自己內心真正渴望的，過去人生的種種將會引領你找到自己真正想要的。**

　　我在一個小康之家長大，記憶中，每天晚上父母在安頓好三個小孩入睡後，便是在家裡忙碌、把白天未做完的工作繼續完成的時候。在無數個夜晚中，令我記憶深刻的便是床頭後面桌子上那小小的夜燈、大大的工程圖，還有父親手上那根看似永不熄滅的菸，以及母親亂中有序地做著家務的背影。

　　記得小時候我有一篇作文得獎，題目是「爸爸是我的超人」，至今我仍然認為父親是我的終生榜樣。多年來，他的言傳身教給我的人生帶來很大的啟發，他面對困境從不妥協、做事素來雷厲風行、對朋友義不容辭；面對順境時，他能勤勞樸實，而在逆境中，他亦能保持平常心、言出必行。

　　隨著逐漸長大，我變得越發喜歡找父親，請教他看問題的見解和做人的道理，甚至曾經有好長一段時間，每次與父親結束對話後，我都會寫下筆記，生怕漏掉忘記，至今，我對父親的教誨仍然銘記於心。他的行事作風深深影響著我，而他那種不屈不撓的精神也遺傳到我身上，讓我在人生道路上總能越挫越勇，受用無窮。

　　父母對我們三個小孩從來都是採取放養式教育，不會過度干預或為我們安排人生，也從不會給我們一種望子成龍般的壓力，確實給我們有足夠大的自由空間去成長，然後自己默默守護著家裡的一切。中學時期，我決定出國深造時，已在內心下定決心，當我學成歸來，一定要衣錦還鄉，成為父母的

驕傲。至於如何做到，當時根本毫無頭緒，只是靜靜的埋下一顆種子——一顆「成功之輪」的種子。

大學時期，我每天交錯於半工半讀的生活中，極忙碌也極其充實，回顧幾年的求學日子，真是一段很快樂的時光，很感恩在這個時候認識了一群好友以及我的另一半，也就是我未來的妻子Karen。

畢業後，我繼續在工程研究所進修、當助教、寫論文，每天大量地閱讀文獻，面對未知的前路，心裡總是有一種不踏實的感覺，一種說不出的徬徨。這段時間的經歷讓我感受很深，也學習到很多技能，特別是時間管理和尋找資料的能力。雖然過程有一些波折，但漫漫長夜總有盡頭、天總會亮，慶幸的是，在完成論文期間，我已經獲得四家跨國公司發出聘雇邀請，並拿到人生重要的獎學金。

碩士畢業的我，帶著整副家當，全身上下只有兩百元澳幣現金，便隻身從紐西蘭的基督城飛往澳洲的墨爾本打拚，懷著「希望闖出一片天再回家」的心情，從此開始朝八晚八的工程顧問生活。說實在的，這份工作很好，工資高、福利好，可是我慢慢發現這一成不變的工作模式讓我感到迷茫。

如果讓我寫日記，也許我只需要寫一天，然後複印六天就行了，因為每天的工作生活都是一樣的，每天三個門：家門、車門、公司門，每年三個等：等放假、等加薪、等發紅。每當夜闌人靜的時刻，我都會回憶當初離開香港時的決心，決心要衣錦還鄉，以及有更多時間陪伴父母，但這份工作的時數與可預見的未來生活，讓我不禁懷疑這公式化的生活是我想要的嗎？當初我出國的目的又是什麼？我不斷地反問自己……

時光匆匆，直到有一年我回香港跨年，看到來接機的父母兩鬢斑白，身形也早已沒有印象中這麼靈活硬朗，突然一種莫名的感覺湧上心頭。父母確實變老了，他們還患上了高血壓與糖尿病等慢性病，這些退化疾病的可怕之處不在於當下，而在於併發症。雖然我知道這些隱憂，可是因為工作的關係，在短暫的假期結束後不得不離開，除了不斷叮囑他們要多注意、保持健

康外，也別無他法。所謂百善孝為先，自小離家，後來在外工作，究竟什麼時候才能在父母身邊盡孝？

　　當時我已開始隱約意識到，自己需要的不只是一份穩定工作、固定工資，更重要的是靈活財務帶來自主的生活便利。我的夢想是能夠給家人幸福、給父母榮耀、給小孩樹立榜樣，甚至能夠幫助更多渴望成功的人創造奇蹟！成為自己人生的舵手，而不是人云亦云、隨波逐流的平庸之輩！

　　當我的目的變得更明確以後，方向也變得更清晰了，幸運的是，不久以後，我便閱讀了財商教育家羅勃特・T・清崎（Robert T. Kiyosaki）的《富爸爸商學院》，這才發現，原來魚與熊掌、賺錢與生活、創業與家庭真的可以兼得，關鍵在於是否有接受到真正的財商教育，並不斷建立網絡和擁有充足的流動資金。正如羅勃特所說：「如果想成為真正的富人，而不是富人的高薪雇員，就需要進入可以將自己培養成企業家的商學院。《富爸爸》之所以向大家隆重推薦網絡行銷，就是因為它擁有改變人生的教育培訓體系，是真正的商學院。大多數人都沒能理解，網絡行銷不是推銷產品，而是建立資產。」確實，不像一般所謂財商課程的理論教育，網絡行銷是一個實戰的財商教育平臺，在這個領域中，人們會鼓勵你透過犯錯、修正，進而在智力和情感上變得更加出色。直到此刻，我終於發現能夠完成夢想的轉折點！

　　「網絡行銷」是一個極具爭議性的行業，許多人對這個行業抱有不同的看法與評價，有支持也有反對。凡事好中有壞，壞中有好，事實上，這行業中良莠不齊、好壞參半，需要謹慎選擇。在決心開始投入其中前，我翻閱了許多相關資料及文獻，研究了整個產業的背景、歷史、現狀與未來，我驚訝地發現這產業的發展已經非常成熟，而我卻完全懵然不知，真的應驗了無知者──「不知道自己不知道」的境界。

　　不單是許多大學已經開設網絡行銷學相關的課程科目，而且各國對網絡行銷的模式已訂立相關的法規。經濟學家已剖析了網絡行銷的模式，認為它可以透過創業來解決就業的問題、解決並避免科技與經濟脫節的問題，甚至

讓普通人也可以透過努力致富而活得更有尊嚴；對比很多市井小民聽到的負面消息，事實上這個產業已受到許多國家政府以及商界成功人士所推薦，透過各種資料和數據，我看到這個行業的前景，也看到它的無限商機。

作為一位專業的工程師，也許這是一個全新的體驗、一個未知的領域，但我也願意嘗試；因為我相信無論做什麼事情，只要肯努力奮鬥，一定能成功，儘管過程中偶有失敗，但也是有意義、有價值的，畢竟求勝的訣竅往往只有那些失敗過的人才能瞭若指掌。

成功的祕訣，在於永不改變既定的目的，並願意為其付出努力、堅持到底。初心即動力、決心即力量、信心即成功；既然我已經清晰知道了自己的目的——即透過創業獲得個人成功與時間自由，然後衣錦還鄉陪伴家人、照顧父母。放在面前的機會正可以達成這個夢想與目的，何不大膽嘗試，再小心求證。

誰會料到，當年一個看似草率的決定，最終不單讓我成功完成第一次「成功之輪」——個人成功的巔峰，更因為這個機遇，讓我找到下一個「成功之輪」的目的——用生命影響生命、助人成功，並創立Global Galaxy（銀河國際），目標是把經驗分享出去，幫助更多人邁向成功，這就是我熱衷的事情！勇於冒險，直覺築夢，號召夥伴，揚帆啟程。

何謂「目的」

成功的首要條件在於目的和信念。根據典故所言，眼睛為「目」，箭靶的中心目標為「的」。射箭是為了射中目標，這就有了「目的」。古人把具體的動作轉化為抽象的概念——「目的」，從此就有了這個名詞。時以至今，「目的」通常是指人們根據自身的需要，借助意識、觀念的中介作用，預先設想的行為目標和結果。作為觀念形態，「目的」反映了人對客觀事物

的實踐關係；它是行動最初的動機，也是最終要達到的地點或境界，並貫穿了實踐過程的始終。

事實上，每個人的「目的」都有所不同，其價值的判斷，並不存在於事情本身，而是存在於當事人的解讀與抉擇之間，沒有高低貴賤之分。也許其他人對於你所闡述的目的感到滑稽可笑，但只要你堅守自己的信念，猶如在內心撒下一顆種子，當合適的條件出現，種子自會生根發芽破土而出，總會有收穫果實的希望。

每個人都值得擁有自己的「目的」，不管是透過理性分析所設計出來的目的，還是透過心之意識所引導的目的，都應該構想一個目的，給自己一個方向。

目的就好比指引方向的羅盤，在人生的遠航中指引著前行的方向。在漫無邊際的旅程中，重要的不是一個人飛得有多高、有多遠，關鍵在於有明確的方向。如果生活中漫無目的，人生的色彩大概只會剩下黑白色，就像鋼琴鍵盤一樣，要是沒有曲目的創作，就只是一盤黑白鍵，而有了動人的樂譜，便能透過音樂構畫出一個繽紛的世界。

無論你是為了心中的理想、追求、價值等意識形態上的東西，還是為了現實的物質、需求、財富等生活品質上的東西，以「成功之輪」為藍圖，首先要為自己設定一個明確的「目的」，然後透過成功之輪的其他十一章，你將能夠一步步走向「巔峰」。

「目的」的意義和重要性

猶如中國古代四大發明之一的「指南針」，以磁鐵為媒介，在地球的磁場上，永遠指著同一個方向，因此，古人用它來辨明方向、確定方位，不論是勘察探險還是航海導向，都能讓人帶來希望和前進的動力。同樣的，「目

的」就像成功追求者的指南針，能指引方向，它的意義是讓人知道什麼事物在當下最重要，它也會塑造人的心靈、決定人的行為、促發人的潛能，是驅動正向熱情、積極主動、堅持不懈與發展才能的重大因素。

在現實生活中，我們看到很多的成功者，大部分並沒有天賦異稟，他們之所以成功，往往是因為有強烈的目的感，然後以終為始，把焦點集中到完成目的的各個目標之任務上，然後一個個完成，最後堅持走向成功；反之，當一個人沒有「目的」，焦點就會變得模糊，即使再努力奮鬥也是枉然；這就像是沒有羅盤的航行、開車不知道目的地一樣，馬力再大、車子再快，也無法走到終點，因為根本不知道終點在哪裡。所以，如果方向不對，停下來思考也會是一種進步。

正如華理克（Rick Warren）牧師在《標竿人生》中說到：「人生最大的悲劇也許不是死亡，而是沒有目的。」所謂「目的感」，其實就是充分了解所做的事情背後的意義與價值，以至於對結果的輪廓有大概的印象和感覺。

美國明尼蘇達大學的心理學家斯蒂芬妮・胡克（Stephanie Hooker）博士指出，缺乏對生活的「目的感」會讓人茫然無措，每天明明很忙碌卻沒有充實感，造成自我懷疑、焦慮、憂鬱、憤怒、恐慌及擔憂等情緒問題，無形的壓力不斷增加，甚至負荷過重時會導致生理疾病的出現。

近年來，社會上頻頻出現許多人有「空心病」，這是由於價值觀的缺陷、漫無目的地活著而導致的心理障礙，甚至嚴重者會有輕生的念頭；這類患者被稱為「空心人」，空心人會認為自己與這個世界的人事物沒有聯繫，內心空蕩蕩，缺乏目的方向而產生強烈的無意義感。

人是一種「意義動物」，會本能地為每件事情和自己的行為找到它的意義，一旦找到了，便會獲得充實感，覺得時間和精力都得到充分發揮而感到喜悅。在哲學角度上，人與動物不同的地方是具有高級思考能力，能夠透過自主意識來決定目的與意義，是努力奮鬥人生，還是渾渾噩噩地活著，都是自己選擇的；正如樹的方向是由風決定，而人的方向卻是由自己決定的。

　　當人們有了目的，了解自己為何追求並相信自己能達到時，就會受到激勵，進而激發出熱情與創造力，並帶來生生不息的力量以克服障礙、對抗惡運；這不僅會振奮自己，也會鼓舞人心，為他人的人生帶來正面的激勵，讓自己的人生更有意義。一個沒有意義與目的的人生，會讓人做任何事都很難覺得幸福，就算完成「任務」，也不會感受到成就感和滿足感，覺得那並不是自己真正想要的，所以，生活中有意義與目的，對於每個人都很重要，是前進的動力來源。

「目的」與「目標」的差異

　　「目的」與「目標」雖然很相似，但實際上有著本質的差別，假如把它們搞混了，可能會導致在實現目標以後，因為失去前進的方向而產生無力感，又可能會出現與當初想要的目的背道而馳的結局，從而感到沮喪。因此，了解「目的」與「目標」的差異相當重要，以下是對於兩者之間不同之處的分析：

❶「目的」是應達到的效果（結果），也可以理解為是夢想與期望，它是某種行為活動的宗旨或方針；而「目標」是達到效果（結果）的量化指標，為了達到目的的實現，而付諸實踐所進行的階段性計畫或者任務的達成。

❷「目的」內涵的精神是貫穿於各個具體「目標」之中的，是目標的靈魂，而「目標」是為了達成目的的步驟。「目的」與「目標」就像面與點的關係，無數的點構成了面。只有明確了「目的」，才能確定目標；確定了「目標」，才能設定對應的任務；所以成功者往往會以「目的」為導向，進而細分成為各個「目標」，最後透過執行來完成任務。

❸「目的」較為抽象和概括，是想要得到的東西，而「目標」則比較形象和具體，是看得見的東西。透過實現一個個看得見的目標，逐漸靠近想要得到的目的，在每次完成目標時，如果感覺自己離目的越來越遠，那就說明這條路徑有偏差，應當適時調整修正再出發。

❹「目的」回應的是「為什麼」（why）的概念，是一個方向的終點，而「目標」回應的是「什麼」（what）的概念，是走向目的過程的路標，所以目標可以是複數的，但目的卻只有一個。隨著各種條件的變化，達到目的的路徑（即各個目標）可以改變或細化，但目的卻需要盡可能鎖定，否則目標便會難以清晰。

❺「目標」可以放棄，但「目的」不能。目的是大方向，只要目的不變，即使實現目標的過程中遇上變數或其他狀況，被迫放棄目標，仍可以透過修正目標路徑而再次嘗試達到目的。

❻先要有「目的」，然後再根據目的而設定「目標」。目標是為了達到目的的過程，如果實現不了目標，目的也就難以達成。所以在設定目標的時候，更要先想清楚目的，目標不一定要很大，可以先細分下來再逐一解決。

　　關於「目的」與「目標」的例子，如果說：「目標是年輕時就退休、財務自由，然後享受人生。」這不是目標，而是目的。目標，是需要明確的，而不是用「年輕時就退休」、「財務自由」這類籠統的字眼，「年輕」代表幾歲？「自由」又如何定義？所以，可以重新設定為：「目標是四十歲以前擁有每年一百萬元的循環式收入；而目的是為了退休後仍然有收入的保障、享受時間與財務的自由，可以隨時來一場說走就走的旅行。」

　　成功達到目的是一個完整目標體系的結果，從遠程目標到短程目標，當目標完全融入我們生活的時候，生活會變得更充實，並產生自我激勵和熱情而朝著目標邁進，那麼達到目的就只剩下時間的問題了。每個人都應該好好

地想一想，現在在哪裡，希望去哪裡，夢想又是什麼，然後再為了達到這個夢想來規劃各個階段的目標。在成功之輪中的第五章（詳見一三三頁），將會說明如何設定明確的目標、任務和時間管理的技巧。

你的人生，你的抉擇！

俗話說：「沒目的的人生叫流浪，有目的的人生叫啟航。」每個人每天都在選擇與決定的過程中度過，什麼樣的選擇決定什麼樣的生活，我們現在的一切，都是過去思想的結果。今天的生活是三年前自己的選擇決定的，而今天的抉擇會決定三年後的生活，假如今天的生活並不是自己理想中的生活，不妨停下來仔細分析自己在過去十年都做了哪些決定；不管什麼選擇，只要是自己的決定都是好的，歡喜也好、傷心也罷，都是一種經歷，它是成功的基石，有了經歷做為依據，以後對事情的判斷、目的的制定，都會有更敏銳的知覺。

關於抉擇，最可惜的莫過於不願意選擇的人。假如因為害怕承擔決定的後果，而放棄自己選擇的權利；對自己的目的缺乏主觀的判斷和決策，目光便會失去焦點，自己的生活也將會消耗在追逐別人指派給你的任務中。如果你運氣好，遇上貴人相助、名師指點，確實能夠讓我們減少困在人生迷霧中的時間；如果你運氣平平，碰上缺乏實際經驗又愛隨意給予意見的友人，輕則多走彎路，浪費寶貴的時間成本，重則徹底迷路，在摸索中兜兜轉轉，事實上，這種情況是最經常發生的。最壞的情況是，被有心人利用你的猶豫不決和迷茫，去為他做了什麼壞事而不自知，誤入歧途。所以說，對自己的人生要勇於選擇、敢於探索，才能實現夢想。

切記，你不可能做到別人要求你做的每一件事，若不是別人占用你的時間，就是你有目的、有夢想、有理想，然後身邊的人會配合你，並協助你達

成它。總的來說，對於與目的掛鉤的事，絕不妥協；那些不掛鉤的事，則不必糾結。人生，要不自己決定，要不被迫行動，你，又會如何選擇呢？

人們總是容易跟著別人的問題跑，到最後往往忽略了什麼才是核心，以及一切事物的原始動機與目的，也就是初衷。

自己的夢想需要自己保護好，不要輕易被別人的言語動搖，否則只配做別人的附庸，而根本沒有信心去追夢；正如激勵大師萊斯‧布朗（Les Brown）說：「不要讓別人對你的看法，變成你的現實。」一個真正偉大的人是敢於勾勒夢想且不畏人言，在任何風吹浪打的情況下，仍然會不遺餘力地去追求自己夢想的人。

夢想的實現建立在「我一定要」的強烈企圖心上，這個願望越大，成功機率將會越高；如果連想都不敢想，又怎麼會去做？人因夢想而偉大，因缺乏夢想而變得渺小。

很多時候，當人年紀大了，不會因為自己做過什麼而後悔，反而會因為沒做過什麼而後悔，研究指出，老年人的後悔清單中，最常見的項目之一是希望過去能追求自己的夢想和抱負，而不是妥協將就地過日子，盲目回應別人對自己的期望，被動地隨波逐流，結果離夢想越來越遠。所以，自己的人生，自己把握；自己的夢想，自己構繪，不要再讓別人偷走或擊退你的夢想，勇敢設定目的，不再流浪，立即啟航！

有了目的，才會「心想事成」

朗達‧拜恩（Rhonda Byrne）在《祕密》一書中講述了成功的祕密就是「吸引力法則」（The law of attraction），其定義可以理解為當人有了想法，潛意識便會關注那些與想法相關的東西，逐漸在生活上發現它、靠近它，甚至吸引它，進而讓想法成為了現實，最終達到目的；就像是把心中所

求和想法發送到宇宙，然後得到宇宙的回應一般神奇；但前提是，這個想法本身是在現實中可以達成的願望，而不是空想或妄想。

更進一步來說，這個關於目的的想法，是最初的原點，也是最終的期盼，你需要徹底相信它會發生，成為一種信念，透過想像力不斷強化它，從而影響自身的行為，然後積極行動以朝目的邁進，最終達到改變結果的效果，讓結果按照你的心意呈現在眼前，這便是「心想事成」──**心願（心）＋思維（想）＋行動（事）＝成功（成）**。正如成功學大師博恩・崔西（Brian Tracy）的名言：「當你非常渴望得到某樣東西時，你就會建立信心和提升能力去克服任何在你面前的障礙。」

「目的」能發展成信念，「信念」可以吸引成功，「相信」能夠改變命運，「積極」創造生命奇蹟。

「目的」的益處

｜・「目的」讓人積極主動

目的往往會帶來熱忱，讓人變得更積極主動，沒有任何東西比清晰的目的更能帶來動力。

缺乏目的的人，生活會缺乏熱忱，哪怕是早起這樣簡單的事，都會變成一件大事，常常會因為重複做著無意義的事而疲於奔命，引致不必要的壓力、疲乏和衝突，甚至失去喜樂。

一個不想爬山的人，誰也不能背他爬山，當你有了目的，被動會轉為主動，就有了登峰的原動力。有了目的，就有了一個能看得見的彼岸與焦點，使心中的想法具象化，接著就會在腦海中逐漸變成一幅清晰的畫面，然後集中精力把資源投放在所選定的方向上，越投入就越熱衷，越熱衷就越熱心，

接下來，當目標一個個實現，便會獲得更多成就感，心態就會變得更加積極主動。

┃・「目的」讓人活得有意義

現在做什麼不重要，重要的是將來做什麼。有目的的人生會讓人變得更有存在感、使命感和價值感。大部分人的處事方式，主要取決於他們怎樣看待自己的目的；如果很重視，便會全力以赴，心態上也會更樂觀；如果很隨意，則會藉口不斷，抱怨連連。科學家為了找出真相而奉獻，他們活得有意義；藝術家為了追求美學而付出，他們活得有意義；運動家為了超越極限而努力，他們活得有意義；創業家為了追逐理想而投入，他們活得有意義；一個人有了目的並付出努力，就是活得有意義。

當你朝著目的邁進且一步步靠近時，會增加自己的愉悅與自信，讓生活更有充實感和意義，因為付出和給予是獲得與回報的起始點。

┃・「目的」使人提高效率

把目的完成度當作衡量做事進度的標準，以自己距離目的有多遠，來分析和判斷目前取得的進步，有助於評估計畫的進展，讓事情變得更有效率，這就像太空船以飛往月球為目的，飛行中仍然需要不斷調整方向，以達到最有效的航導。

失敗者有個共同的問題，他們極少評估或者無法量度自己取得的進展，導致常常混淆了工作本身與工作成果，雖然努力工作，卻很容易陷入跟目的無關的事務中，被瑣碎的事拖累，結果浪費了很多時間。目的能有效幫助我們劃分什麼是該做和不該做的事，讓我們更好地支配時間，提高時間利用率，這樣不單能簡化任務，更成了時間安排、資源運用、衡量取捨的準則；

每到抉擇時刻，只需要自問「這件事能幫忙達到目的嗎？」即可。目的導向的生活，會導致更簡單的生活形態以及更簡明的行程表，進而讓心境平和，做事更有效率。

┃‧「目的」給人希望

希望就像一座橋樑，有了它，人生便有了前進的路；希望也像一束光線，能照在心靈上，給人安慰並讓人有信心面對一切。世界上什麼都可以失去，就是不可以失去希望和信心。

許多人的生活就像陀螺，毫無目的地以高速轉動，但始終留在原地，就算不停轉換方向、工作或其他外在事物，期望每次的改變能夠解決困擾或填滿內心的空虛，但真正的問題並沒有解決，這就是因為缺乏焦點與目的。

夢想與目的是藏在人們內心深處深切的渴望，只要用心聆聽，一定能發現它。它能激發潛意識中的能量，而且隨著你不斷地發現和確認，目的的輪廓會逐步清晰。一個清晰而聚焦的夢想與目的，是推動突破困難並往成功邁進的發動機，而當你越靠近它，它也會越堅定並帶來希望。

目的與健康互相扶持

有目的的生活能改善健康，為什麼？在《哈佛教你打造健康人生》一書中，提到一篇研究關於「沒生活目的的人」和「有生活目的的人」之間的心血管疾病死亡風險的報告，數據顯示，有生活目的的人降低了20％的死亡風險。此外，明尼蘇達大學的心理學家斯蒂芬妮‧胡克博士在發表的論文中也有相似的結論，研究發現，當我們覺得自己的生活有意義時，能有效減少壓力、改善睡眠問題、有助改善心血管疾病，甚至能更長壽。

　　根據胡克博士的分析，目的感強的人會更關注自己的健康，知道健康是成功的根本，所以更願意照顧好自己、鍛鍊身體，並接觸更多有益健康的活動。然而，任何人都可能因為日常壓力和瑣碎事務而分心，所以胡克博士建議，在邁向成功的過程中還需要經常提醒自己的目的為何，當分心時，如果能退一步，花點時間思考一下，如何讓這一切對照目的能變得值得，那麼健康和幸福便都可以受益。

　　為什麼健康的身體對達成目的這麼重要？不論你有多出眾的才能、多強大的力量、多高明的見識，一旦臥床不起，人生將化為烏有；健康不是人生的目的，而是達到目的最基本的條件，就如空氣一樣，平日裡沒有感覺，一旦溺水缺氧，便知道它的寶貴。

　　有一句名言是：「健康比喻為『1』，人生其他要素：金錢、地位、財富、事業、家庭、子女能比喻為『1』後面的『0』，如果『1』倒下來，後面的所有便會失去意義。」曾經有多少豪傑人才，在離達到目的只有一步之遙的地方，因為健康出現問題，最終只能在遺憾中老去。雖然健康不代表一切，但是沒有健康就等於失去一切，擁有健康就有希望，有了希望就可以再創輝煌；學會健康生活，讓「健康」成為實現目的時的「同伴」，結伴同行、帶來幸福人生。

專家告訴你如何尋找「目的」

· 耶魯大學的管理學教授艾美·瑞斯尼斯基（Amy Wrzesniewski）建議：思考如何用小規模但具有意義的行動，巧妙地調整、改變現在的工作，增添、呈現、量身定義你的工作，讓它越來越符合並接近你的興趣和核心價值觀。他的理論是以「個人價值觀」為基礎。

· 發展心理學家大衛·耶格（David Yeager）建議：思考你在做的事情如何

對社會產生正面的貢獻，如何讓世界變得更好。他的理論是以「社會使命感」為基礎。

- 史丹佛大學的發展心理學家比爾・戴蒙（Bill Damon）建議：找一位有明確目標的榜樣，好好觀察他；這個人是誰並不重要，甚至他的目的和你的目的也不必有關係，重要的是，他示範了「完成某件事情」是可能的，從他的身上尋找靈感。他的理論是以「受他人啟發」為基礎。

以上三位專家分別透過「個人價值觀」、「社會使命感」和「受他人啟發」三種不同的出發點，找到個人目的和動機。人們的行動都是受動機支配的，而動機的萌發則起源於滿求需要。由於世界觀、人生觀、價值觀的不同，每個人都會有不同的需要和追求，若能透過不同角度來發現自己內心最渴望的目的，便會有力地激發出堅韌的毅力來完成它。透過本章的「實踐練習」，將會學習到如何發現你的首要目的。

○　　○　　○　　○

實・踐・練・習 1

我的首要願望

| 金句

我們因夢想而偉大，所有成功者都是大夢想家。

──美國第二十八屆總統伍德羅・威爾遜（Woodrow Wilson）

目的

夢想，是目的地的起始點、前進的方向、成功的源泉。這是一個關於尋找自己內心深處所渴望的夢想之訓練，參與者可以暫時忘掉壓力和不愉快，透過想像力和對生活的熱情，想像出未來美好的願景，找到奮鬥的理由。

練習方式

❶ 找一個寧靜又舒適的地方，播放著輕音樂，暫時將其他事務擱在一旁，心無雜念。

❷ 以舒服的姿勢坐著，舉高雙手用力舒展全身的筋骨，讓身體放鬆。

❸ 閉上雙眼，將注意力集中於自己的呼吸上。深呼吸，當吸氣吸到滿時，屏住呼吸五秒鐘左右，然後慢慢吐氣，持續做三到五次，感覺身心開始越來越放鬆……繼續放鬆。

❹ 現在想像一下，你的周圍是一片黑暗，你完全被漆黑所包圍，感到溫馨、放鬆和自如。專注於你的呼吸，輕鬆地慢慢呼吸。在遠處，你彷彿看到前面有一點光；你慢慢走過去，直到走進光裡面，然後發現自己獨自站在一大片金黃色的麥田之中，放眼望去盡是無邊的麥田，你深吸一口氣，感到特別舒服，一陣清風輕輕地吹過，田裡掀起了金黃色的麥浪，在陽光的照耀下顯得非常耀眼，充滿了生命力。

當你正要好好欣賞這美麗景色的時候，突然間，你發現前方有一面很大的鏡子。它的出現完全吸引了你的目光，你依稀看到鏡子裡好像有東西在動。

在金黃色的麥田裡，你慢慢撥開前面的麥株，一步一步走向它，當你走近時，看到鏡子裡正在播放著你過去的人生，從「小時候與爸爸媽媽一起生活的樣子」，到「求學時，與同學結伴玩樂的樣子」，「與

喜歡的人約會的樣子」，「畢業時，與同學道別的樣子」到「今天，忙碌生活、忙碌工作的樣子」……

慢慢地，眼前的鏡子裡浮現出一個時鐘，它的時針和分針同時指向時鐘裡的十二。當你繼續集中神志於錶盤和指向十二的指針時，開始感到時間好像凝固了。

無意間，時鐘突然「滴答、滴答」地響起來，分針也開始沿著錶盤走動，一開始的時候很慢，然後逐步加速，在幾秒鐘的時間之內，它已經轉了一圈，接著速度越轉越快，突然間，刺眼的光芒一閃而過，錶針終於停下來了，當你再次打開眼睛時，發覺自己已經穿越時光來到未來，整整十年已經過去了。

你的意識成功進入到未來的自己身上，感受未來的溫馨和積極。在光明之地，你現在試著環顧四周，看看自己正和誰在一起？你看到了什麼？身邊是怎樣的環境？右手邊有一扇窗，你能看到窗外的景色嗎？如果能，你看到了什麼？集中神志於你看到的、聽到的、感覺到的細節，讓自己感受一下，在未來那種自豪的感覺，（靜下來八至十分鐘，繼續跟著音樂，保持呼吸，好好感受當下的感覺）………

突然間，你又再次聽到「滴答、滴答」的聲音，身邊陽光燦爛的風景慢慢暗下來，那些美妙的成就感和滿足感將在你心中駐留……接著睜開的眼睛，回到了現實世界中。

❺看看以下的項目，請把你最渴望的夢想圈起來。

額外收入，優質生活，探索世界，財務自主，時間自由，陪伴父母，回饋社會，個人成長，幫助他人，彈性工作，自我創業，強健體魄，或者是其他？＿＿＿＿＿＿＿＿＿＿＿＿＿＿＿＿＿＿＿＿

❻請認真思考並回答以下的問題:

6.1這個夢想真的是你夢寐以求的嗎？（I wish...）

　　‧是的，這是我夢寐以求的願望！──請到6.2。

・不是，我得不到也沒所謂！──請回到❸，重新開始這個訓練，直到找到你真正的夢想。

6.2為了達到夢想的願望，你願意付出努力去達成嗎？（I hope ...）

・會，我一定會努力達成！──請到6.3。

・我可以試一下！──請回到❸。

如果只是半吊子的投入，只是試試看的心態，那麼遇到困難時也容易放棄。既然這不是一個讓你能為之付出努力的願望，也代表它不是你最想要的，請重新開始這個訓練，直到你找到真正的願望為止。

6.3為了達到你夢想的願望，你願意放棄多少東西，犧牲多少時間呢？（I want...）

・我承諾我不會在意任何人的眼光，一定會全力以赴！──請到6.4。

・我願意用不影響正常生活的閒暇時間來實現我的願望。──請回到❸。

成功需要有放棄與選擇的智慧，既然這不能成為你的首要任務，也代表它不是你最想要的，請重新開始這個訓練，直到找到你的首要願望。

6.4假如你努力過後，也沒法達成這個願望，你會怎麼樣？傷心嗎？難過嗎？（I desire...）

・沒有做不到，只有想不到。我會排除萬難，堅持到底，永不放棄，直到成功！──恭喜你！你已成功找到人生的首要願望！

・我會放棄。──請回到❸。

成功的人排除萬難，失敗的人被萬難排除；要是你在跌倒之後便選擇放棄，證明這不是你的首要願望，請重新開始這個訓練，直到找到你非要不可的首要願望！

▌注意事項

· 穿著舒適的服飾。

· 選擇精神狀況良好時進行。

· 避免外界的干擾。

▌思考

❶透過這個訓練，你有什麼啟發？

❷如果重複再做一遍這個訓練，你的首要願望會有什麼改變？

❸在尋找首要願望的過程，你遇到什麼樣的困難？你又如何克服它？

❹當你能夠把未來的結果視覺化時，你期待實現它嗎？

❺你睜開眼睛之後，成就感和滿足感還會延續嗎？

▌總結

「我的首要願望」是一個透過自身的感受、以終為始的角度，站在未來看現在，一步步把抽象的概念，轉變為可實現的夢想與目的的訓練。

一個有所追求的人，不妨大膽嘗試把「夢」做得大一些。雖然一開始時是「夢想」，但只要不停地往目的所在的方向前進，不輕言放棄，夢想肯定能成真。

如果沒有目的，也就沒有真正意義上的成功。每個人的生命都是一艘小船，夢想則是小船的風帆。

當你能誠實地面對自己，把內心最渴望的夢想清楚地寫下來，能量便會從內心湧上來，成為追逐夢想的原動力。

實・踐・練・習 2
尋找心中摯愛

▎金句

點燃蠟燭照亮他人者，也不會給自己帶來黑暗。

——美國第三屆總統湯瑪斯・傑佛遜（Thomas Jefferson）

▎目的

　　真正失去某人的最糟糕狀況，莫過於近在眼前，卻猶如遠在天邊。這是一個關於發現心中重要的人的訓練。現實生活中，很多人會對身邊最重要的人習以為常，漸漸變得麻木，直至失去後才懂得珍惜，甚至後悔莫及。這裡要透過實況模擬，找出自己心中的摯愛，成為追逐夢想的驅動力。

▎練習方式

　　世界上不斷發生天災人禍，衝擊我們身邊的人，假如這世界上只剩下最後的二十四個小時，你會有什麼想說而還沒來得及說的話？有什麼想做而還沒來得及做的事？你是否曾許下什麼承諾還沒有兌現？又有什麼該承擔的責任還沒有承擔？

　　請跟隨以下的步驟，喚醒自己對身邊重要親友的重視：

❶找一個寧靜又舒適的地方，播放著輕音樂，放鬆心情。

❷在白紙上寫下對你來說很重要的十個人的名字（例如：父母、夫妻、

兒女、兄弟姐妹、親人、朋友、同事等）。寫好後，根據以下的八則新聞報導，依序劃掉你所寫下的名字：

(1)傳染性病毒全球大規模爆發，多名感染者病危⋯⋯⋯（請劃掉一個名字）

(2)早晨，某交流道發生十車連環相撞的事故，多人受傷⋯⋯⋯（請再劃掉一個名字）

(3)近日在多個地點發生恐怖襲擊，爆炸和槍擊事件造成逾百人遇襲喪命 ⋯⋯⋯ （請劃掉兩個名字）

(4)發生九級世紀強震，引發海嘯，排山倒海而來的海水，灌湧市區，死傷無數，很多人下落不明⋯⋯⋯（請劃掉一個名字）

(5)中年男子因失業和離婚而情緒失控，走進鬧區亂刀砍死五人，砍傷數十人⋯⋯⋯（請劃掉一個名字）

(6)某大樓發生巨大火災，整棟大樓樓層完全被大火吞噬，所有防火通道阻塞，導致三十二人死亡，一百四十多名受傷⋯⋯⋯（請劃掉一個名字）

(7)某航空公司飛機無故失蹤，機上百名乘客音訊全無⋯⋯⋯（請劃掉一個名字）

(8)新冠病毒疫情蔓延，導致數萬人死亡 ⋯⋯⋯（請劃掉一個名字）

❸閉上眼睛重新回憶這些人在現實生活中的樣子，回想一下，當劃掉他們的名字、決定是「他」離你而去的時候，當下有什麼心情？

❹為了不留下遺憾，請對應每個名字，寫下你能為對方所做的具有意義的三件事。

注意事項

‧避免外界干擾。

▌思考

❶透過本訓練，你有什麼啟發？

❷在劃掉名字的時候，你有什麼感受？

❸假如你成功了，會為身邊的人帶來什麼改變？

❹你會如何以自己的成功，幫助身邊的人？

❺最後一個名字是你最想保護的人，你會為他付出什麼努力？

▌總結

　　人生總是無常，也許下一秒世界就會改變，所以我們更應該珍惜彼此。珍惜父母的緣分，因為是他們的犧牲成就了你；珍惜孩子的緣分，因為是他們讓你變得有擔當；珍惜夫妻的緣分，因為你們能扶持彼此；珍惜朋友的緣分，因為人生難得遇知音；珍惜恩師的緣分，因為有他的指點使你成長。

　　為了最重視的親人、好友，自然會產生無窮的力量、義無反顧的前進。有了危機意識，就會變得有緊迫感。如果不想後悔，就要學會珍惜，為了生命中重要的人而努力，不要讓愛你的人和你愛的人留有遺憾。透過「我的首要願望」和「尋找心中摯愛」這兩個訓練，找到最重視的願望和最重視的人之後，屬於你的成功之輪已經準備好轉動了！

寓・言・故・事 1
小學作文題目「我的志願」

　　一所小學的老師在作文課中出了這麼一道題目：我的志願。其中一位小

朋友對這個題目特別感興趣，在他的腦海中不斷浮現出未來的畫面。當打定主意後，小朋友便飛快地把對未來的憧憬寫在作文本上。

他的夢想是希望未來能夠打造一個夢幻渡假村，在渡假村裡，白天有看不盡頭的花海、美景，夜晚也有漂亮的燈飾設計，中間有一個豪華六星級大酒店，讓前來的旅客可以享受到頂級的住宿，戶外還有露營區、烤肉區、露天泳池等，可以讓旅客盡享美食美景，達到完全的放鬆。

可是，當老師批改作文後，竟然給了他一個大大的「Ｘ」號，小朋友再三檢視自己寫的內容，覺得自己並沒有寫不對的地方，便回去跟老師理論。老師告訴他：「我要大家寫的，不是這些飄渺虛無的志願，而且一般人根本無法達成的。」孩子據理力爭地說：「可是這就是我的志願，為什麼不可以。」老師訓斥說：「這些都是幻想，如果你不重寫的話，我只能夠給你零分了！」小朋友搖搖頭不肯妥協，他堅持這就是自己的志願，也因為如此，老師在他的作文成績上給出了零分。

三十年後的某一天，這位老師帶著一群學生來參觀一家新開幕的渡假村，正當老師與學生們觀賞著美麗的風景，並驚歎著莊園中的氣派酒店時，從遠處走來了一位熱情的中年人，他自稱當年是老師的學生，也正好是這美麗渡假村的主人。他告訴已經滿頭白髮的老師，他就是當年那個作文成績被老師打上零分的學生，今天他做到了，也成功實現他的夢想。這時，已經年過半百的老師望著這一片美景，不禁感到感慨萬分，說道：「多少年來因為我自己的主觀，不知道用成績扼殺了多少學生的夢想，你能貫徹始終保持你的初衷，不會因為別人的否定而影響自己，實在難得。」

感悟

我們的夢想，不能被別人的語言左右，否則我們只配做別人的附庸，根本沒有信心去追夢。反之，一個人的夢想如果輕易就被別人的威脅或言語擊

碎，那麼這個夢想也不是他們真心想要實現的。一個真正偉大的人，是敢於勾勒夢想且不畏人言，在任何風吹浪打的情況下，都會不遺餘力地去追求自己夢想。

寓·言·故·事 2
追逐夢想的安徒生

　　很久以前，有一個小孩在貧窮的環境中長大，父親在他年幼時已經去世，母親為了生活，不得已只好另嫁他人。

　　有一次，這孩子有機會到皇宮晉見王子，把準備已久的詩歌和劇本朗誦給王子聽。完畢後，王子看他很賣力，便問他要什麼獎賞？孩子鼓起勇氣大膽的說：「我不要任何賞賜，只求王子能給我機會學習更多詩詞，將來我希望成為一名劇作家，能夠在皇家劇院當中演出！」

　　王子看著這個發育不良、身材瘦小卻又頂著個大鼻子的滑稽小男孩，便嘲笑的說：「能夠朗誦劇本不代表能夠寫劇本，你別癡心妄想了，還是趁早打消這個念頭吧！好好去找一份能養活你自己的工作更實際！」

　　這孩子聽到後並不氣餒，沒有放棄自己的夢想。他回家之後，將存滿錢的撲滿打破，把裡面的錢全部拿出來塞在自己的錢袋裡，他向母親和從不關心他的繼父道別後，便懷揣著他的夢想出門去冒險了。離家時，他才十四歲，個子雖小，但志氣強高，他相信只要努力，他的名字一定能聞名世界。

　　他一路流浪到哥本哈根，挨家挨戶地拜訪達官貴人，但很可惜，沒有人賞識他，他窮到身上一分錢都沒有，連三餐溫飽都成了問題，但這些都沒有減損他追逐夢想的執著。

　　終於在一八三五年，他創造的童話故事劇本被世人看到了，獲得一致好

評，並吸引著許多兒童的目光。他就是世界聞名的安徒生，而安徒生童話帝國也正式開啟了序幕。安徒生所寫的童話故事被翻譯成多國語言，而且被翻譯的頻繁程度，僅次於《聖經》。

最終安徒生獲得了皇家致敬，因為他為孩子帶來了無數的歡樂。他撰寫的童話書，在全球陸續發行出版了成千上萬冊，他的童話故事還激發了大量電影、舞臺劇、芭蕾舞劇及動畫的創作。

感悟

「不要讓別人偷走你的夢想！」你的夢想有多大，舞臺就有多大，在這世界上，到處都有完成偉大夢想的證據，如果你渴望成功，就應該從樹立你的夢想開始。因為，成功從夢想開始，敢夢才有可能，敢想才有機會！

2:00
Positive 正面

個人經歷分享

　　我是一個樂觀正面的人，我相信「一切都是最好的安排，因為 God has a plan for us（上帝對我們是有計畫的）」，也許，這就是心理學家常說的，大腦潛意識十分強大，而且沒有判斷能力，只要輸入指令和程序，它就會按計畫辦事。

　　「一切都是最好的安排」，是對大腦下達凡事都會有好結果的一種指令，因此能引導樂觀的態度，這是正向影響潛意識最快速的方法，而相信所有的安排都是神計畫的一部分，能讓我安心面對任何局面，因為我知道神是愛人的，所以祂的計畫勢必也會引領至好的結果。

　　俗話說得好，「有快樂的媽媽，才會有快樂的孩子。」如果說父親訂定了我的三觀，帶給我重要的指標和藍圖，那麼毫無疑問，母親絕對是讓我變成樂天派最關鍵的人。母親是一名家庭主婦，性格樂天、熱心，在我心目中是一個堅強、慈祥、溫馨的人，就算發生不如意的事，她也不會往心裡去。印象中，母親從來不會被煩惱困擾超過半天，有不愉快的事情也會很快就忘掉，不會被情緒帶著走；就算自己受到委屈，也不糾結、不糾纏，或至少，在我們三姊弟面前隱藏得很好。

　　正是因為母親的性格，我從小就耳濡目染她的正面態度，即使發生不如意、灰心或沮喪的事情，也會像她一樣總能從光明面去看待。母親始終用樂觀積極的思維來面對人生，而她這種正面思維也成為了我的啟蒙。

　　回想中學時刻，我需要離開一同生活十多年的父母，飛到地球的另一端到紐西蘭去求學，在臨上飛機的前一刻，父親用看似開玩笑卻又意味深長的口氣對我說：「記住了，到那邊沒什麼事不用找我，反正小事自己搞定，大事嘛，遠水也救不了近火，所以自己『醒目點』咯。」這一句有意無意的話，卻無數次在我面對挫折與困難時，賦予我谷底反彈的正能量。

　　事實上，從香港大都會去到人口只有不到八萬人的小城鎮──紐西蘭的

北帕莫斯頓（Palmerston North）的那一刻，站在杳無人煙的機場、看著樸素安寧又陌生的街道、耳邊聽著似懂非懂的語言，我頓時意識到父親的話也許是認真的，接下來就看我了，當下立刻有一種莫名的期待感，有一種想把袖子捲起來、遊戲正式開始的感覺。

　　與其他海外學生一樣，在北帕莫斯頓期間，我一直住在當地人的寄宿家庭中生活，我的寄宿家庭是一對剛結婚不久的青年夫婦，我們的初次見面也鬧出了不少笑話，記得見面時他們第一句問：「How old are you?」（你幾歲呢？）而我卻沒聽懂，誤以為對方問：「How are you?」（你好嗎？）便回答：「I am fine. thank you.」（我很好，謝謝！）當時我不明白他們的異樣，後來回想起來才知道自己出醜了。

　　既然來到國外生活，就是要多學習英文，所以即使不懂，我還是一直硬著頭皮主動嘗試跟同學們交談；可是，剛開始時並不順利、處處碰壁，同學們要不是有一句沒一句的回應，就是寧願用「你說的都對」這種敷衍了事的話來結束對話；總而言之，那段日子裡，不管在學校還是寄宿家庭裡，我經常會因為語言的障礙而鬧出各種各樣尷尬的場面，詞不達意、答非所問的情況天天上演。但我相信路是人走出來的，自憐自艾也改變不了什麼，只能每天給自己打氣，鼓勵自己，每天多學一句話、一個詞也是一種進步，而且我也學會懂得包容和換位思考，這讓我每天保持活力與期待，遇到什麼事情都能正面應對。

　　還有一段小插曲，當時住在寄宿家庭的日子並不好過，這對夫婦的生活比較節儉，三餐經常有一頓沒一頓的，偶然他們在外用餐後回家，才發現忘了幫我安排，然後會說：「啊，對不起，我們『又』忘了你的晚餐！你快去冰箱看有什麼能吃，就吃什麼吧！」可是，在冰箱裡往往只有一種食物，便是紐西蘭傳統超市裡能買到最便宜的微波爐碎肉派（一個不到一紐元，約新臺幣十九元）；也許一餐還行，可是往後的日子裡，我每天從早到晚，就是吃這同一道菜「派」──雞肉派、牛肉派、雜菜派，就這樣一天、兩天、十

天、一個月、幾個月以來，常常早中晚的菜色都是派派派，甚至一天最高的紀錄可以吃到十多個大號派！

　　年紀還小的我，自得其樂地發明了多種吃派的方法，從普通的微波加熱，到後來沾醋吃、沾醬油吃、切成小塊加蜂蜜吃，又或者拆開兩、三包，把肉挑出來丟到水裡，煮成湯來喝，反正想到的跟想不到的方法都用上了，到後來真的吃膩了，但家裡也沒有其他東西可以吃，就只能挨餓了。

　　試想一下，對一個正在長高長肉、處於發育期的年輕男孩，寧願餓著肚子也沒有食慾的感覺，實在有夠悲壯。時至今日，我看到任何碎肉派時，還是有一種莫名的恐懼感，也許當時大半年的時間已經把我一輩子能吃的派都吃完了吧。

　　不過，在生活中，只要願意找，總能發現美好的事；猶如在沙漠中看到綠洲一般。記得當時我常常把每週的零用錢存下來，期待著每週五的休息時間去學校小吃部，買一碗美味的起司通心粉！捧著這一碗熱騰騰的起司通心粉享用時，彷彿任何不如意的事都能拋之腦後。我還記得曾經有一群壯實的當地人同學在嬉鬧時，不小心打翻了我剛買到手的起司通心粉，我望著它們撒得地上到處都是，大腦瞬間有一種缺氧的感覺，時間彷彿停頓了一般，我差點要跟他們拚了，回想起來還真是特別的回憶。

　　總而言之，當時的我，只覺得這些情況都很正常，別人對你好，那是你的福分；別人沒對你好，那便是本分。離開家的生活，苦一點也很正常，心裡始終懷著一顆平常心。

　　經過了許多點點滴滴，我認為，**突發事情和逆境總是會發生，能改變的從來不是事情本身，而是自己的心態**，所以重點根本不是發生了什麼，而是自己的心境！如果不能改變現狀，那只有改變心境來接受它，當我們走進困境時，可以選擇接受它、改變它，甚至離開它，但絕對不要抱怨它，然後不斷發放負能量。

　　我一直堅信一個道理，發出與回饋是對等的，就像我們握著拳頭時，一

根手指往外指，四根手指往內指，當我們指著別人抱怨時，所釋放的負面能量，也會四倍奉還到自己身上。反之亦然，假如在逆境中能正面面對，感恩生命，以德報怨，不以己悲，就會發現生命中充滿著喜悅、幸福、感動與驚喜，永遠保持樂觀的態度，因為好事也許會遲到，但絕不會缺席，一切都是最好的安排。

何謂「正面」

正面是一種精神、一種態度、一種習慣。正面思考的人是「相信好結果」主義者，其特點是無論對順境或逆境，都能懷著希望和信心，他們往往在最壞的情況下，仍能找到自己最好的位置和狀態。

當遇到挑戰或挫折時，正面的人往往在第一時間思考的是「該如何解決問題」，而不是一直追究「為什麼問題會發生」。他們懂得轉換思路，把既定的惡劣條件，轉換成有貢獻、有價值的情勢，抱有「好事多磨」的正面態度與期待感，透過不斷嘗試，找出方法，進而強化正面的力量去迎接挑戰。即使問題沒能解決，也會視之為學習經歷或只是暫時的失誤，接著繼續往前看，不怨天尤人並相信「明天會更好」。

正面的人大致會有以下的表現：

- 相信未來是美好的，光明的。
- 相信事情會往好的方向發展。
- 相信自己面對挑戰會成功。
- 認為在負面事情中也能有好事。
- 認為挑戰或障礙只是一個學習的過程與機會。
- 感恩生活中的一切，不管正面的事還是負面的事。

- 總是在尋找充分利用機會的方法。
- 凡事都有積極的態度，不抱怨。
- 願意承擔錯誤的責任，然後快速修正。
- 不輕易被挫折打倒。

科學研究發現，負面思維有害身心

你是否常常被提醒要保持正面思維？到底是為什麼呢？事實上，在生物學界已經給出一個合理的解釋，發現保持正面思維，對人類整體健康有著密切關係！研究表明，正面樂觀主義者比負面悲觀主義者更可能保持健康，包括心血管疾病風險降低50％，抗癌時存活率也會更高。

除此以外，我們的大腦中滿布著許多神經細胞，透過情緒的變化，這些細胞就會藉著神經傳導物質（neurotransmitters），將訊息傳送到大腦和身體的各個相對應的部位。此時，體內就會依照指令而產生情緒反應和行動。研究指出，當我們心情愉悅、興奮，或是傷心憤怒、緊張時，大腦會將指令傳給細胞，產生相對荷爾蒙的分泌，身體就會有相對的反應。

當下達「快樂指令」時，大腦會分泌快樂荷爾蒙「β內咖啡肽」，這是一種帶來快感的腦內啡，其結構與麻醉劑中的瑪啡相似，因此稱之為「腦內瑪啡」，簡稱為「腦內啡」。不過，瑪啡有許多副作用和上癮的危險，腦內啡則完全沒有這些問題，可以說這是最強的快樂荷爾蒙。

反之，當「發怒指令」下達到大腦後，身體會馬上反應，分泌正腎上腺素，這時肌肉開始緊繃，手心開始冒汗，心跳開始加速，身體馬上變得衝動起來，若長期持續分泌則會產生毒性。因此，經常生氣或處於高壓緊張狀態的人，容易受到這種毒液的影響而生病、老化甚至早夭！

負面的情緒會減弱身體免疫系統的識別能力，進而降低身體的免疫功

能，相反的，樂觀而正面的精神狀態則可以提高身體的免疫功能，對提高生活品質、延長壽命有直接正面的效果。

　　凡事有失必有得，重點不在於發生什麼事情，而是你看待這件事的看法，半杯水到底是半杯空還是半杯滿，決定於你看待事情的角度。假如我們每次遇到事情都能夠以正面的態度面對，往好的地方想，大腦就會分泌促使身體健康的荷爾蒙，所以別小看這種正面的能量，因為它就是開心的泉源！

停止抱怨與怒氣，開始正面自我暗示

　　智者懂得欣賞並停止抱怨，而愚者則容易發怒、一直抱怨，接著帶來一連串的負面效應。從《聖經・箴言》的一些經文，可以認識到何謂愚昧、易怒的人。他們會：

- **言語暴戾**：回答柔和，使怒消退；言語暴戾，觸動怒氣（《箴言》15：1）。
- **輕易發怒**：不輕易發怒的，勝過勇士；治服己心的，強如取城（《箴言》16：32）。
- **不願面對**：一句責備話深入聰明人的心，強如責打愚昧人一百下（《箴言》17：10）。
- **喜好爭端**：愚昧人張嘴啟爭端，開口招鞭打。愚昧人的口自取敗壞；他的嘴是他生命的網羅（《箴言》18：6-7）。
- **不願聆聽**：未曾聽完先回答的，便是他的愚昧和羞辱（《箴言》18：13）。
- **言語急躁**：你見言語急躁的人嗎？愚昧人比他更有指望（《箴言》29：20）。

‧**容易犯罪**：好氣的人挑啟爭端；暴怒的人多多犯罪（《箴言》29：22）。

由此可見，愚昧、易怒的人帶有負面情緒，不管在言行和思維上都會帶來毀滅性的結果，是要避免的。

天有不測風雲，人有旦夕禍福，月有陰晴圓缺，人有悲歡離合；可見人生聚散、喜憂參半、禍福相倚，都是正常不過的事；發生在你、我、他身上的事，沒有多大的不同，關鍵在於看待事情的角度與心境。

生命中總會有負面情緒出現，就像活在陽光下，在背後便會有陰影一樣，與其漠視它、逃避它、抗拒它，不如學會面對它、駕馭它、超越它；即使是面對曾經傷害自己的人，也要盡力試著跨過去，否則，你會發現最難過的人其實是自己，因為永遠要背負著怨氣在身上而擺脫不掉；「原諒別人，就是放過自己」，只有懂得成熟地處理自己的負面情緒，多給自己正面的自我暗示，堅守自己的意志，避免被情緒控制，心胸才能更開闊，讓自己更理性地消化那些負面情緒，成為一個正面樂觀的人。

我們的話語表明了我們的想法，而我們的想法決定了我們的生活，換句話說，講什麼話，就會表現出什麼模樣。要改變人生，可以從改變自己的話語開始，也就是停止抱怨，試著不管發生好事或壞事，都能表達出讚美、肯定、鼓勵、祝福、感謝、感恩，這樣能讓未來更美好。

消極負面的人，心靈容易空虛並經常怨天尤人，常會聽到他們抱怨好事沒來、壞事卻總是發生在自己身上；他們對於結果的判斷上，總喜歡以最壞的結果預判，提前自我暗示到相信成功本身就很渺茫，來安慰自己，所以就算結果不好也是「預料之中」，導致行動過程中興致缺缺、懶懶散散、不太在乎，當偶然出現好結果時，也會認為只是僥倖的事；假如結果不好，又會自憐自艾、抱怨別人。

如果常把「可是、但是、都是、反正、不行、做不了、不可能、我不一

樣」的話語掛嘴邊上，也許是不經意的口頭禪，卻會在不知不覺中成為一種習慣，成為不需要再奮鬥的最佳藉口，這些無意間發放出去到宇宙的訊號，終將會把運氣燃燒殆盡。

我想，我們都能感覺到，當自己變得正面時，不僅活得更開心，也能感染周遭的人，讓他們更快樂，同時把同頻率的樂觀人士吸引到身邊，帶來良性循環，創造快樂的環境；反之，想法負面時，卻讓人想避之則吉，偶有找到能暢所欲言的人，大多都是同頻率的消極人士，結果一同抱怨，後來甚至互相抱怨對方，產生抱怨的負面磁場。

更直白地說，負面抱怨的語言就好像有「口氣」一樣臭氣熏天，當從別人的嘴裡吐露時，自己便會立刻皺眉頭、手蓋鼻子，希望盡快結束對話，但如果換作自己的口中發出時，卻會沒感覺，就像「充耳不聞不自知」一樣，然後當有一天發現別人開始疏遠自己，又會抱怨別人的不諒解、不關心。他們從來不會在自己身上找問題，只會習慣地抱怨別人，最後形成惡性循環，越來越負面。

正面還是負面，是你的選擇

其實每個人的心中都養著兩匹狼，牠們以能量為糧食成長，一隻叫「正面狼」、另一隻叫「負面狼」。當你發放正能量時，正面狼得到餵哺而長大，反之當你散放負能量時，負面狼就會長大，你想養大正面狼還是負面狼？取決於你的選擇。

如果一個人一直保持著負面想法，會對這個人產生怎麼樣的問題？在數學上，正號（＋）代表加法，而負號（－）代表減法，負即當某一個數字被減後，它就會變得比以前的少。正能量／負能量也是如此，在生活上，當你越負面，它就越會從你身邊無聲無息地偷走屬於你的一切。負能量會漸漸

地把生命中有價值的東西慢慢拿走，當時間、健康、親人、朋友、金錢、能量、運氣一點一滴被扣光，你才發現因為自身的負面情緒，已經將生命中更重要的焦點模糊了，最終成為自己的敵人。

我經常在財商課上對學員出一道題目：在一張白紙上有一個黑點，問大家在第一時間會看到什麼？大部分的人都會看到那個醒目的黑點，也就是說「瑕疵」往往特別容易勾起人們的注意。這正好反映出很多人的生活態度，哪怕事情有99％是正面的好事，但人們卻只關注和糾結在那負面的1％上，忽略了那些美好的事情。

這種特性導致絕大部分的人很容易就被負面消息吸引目光。思考一下，當你打開新聞或者聽別人在談論某件事，是正面消息還是負面八卦比較吸引人？通常都是負面八卦會引起更多人的關注。

在現代社會上，到處充斥著負面悲觀的人群，我們的身邊一定也有這類的人，他們的思想、情緒、態度都很負面，導致言行舉止也一併負面。每當遇到悲觀消極的人時，只有兩種結果，要不是樂觀影響悲觀，就是悲觀影響樂觀，這取決於到底是你的正面狼強大還是對方的負面狼威武。可幸的，**不管是正面還是負面，都不是先天注定的，而是完全取決於自己的意志和選擇**，可以後天培養和訓練而成。

正如世界頂尖潛能激勵大師安東尼・羅賓（Anthony Robbins）曾在課堂中說到：「如果要事情轉變，靠的不是你的想法（idea），而是你的能量（Energy）。」當時，安東尼・羅賓為了讓全場一萬多人同時體會到轉念的力量，他先讓全場站著並做出一個「全身有氣無力」的樣子，而當他喊出「Switch!」（轉變）時，全場立刻在一秒鐘的時間內，做出抬頭神氣、吸氣挺胸的動作，一副「贏得冠軍、精神煥發」的樣子。當安東尼・羅賓來回重複做了「放軟再Switch」這兩個簡單的動作五、六遍後，明顯感覺到全場的能量值瞬間提升，非常震撼人心。

由此可見，當負面的行為表情一旦轉變成正面的行為表情時，整個人的

磁場都會改變，只要刻意練習，便能越來越得心應手。每次當你表現出情緒低落、失敗表情時，不妨立即在內心喊出「Switch!」（轉變），透過「動作改變情緒」；不斷練習之下，終有一天你會發現無論發生任何壞事，都能立即轉念，永遠保持平常心；假如你成功做到了，便證明你的「正面狼」已足夠強大了！

人生選擇題：你會選擇左邊還是右邊呢？

負面悲觀的表現　　　　　　　　　　正面樂觀的表現

你是否發現以上的正面表現是負面表現的兩倍，希望你也能獲得兩倍的正能量！

正面能帶來好運

正面的人像太陽，走到哪裡哪裡亮；負面的人像月亮，初一十五不一樣。正面的人帶有陽光，給予別人朝氣、溫暖和能量，無論條件再壞、環境再差，正面的人會以最樂觀的態度看待一切，從而找到解決問題的方法，因此比較容易吸引更多的掌聲、歡喜、愛戴和幫助，在本質上就不一樣。

正面思維可以為你逢凶化吉，獲得更多貴人的幫助。悲觀的人在每個機會裡都只看到困難，而樂觀的人卻能在每個困難裡看見機會，所以凡事正面樂觀的人更容易走向成功。

當你不斷自我增值、增加正能量，在無形中也會為別人帶來更多的價值。就像牛頓定律所說的，當你施加力量於一處時，它會同時產生一個大小相等的反作用力；同樣的道理，當你發放一份正能量時，也會有另一股正能量回到你的身上。

當你為他人帶來價值時，這價值會透過不同的形式回饋到你身上；正面能為你增值，進而讓你有更多的助力達到目的。

同樣以手握拳頭為例，此時一根手指頭往外指，其他四根手指頭則指著自己，意味當你散發一次能量（正或負），宇宙便會回以四倍的相同能量，所以保持正能量的最佳方法，是不斷發放正能量。

《祕密》一書中說：「所有來到我們人生中的一切人事物，都是我們吸引來的。我們成為我們最常想的，也會吸引我們最常想的。」吸引力的力量也就是潛意識的力量，當一個人不斷重複對大腦下達指令與暗示、不斷地傳送最常想的事物給宇宙，潛意識和宇宙會做出同樣的回應，就像一面鏡子，

自我暗示為「正」，則會反射正面，自我暗示為「負」，接收到的反射也就會是負面。

現代物理學的權威人士，史蒂芬・霍金（Stephen W. Hawking）曾說：「氣惱我自己的殘障，是在浪費時間。人生必須不斷往前走，如果你一直在生氣或抱怨，別人也不會有空理你。」正因為他深知負面、生氣或抱怨，對他達到「探索宇宙」的目的或現實的狀況，沒有任何意義與幫助，他才會選擇正面地活下去，心無旁騖地研究，結果讓患有罕見的漸凍人症，甚至惡化到全身癱瘓、無法發聲的他，仍能持續為理論物理學做巨大貢獻，提出了「時間簡史」、「黑洞奇點」、「霍金輻射」、「萬物理論」等重要理論，被譽為繼愛因斯坦之後最傑出的理論物理學家。

人生也許會有憂鬱的時候，但別忘了憂鬱過後要找回正面，而且過程越短越好，最快捷的方法就是調整自己的語言和行為。關於具體如何調整自己的語言和行為，可參考本章的「實踐練習」單元。

如何才能擁有正面思維？

我經常被問到正面思維真的有用嗎？已經試過了但結果並沒有改變，究竟是什麼原因呢？我們能從一位激勵導師羅伯・戴爾（Rob Dial）的影片「Why positive thinking doesn't work」中得到答案。

影片中，羅伯拿出一瓶清水（比喻為人們的思緒），然後他不斷地往瓶中倒入髒兮兮的泥漿（比喻為生活中的荊棘），接著他倒進另一瓶清水（比喻為偶然的正面行為），不難發現，泥漿稍微被沖淡了，可是瓶子裡仍然是污穢不堪，最後羅伯拿出一條水管往瓶內灌水（比喻為持續不斷的正面行為），直至瓶子裡的泥漿被沖走。

這簡單的影片表達了一個重要的訊息，就是我們必須要把正面養成一種

習慣。偶然的正面並不足以為我們解決所有生活中的泥漿，可是當我們不斷以正面思考、正面處事，就可以一點一滴把生命中的泥漿沖淡。當然，這並不只是一味拚命的「正面思考」而不加思索，畢竟過度的「假樂觀」反而會讓人更憂鬱，所以用正確且健康的態度做到正面思維，是非常重要的。

正面思維還能透過練習而獲得，美國軍方曾經進行了一項大型的「全方位士兵強健計畫」，為了讓士兵從前線戰場生死之間的緊繃心情，安然無恙地返回正常生活，每位士兵被要求每天寫下三件好事，並記錄自己的生活。幾個月過去後，這練習方法取得了非常大的成效，士兵在情緒與社交的健康狀況上獲得大幅改善，甚至有超過半數的士兵表示，這是軍方有史以來提供的最棒的一項課程，結果證明，持續提醒自己專注在好的事情時，能有效讓面對艱困環境的心情平靜下來。

另一項研究也得到相似的結論，人格心理學家教授威利巴爾德・魯赫（Willibald Ruch），透過讓測試者每天練習感恩與感受「美的存在」，比如每天至少對一個人說謝謝、要求特別注意那些能勾起內心喜悅的人事物、學會愛上自己的長處等等，實驗結果顯示「持續關注生活中美好的事」能使人變得正面，並覺得自己變得更幸福。

想要開發出全新的正面思維、掌握正面思考模式的反射習慣，需要不斷地從意識和潛意識這兩個層面出發。首先要學會把注意力放在可控的事情上，而非不可控的事物上，否則就會經常出現結果與預測不符的情況，使得心中莫名地產生躁鬱、無奈等負面情緒。

問題等待的是解決方法而不是情緒，一旦有了情緒，便難以冷靜地分析判斷，反而會失控。世間萬物真正完全控制在自己手裡的，就是自己本身，其中分為三個部分，分別是：你的思維、你的語言、你的行為，只要我們學會把焦點放在這三點上，就會發現做起事來變得更得心應手，對事情和結果更有掌控力，進而看到希望並產生更多的正面情緒，然後更有效地創造更多正能量。

　　在本章的「實踐練習」中，將學習到如何透過視覺、聽覺、嗅覺、觸覺，埋下正面的種子，自我暗示達到正面的效果，然後透過潛意識的力量，不斷提醒自己把狀態找回來，讓自己面對艱困環境的心情更平靜。同時會學到如何使用正向的詞彙，為自己創造一個正能量的磁場，讓正面思維成為一種習慣，從根本上改變觀念、態度、行為，就有機會改變最後的結果，而當好的結果發生後，也會反過來讓人更堅定地相信這個觀念，因此達到良性循環。透過幾個簡單的動作，潛移默化地把思維方式改得更正面，是任何人都可以立即做到的！

　　正面思維的習慣並不是隨時就可以養成的，它需要堅持和重複的行為。要讓成功變得更容易，就要想辦法讓習慣成為自己的助力，有了好習慣，做事情就會變得更有效率，也更容易。

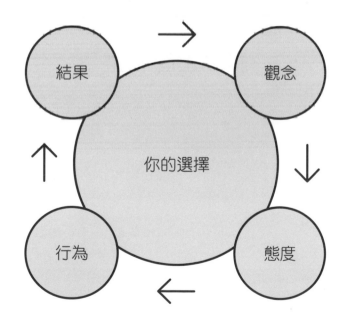

　　當你養成正面思維的習慣，便會發現以前失去的東西會慢慢找回來，這是因為正面思維帶來了改變。俗話說的好，每天只要多一份正能量，少一份負能量，多一份包容，少一份抱怨，多一份樂觀，少一份悲觀，你就離成

功更進一步！這時你看到花會覺得更美，看到下雨天會覺得很浪漫，看到太陽會覺得很溫暖，看事情的角度會徹底改變，對任何人事物都心存感恩和珍惜，就會慢慢感覺到正面思維給你帶來的巨大好處。

　　生命只有走出來的精彩，沒有等待出來的輝煌，順風適合行走，逆風更適合飛翔，人生路上什麼都不怕，就怕自己投降；埋怨，只是一種懦弱的表現；樂觀，才是人生的態度！

實・踐・練・習 3
啟動正面思維

┃金句

　　信心與意志是一種心理狀態，一種可以用自我暗示誘導和修鍊出來的積極正面的心理狀態！

——西點軍校畢業生、天才畫家，詹姆斯・惠斯勒

（James McNeill Whistler）

┃目的

　　學會透過視覺、聽覺、嗅覺、觸覺等外在環境因素，以及選用一些積極的正面詞彙，進行有效而正向的自我暗示，把正面思維轉化成生活的一部分，然後獲得正向的力量。

練習方式

❶視覺：

視覺是最直觀的，當你經常看到「某件東西」，「它」就會烙印在你的腦海裡。

假如你刻意把「它」定義為有某種特殊意義的物品時，譬如正面意義，當你每次看到「它」，就能透過心靈上的暗示，從中獲得正能量。

a. 讓正能量視覺化，在時常看到的地方掛一些勵志的話語、正能量的圖畫。

b. 認定一個幸運物，可以是數字，物品，顏色，或任何你覺得能帶給你幸運的事物或人物。

c. 讓「它」充斥在你生活的視線裡，出現在車子、包包、辦公桌、房間等地方。

❷聽覺

心理學家已經證實音樂對情緒有很大的正面影響，是與潛意識溝通的有效工具。

音樂可以幫助我們趕走悲傷和焦慮，加強愉悅的感覺，振奮你的心情，這也就是為什麼音樂被指為天然的抗憂鬱劑。在許多心理輔導過程中，也會用音樂療法來緩解情緒和壓力，使精神自然放鬆。

a. 選一首或幾首傳達樂觀正面訊息的歌曲，例如：喬許‧葛洛班（Josh Groban）的〈You Raise Me Up〉、凱莉‧克萊森（Kelly Clarkson）的〈Stronger〉、周杰倫的〈蝸牛〉、黃培安的〈我相信〉、陳勢安的〈勢在必行〉、蕭煌奇的〈逆風飛翔〉、Beyond樂隊的〈不再猶豫〉、李克勤的〈紅日〉、張傑的〈最美的太陽〉等等，都是激發正能量的歌單，請經常聆聽。

b.左腦與右腦，好比理性與感性，如果會隨著旋律擺動身體而唱出歌詞，就表示左腦正在受到刺激，如果聽著音樂時有情感的波動，則表示右腦正在受到刺激。

c.勾起回憶，自我暗示：音樂能讓我們與過去的記憶連結，試著讓一些正能量的歌變成走過低谷的支柱，每次遇到難題時，一聽到指定的一首歌，就會帶來信心，為自己打氣鼓舞。

❸嗅覺

跟嗅覺有關的神經，與其他的感覺都有所不同，不需要經由中繼點，就可以直接進入腦部。科學家發現，大腦中有一塊控制嗅覺的功能區與記憶密切相關，所以當聞到某種香味時，也會突然憶起當年的情感。

a.長時間集中精神處理事務，會對心理狀態帶來負面的影響，切記要常到戶外，呼吸新鮮空氣，讓腦袋和身體消除累積的疲勞。

b.在空氣新鮮的戶外，可以有意識地多做深呼吸。首先，請聳起雙肩，之後再一次放鬆，使雙手自然垂落，手掌往外，閉起雙眼，用五秒鐘從鼻腔大大吸進一口空氣，就像空氣被吸到了腹部，接下來，閉氣三秒鐘，讓肺細胞充分吸收空氣中的氧氣；再來，花八秒鐘，從口腔慢慢吐氣。進行此步驟時，請同時將心中的負面情緒和沉積在體內的怨氣一掃而空。眼睛保持閉著，持續做三到五次，然後慢慢地引導自己全身放鬆。

c.在生活中，也可以選用一些適合的精油，如薰衣草香、玫瑰香等，幫助舒緩放鬆、專注思緒、振奮活力，亦有助於抗菌和增強身體的免疫力，強化呼吸系統的能量。

❹觸覺

嬰兒出生時，醫生做的第一件事往往是讓寶寶與媽媽有肌膚之間的接

觸，這會讓嬰兒感到溫暖和安全感，同時也奠定了人生第一次的信賴感。在社交禮儀中，誠懇的握手是建立友好關係的基礎。

當你失意時，可能會因為衝動而做出不理智的判斷與決定，這時一個溫暖的擁抱可能可以穩定你的情緒，並避免衝動誤事。

當你困惑時，要是有朋友拍拍你的肩膀，你會感到被鼓勵和支持，更容易走出困境。

　　a.每天和你的親友、同事等人打招呼時，以擊掌的方式開始，能有效傳遞能量。

　　b.當做這個動作時，你會自動微笑，並且傳送正能量給對方，當你發放正能量時，回來的正能量會更多。

❺話語的力量

話語是強而有力的工具，不同心態的人會說不同的話語，相對的，透過改變日常的話語，也可以反過來調整心態。

大腦對於消極的話語很敏感，負面的話是有殺傷力的武器，只要多說一句就能傷害對方的心靈，甚至挑起怨恨，所以在日常生活中，需要多說正面的話語，譬如：讚美、肯定、鼓勵、祝福、感謝、認可對方等，能給身邊的人力量，為絕望的人帶來盼望，給軟弱的人帶來剛強，使迷失的人找到方向，給危機中的人帶來鼓勵。

　　a.準備一個存錢筒，放在床頭或家門旁。
　　每次當你講帶有負面消極的話語時，應立刻停止，並罰款一個錢幣，放到存錢筒裡，然後改用正面積極的話語（可以參考後文所列的正面語言和負面語言）。

　　b.每週清算並記錄下來，把存錢筒裡的錢捐給慈善機構。

　　c.不斷重複以上的動作，直至存錢筒裡的錢幣每週少於十個，便是「正能量者」的成功挑戰者。

「正面話語」與「負面話語」的例子

正面語言	負面語言
·凡事先說「好」，再想辦法解決。	·習慣性拒絕別人，凡事都會先回應「不」。
·自信地說：「我一定可以」、「我能夠做得更好」。	·總選擇逃避地說：「我不行」、「我不能」
·面對挑戰的態度：「好啊，沒問題」、「總有辦法」、「我再試一下」。	·總是不願意挑戰：「雖然可以，但是太難了。」
·勇敢面對：「雖然有難度，但我願意嘗試。」	·為了不用多付出，會說：「我已經…（做了什麼）。」
·積極態度：「我會全力以赴」、「我能做什麼！」	·「不可能」已經成為口頭禪。
·持著開放思維，凡事都「有可能」「…（問題）…，但是…（方法）…」。	·常消極地說：「反正做了也沒用」、「只能這樣了」、「我沒辦法呀！」
·常感激別人：「感恩你」、「謝謝你」。	·其他人需要幫忙時，會冷漠地覺得：「事不關己，己不勞心。」
·常讚賞別人：「我從你身上學很多」、「你做得很好」、「這些意見很好」。	·自己遇上困難時，卻怨氣地說：「都沒人幫我」、「為什麼這樣對我」，恨不得有別人幫他做完所有的事。
	·「…（方法）…，但是 …（問題）…」
	·「我知道…（事／方法），可是／不過…（藉口）…」

　　舉一個負面變正面的例子：你帶著孩子在公園玩，突然下雨了。你說：「唉，這個鬼天氣，週末也不能好好玩一下。」這句話也許是無意，但傳遞出來的卻是一種抱怨，一種內心的煩躁和抗拒。不如換個說法：「平時都是天晴逛公園，下雨天在公園裡走走，感覺空氣更加清新了。」換個角度，孩子無時無刻都會被你的積極樂觀態度所影響。

注意事項

- 聽覺部分：由於每個人的喜好不同，你需要尋找能為你帶來正能量和感動的歌曲。
- 嗅覺部分：不要聞對身體有損害的氣味，或者會上癮的氣味。
- 觸覺部分：與人舉手擊掌時，要根據對方調整力度。剛開始對方可能比較害羞，給的回應也許不大，不要怕丟臉，總會有一天你的熱情會融化對方，並且得到更多的正能量回來。

思考

❶當你完成以上的任務時，有什麼想法和感受？

❷進行以上任務時，身邊的人有什麼改變？

❸對這些改變，你有什麼感受？

❹處於一個正能量的環境中能有效增強自己的運勢，你是否發現有好事發生？是什麼事呢？

❺從這個訓練中，你體會到什麼道理？對你的正面思維有幫助嗎？

總結

所謂環境影響思維，思維改變命運。負面的力量對人的影響，往往會超過正面的力量，人總會忍不住去想令自己擔心或者不安的事。大部分的人思考模式會偏向擔憂、負面，一旦進入舒適圈，便不願意改變。在行動前，總會先想到阻礙和困難，然後產生「放棄」或「做不到」的念頭。

切記，悲觀和否定會殺死我們的信心與機會，讓我們成為最早判自己死刑的人。因此，如果想要邁向成功，必須有意識地改變大腦每天所接受

的資訊。讓正面的資訊從視覺、聽覺、嗅覺、觸覺和話語等，全方位地進入身體，透過環境影響情感，進而影響大腦。這種對潛意識做出正面的暗示，會讓無形的意識變成有形的形態呈現在我們面前，把美好的事吸引到你的周圍，這就是正面思維的力量。

實・踐・練・習 4
不抱怨的世界

▍金句

　　抱怨是在講述你不要的東西，而不是你要的東西。如果不喜歡一件事，就改變那件事；如果無法改變，就改變自己的態度。不要抱怨。

——美國最受尊崇的心靈導師之一，威爾・鮑溫（Will Bowen）

▍目的

　　透過賦予一件小物品的存在意義，產生一個形式上的監督機制，來警惕自己停止抱怨，提醒自己變得正面，即使沒有其他人監督。

▍練習方式

二十一天不抱怨挑戰：

❶準備好一個橡膠腕帶，戴在手上；如果沒有手環，也可以找一件代表性物品放到手上，例如手錶、戒指、手鍊等。

❷當你發現自己有抱怨的念頭、情緒、批評，立即意識到並中斷它，然

後把手腕帶（或代表物）移到另一隻手上，重新開始計算二十一天的第一天。

❸每天早上起床後要做的第一件事：舉起當時戴著腕帶的手，手握拳頭，向自己提出一個積極的問題並做出明確的回答，然後眼神對視鏡中的自己說：「你是最棒的！我是最棒的！你是最棒的！我是最棒的！」將自己調整到最佳狀態。

❹每天晚上睡覺前要做的最後一件事：舉起當時戴著手腕帶的手，手握拳頭，向自己提出一個積極的問題並做出明確的回答，然後眼神對視鏡中的自己說：「做得好，你真棒！」哪怕現在你在鏡中看到的只是一隻貓，也要把自己想像成一隻老虎，讓自己重整到正面狀態。

❺堅持下去，直到你連續二十一天不抱怨，腕帶一直保持在同一隻手上超過二十一日，便正式成為「不抱怨者」的成功挑戰者。

以上資料部分摘自於威爾・鮑溫的《不抱怨的世界》一書。讀者可以直接造訪威爾・鮑溫的「不抱怨網站」（www.AComplainFreeWorld.org），依照網站指示取得腕帶。

▎注意事項

・剛開始時比較無法專注，不要氣餒。大部分的人一開始都會分心，分心的時候，只要有意識到，然後回到專注的點即可。這是一個心靈鍛鍊的過程，可以同時培養專注的力量。

▎思考

❶每天轉換腕帶（或代表物）的次數是否比想像中多很多？為什麼？

❷轉換腕帶（或代表物）時，如何有效冷靜下來，重整思路？

❸你會對什麼樣的人或事特別容易抱怨？為何會抱怨？你認為抱怨能帶來什麼好處？

❹思考一下，抱怨會如何破壞你的生活？有什麼後果？

❺假如你做到不抱怨，同時影響到身邊的人也不抱怨，這將是一個什麼樣的感覺？這會對你的成功之路有什麼正面影響？

總結

透過二十一天的腕帶考驗，相信你已經在潛意識中成功建立一個「抱怨」警鐘，每當抱怨正要發生時，大腦便能立即發現它，並即時做調整。有意識地控制自己的思緒，是非常重要的，因為這個世界上存在太多的負面思維，我們很容易在沒意識到的情況下被身邊抱怨的人同化了，進而成為抱怨的人、講出抱怨的話而不自知。反之，如果你能率先變成一個不抱怨的人，便能產生蝴蝶效應，散發出樂觀與希望的頻率，進而引起其他人的共鳴。

切記，抱怨不能消除憤怒，卻會阻止快樂；抱怨不能消除失意，卻會抹殺希望；抱怨不能消除傷痛，卻會抵擋幸福的到來！對生活少一分抱怨，就會多一份感悟；對人生少一分抱怨，就會多一份幸福，從這一刻起，讓我們一起不再抱怨吧！

寓・言・故・事 3
李秀才解夢・上篇

風塵僕僕、日夜兼程，懷著全村人希望的李秀才，終於趕到舉辦三年一

次的鄉試的鄉鎮住了下來。在應考的前幾天，他做了三個奇怪的夢：第一個夢是看到自己一直費力地在高聳的牆上種白菜，第二個夢是下雨天，自己頭上戴著斗笠，手裡又撐著一把大傘，最後一個夢是他與多年暗戀的對象擦肩而過。

　　李秀才醒來後回想起這幾個夢，覺得它們一定有什麼玄機，便趕緊找了一位算命先生幫忙解夢，算命先生聽完李秀才形容這三個夢境，便搖頭嘆息地說：「這三個夢實屬不祥，你看看，在牆上種白菜，不是白費力氣了嗎？下雨天帶著斗笠卻又撐著一把傘，不是多此一舉嗎？跟多年暗戀的對象擦肩而過，不是沒緣分了嗎？看來是沒希望了。」

　　李秀才聽了之後非常沮喪，對這次的應考也已經失去信心了，便打算收拾包袱，打道回府，三年後再來考。

　　這時，店老闆覺得很奇怪，並問道：「李秀才，明天就要考試了，為何現在就走，這豈不是半途而廢嗎？」

　　秀才便把算命先生的一席話告訴店老闆。

　　店老闆笑了笑，說：「這麼巧？我也對解夢有些研究，牆上種白菜，不是說你將會高中（種）？下雨天戴斗笠還撐雨傘，不是有備無患嗎？與你的暗戀對象擦肩而過，不是說你只要轉頭便能相遇，機會把握在自己手中嗎？實為大吉之夢呀！」

　　李秀才聽聞後，頓時覺得店老闆言之有理。他終於明白到，同樣的事情以不同的角度思考，就會有截然不同的解讀。李秀才重新振奮精神，換了一個正面的態度，趕忙準備考試，從此以後李秀才更是一路走好，不僅考過鄉試、會試、殿試，更是「連中三元」，成為了一名太傅。

∣感悟

　　事物都有其兩面性，問題就在於當事人怎樣去看待它。成功學大師安東

尼‧羅賓說：「面對人生逆境或困境時，所秉持的信念，遠比事情的本身來得重要。」

可見，積極正面的信念和消極負面的信念，會直接影響一個人的成敗，而不是發生了什麼事。

寓‧言‧故‧事 4
李秀才解夢‧下篇

後來，李太傅又有一次解夢的機會。

有一天，皇帝在夜裡做了一個奇怪的夢，他夢見身旁的山倒了、眼前的水枯了、腳旁的花也凋謝了。

皇帝醒來後感到非常不安，並將夢中所見告知太后。

太后聽了便說：「皇上大事不妙，這山倒了代表江山不保了，水枯了代表國庫將要有虧損，花謝了代表美景不再！」皇帝聽了之後嚇出一身冷汗，更因此患上奇病，臥病不起。

這時，李太傅聞訊前來，聽到皇帝在榻上告知他的夢境。

今時的李太傅已非往日的李秀才了，他哈哈一笑地回應皇帝道：「這真是天大的好消息啊！」

他接著說：「皇上，山倒了代表天下將要太平，水枯乾了代表沉在水底的真龍即將現世，而您就是真正的天龍，花謝了才有好果子，這一切都是福兆降臨的前景啊！實為大吉之夢呀！」

皇帝聽了之後頓時神情愉悅，覺得一路以來的陰霾也一掃而空，很快就恢復以往的健康，國家也回復正常了。

|感悟

　　當年李秀才受到店家老闆的指點而改變自己，後來成了李太傅之後，更是把這種正面思維方式繼續傳遞出去，成功化解一場危機，這正是積極正面的人所具有的一種能力。

3:00

Passion 熱情

個人經歷分享

　　有人說「故鄉」是一種情感、是一種牽念、是一種記憶，亦有人說「故鄉」是根、是源泉、是無形的線，它永遠都是人們心中最眷戀的地方；這確實是我對「故鄉」的感覺。可是對於從小在外漂泊的遊子來說，「故鄉」又會在某種意義上添加了一層複雜的意思。我在香港生活十多年，後來十年在紐西蘭求學，輾轉又到了澳洲十多年，在此處工作、創業、結婚、生子，接著又到了東南亞各地開疆闢土，多年來走過了千山萬水，對我而言，「故鄉」早已不是一個特定的地方，而是回憶裡的人、事、物。

　　經歷了許多次的悲歡離合，不管是離開從小生活的家鄉，還是與昔日好友的暫別，到後來再次重逢的相聚後，又要回到各自忙碌的生活、各奔前程，每次離別都是百般滋味，偶然在廣播中聽到昔日的老歌，也會勾起過去的光影。

　　猶記得每次回家，不管是母親送上親手煲的一碗冒著熱氣的「老火湯」，還是與父親秉燭夜談細說古今中外的發現，又或者在其他「故鄉」與久違不見的老同學、老朋友相聚，總會感到溫暖萬分、格外珍惜；也許是過去種種經歷，身為一個四海為家的遊子，我特別重視朋友和家人，只要有他們在的地方，便能找到「故鄉」的味道。

　　不斷的離別、重逢、相聚、分離，令我特別珍惜身邊的家人和朋友，而在我的夢想板裡，如果說個人成功是為了讓我和家人有更好的生活，另一個夢想便是希望透過我的能力與成就，實實在在地與身邊的朋友一起創業、一起成功，這就是我的熱情所在！有熱情就會有能量，有能量就會有動力，有動力就能夠在艱難時刻撐過去！

　　正如英文一句諺語：If you know WHY, you know HOW!（找到原因，就能找到方法。）正因為對夢想充滿強烈的嚮往與熱衷，我從來不會對機會說「不」，尤其當我意識到網絡行銷是實現夢想的機會時，便對其產生了濃厚

的興趣與熱情。如果對自己的夢想不夠熱衷，那所做的事便會是一種壓力，反之，當我們能想像自己站在成功的彼岸，以終為始地鞭策今天的自己，這種堅信自己能成功的力量，將會把這種壓力轉變為堅不可摧的原動力，縱使在過程中遇到層層難關，也能促使人突破困境，邁向成功。

　　沒有受過任何正統銷售訓練的我，一開始還是懵懵懂懂，但說也奇怪，那些營銷的技巧，我幾乎一學就會，而且能舉一反三。我發現，銷售其實很有趣，和陌生人交談亦是一件很好玩的事。當然，一開始我也覺得很彆扭，後來卻慢慢發現，自己最大的興趣和能力，原來是與人溝通。

　　記得剛開始發展網絡時，白天繼續保持高強度的工程設計工作，下班後便馬不停蹄地立即行動，積極拓展自己的事業，在工程師與網絡行銷之間不斷交替身分，當時的心情既期待又興奮。即使在初期因為缺乏經驗，時常碰壁，但我仍然相信好事總會多磨。經歷一段時間的發展後，我才察覺自己似乎具有與生俱來的團隊組織能力，只用了一年左右的時間就已經掌握團隊管理與銷售的技巧。

　　生命中最艱難的階段不是沒有人懂你，而是自己不懂自己，如果隨意聽從別人的話而懷疑自己，豈不是很可笑？每次當別人告訴我：「你不行。」我便會默默記下來，並轉化為自己的力量。為了證明自己的選擇才是對的，我便更有動力去衝刺。「夢想的原動力」和「被質疑的反動力」這兩大推動力，是我在創業的過程中，越挫越勇的關鍵力量。

　　意想不到的是，這份熱誠為我吸引了一群志同道合的良師益友，他們之中不乏來自不同領域的專業人士，包括企業家、創業家、專科博士、工程師、會計師、營養師、藥劑師、醫生、律師、教授等等，並願意加入我的團隊，而隨著越來越多擁有共同理念的人才結集一起，我身為系統創辦人，更是把對個人成就的熱情，上升到使命感與責任感的層面。

　　我常被問到，為什麼身邊會有這麼多菁英人才願意真心相隨，這些菁英人才是找回來的呢？還是培養起來的呢？我認為，人才既可以被吸引過來，

也可以透過良好的教育體系培訓出來，重點是團隊的文化。我的熱情經常能激勵其他人，甚至有一次直接讓一位有憂鬱情況的女強人好轉了。

當時是在新加坡一場會議結束後，我讓大家與身邊的人互相擊掌鼓勵，並對大家說：「如果現場有人感到生活在黑暗中，可以來臺前，我能給你能量。」結果有一位穿著套裝的女士緩緩地走上來，當時我並不知道她的遭遇，只是用肯定的眼神與她對視，給她一個大大的擊掌，並告訴她：「你是最棒的。」

三個月以後，她特意飛到墨爾本參加我的另一場培訓，當時她主動要求上臺分享說：「半年前，我發生了人生最幸福與最不幸的事。幸福的是上天給了我一個可愛的寶寶，但同一時間，不單我丈夫突然決定要離婚，另外與我一起奮鬥十幾年的合夥人，竟然趁我不在的時候搶了我的公司。當時我完全接受不了現實，感覺全世界都要崩塌了，我一直無法回到正常的生活，直到那天的會議，在培訓的氛圍下，加上最後Anthony老師的擊掌，我突然感覺到能量從那一掌擊下傳到我的身上，我頭上的烏雲好像突然消失了一樣。從那天起，我也不懂為什麼，感覺越來越順，到今天我已完全回到軌道上，所以我決定特意飛來當面向老師道謝，老師充滿生命力的能量完全救了我，我以身為Gloabl Galaxy的一分子為傲！」這就是我常說的，一個成功組織所需要的凝聚力。

有人說，創意、熱情、使命感，是青年創業家實踐理想的三大煉金石。找到自己的使命感與熱情，是我最大的福氣，也讓我的人生變得有意義，而透過幾年的努力後，我的首要目的在二十七歲成功達到。接下來的難題，便是如何帶領團隊中的夥伴也能一起獲得成功。當時我遇到了瓶頸，直到幾年以後，我終於迎來了一次難得的機會，面對面與世界級網絡大師學習網絡企業系統化的智慧。

懷揣著感恩的心，那次的機遇讓我學習到很多寶貴的經驗和技巧，並受到極大的啟發，正如成功企業家郭台銘對於企業成功實現系統化管理的四部

曲：「定策略、建組織、布人力、置系統」，正確的戰略保障了企業業務，而組織能力則為實現業務目標提供支持，從選擇適合的人才到依靠機制的升級，達至系統化的管理，這是一個關鍵的轉折點。

隨著與一群有熱誠、有能力、有大愛的優秀人才的共同努力，Global Galaxy系統正式在二○一四年成立，促使整個團隊業績翻倍增長，團隊中的領袖也更快地體驗成功，對比以前需要大約三年的時間才能跨越的挑戰，在引入全新的企業化、流程化、系統化以後，直接把時間縮短到一年左右便能完成了，這正是系統化管理的力量！

何謂「熱情」

你所喜歡的事物，可能是興趣，也可能是愛好，但並不能證明它就是「熱情」，因為真正的熱情背後是有條件的！除了是你所喜歡的，其背後還需要滿足其他條件，才能證實是你的熱情！Passion（熱情）的字源是拉丁文Patior，意思是「受苦、忍受、經歷」（To suffer, To endure, Undergo），而「The Passion of The Christ」這個特定詞組，也能專指為「耶穌的受難」。梅爾‧吉勃遜（Mel C. Gibson）於二○○四年拍攝的電影《受難記：最後的激情》中，根據《聖經新約》的內容，講述耶穌受難前十二個小時的痛苦經歷，提醒了我們，有時候靈魂的受難，是為了減輕他人的痛苦與苦難，表達出生命高尚的激情。

因此，熱情並不是空有理想和抱負，理論上，它與煎熬是並存的，也是在醞釀熱情的過程中所需要的耐性。時至今日，人們常把Passion翻譯為「熱情」或「熱愛」，其實真正的熱愛一定會伴隨著苦與痛。假如在做事的過程中感到痛苦，但你仍然為了目標而忍耐著，願意持之以恆地完成它，也許那就是你的熱情所在。

　　你是否曾經反問自己，願意為夢想付出多少代價？又是否想過自己能否承受在成功之前必須面對的苦難和煎熬？如果過程是一萬個小時，你可以堅持嗎？世上許願的人不少，但願意貫徹信念的又有幾個人？俗話說得好，誰願意「吃」別人不願吃的苦，「忍」別人不能忍的氣，「做」別人不肯做的事，誰就能「享受」別人所不能享受的果實。

　　熱情是一種由內往外散放的能量，就像雞蛋一樣，從外打破是食物，從內打破是生命，人生亦是如此，從外打破是壓力，從內打破是成長，熱情就是從內打破的關鍵鑰匙。

　　每個偉大的夢想都是由一個狂熱的夢想家開始，然後把內在能量轉化為熱情，再加以耐心訓練和堅持行動，才有機會完成不凡的壯舉並改變世界。成功的人在做事時都會保持熱忱，並不斷累積自己的厚度，一旦機會來臨，他們就有充分的能力可以大展身手，正是要有前面一段「潛龍在田」的修行，才會有後面「飛龍在天」的能力。

熱情可以去發現，也可以培養

　　每個人都需要擁有自己的熱情，它會為你帶來獨特且源源不斷的內在能量。「熱情」不一定是尋找喜歡的事或興趣，其實還能刻意練習出來。

　　卡爾・紐波特（Cal Newport）在《深度職場力》一書裡指出，根據數據顯示，絕大多數人的熱情並不是一開始就存在的，而是一步步培養出來的。他認為，讓人產生「熱情」的過程能分為幾個階段。從剛開始接觸探索，漸漸地發現自己感興趣的領域；接著，隨著對其理解的加深，必然會出現某些困難與挑戰；此時，如果能堅持摸索和練習，就會在每次突破中抓到一些訣竅；當別人開始給你正面的評價後，就會帶來自信心、成就感、榮譽感及自我肯定；最後，會對更高的挑戰感到興奮與熱情，甚至會進入

一種在一九七五年被匈牙利裔美籍心理學家米哈里‧契克森米哈伊（Mihaly Csikszentmihalyi）教授命名為「心流」（Flow）的特殊精神狀態。

「心流」的定義是一種將個人精神力完全投注在某種活動上的感覺，是意識上和諧有序的心理狀態；心流產生的同時，會有高度的興奮感及充實感等正向情緒，將身體或心智能力發揮至極限。

因此，「心流」是在極度專注時，非常熱衷投入、完全沉浸其中、身心能力得以發揮至極致的狀態；在這個過程中，效率和創造力也會隨之提高，讓人忘記時間、忘記飢餓，甚至忘記所有不相干的身體訊號，猶如進入一個思緒飛揚、自動運轉的狀態，然後當你從這個狀態跳出來時，則會有一種「事情獲得快速進展」或「能力得以高速提升」，宛如打通任督二脈的愉悅感與滿足感，這時身體可能會覺得口渴、肚子餓，但精神依舊很好，心情也很愉快；換句話說，在「心流」狀態時，雖然體力能量消耗了，心靈的能量反而得到了補充，對自我的意識也會更加清晰，這不只是在創作、運動領域，甚至在學習、職場、生活上，「心流」也有可能發生，在產生「心流」的過程中，熱情才會真正地被點燃。

卡爾‧紐波特認為，熱情被點燃的關鍵，在於一開始不放棄並持續的訓練；在初期不熟悉的狀態下，需要從基礎學起才能扎穩腳跟，但這段時期正是最容易放棄的，學習時間長、吃力不討好、過程很辛苦，回報往往也不高；若此時無法堅持度過這個深耕階段，急於以「發現自己沒有熱情」的理由離開這個過程，一直轉換跑道，那麼，真正的熱情反而難以培養起來。

真正的熱情往往誕生在訓練過程的考驗當中，所以我們不單對結果需要充滿熱情，更要對過程本身培養出熱情。當熱情度透過培養而持續升溫時，我們自然會更樂於接受挑戰，在良性循環的作用下，便有越多的機會進入心流狀態，達到巔峰表現；如果能頻繁地進入心流狀態，就越容易進入心流，這道理就像鍛鍊肌肉一樣，越來越得心應手。所以，熱情能有助於進入心流狀態，達到最佳表現，增加邁向成功的機會。

關於透過根基訓練、刻苦磨練，然後培養出持久的熱情，甚至在極端條件下仍能保持一顆熱忱的心，繼續創作出多個經典傳世之作的代表性人物，莫過於歷史上最具影響力和最受歡迎的古典音樂作曲家之一──「樂聖」路德維希‧貝多芬（Ludwig Van Beethoven）。

貝多芬很小便被酗酒的父親像「天才」一樣訓練著彈鋼琴，稍有彈錯便是一頓毒打，他的童年就如同在地獄一般，被迫磨練著。剛開始時，才幾歲大的貝多芬也許並非在自願的情況下堅持訓練，卻因為這段經歷，使他走過了一般人最容易放棄的階段，學會很多基礎技巧，並獲得多次的表揚與認可，讓他建立強大的信心，因此在音樂路上打下重要的根基，培養出一生的熱情與不可多得的才能。

貝多芬一生中經歷過貧困、疾病、失意、孤獨等各種磨難，可是對作為大音樂家的他來說，最大的痛苦莫過於耳聾的折磨。貝多芬在耳朵失聰、健康情況惡化，忍受著強大的精神壓力的情況下，創作的熱情火焰仍然沒有被撲滅。

他對藝術的熱忱和生活的熱誠，戰勝了個人的苦痛與絕望，甚至把苦難變成了創作力量的源泉，在失聰後十年間，以巨人般的毅力繼續創作了十多部經典樂曲，包括〈迪亞貝利主題變奏曲〉、〈第九交響曲〉、〈大賦格〉等偉大作品，總結了史詩般的光輝一生。

你會發現，在貝多芬的故事中，他的精神飽含了對音樂無限的熱情，正是這份熱情，讓他能一次次走出低谷。

對於生活充滿熱情、狂熱投入做事的人，由於目的清晰，總是對生活充滿渴望又精力充沛，每天早上起床便會迫不及待地行動起來，並且能夠始終堅守自己的使命。如此飽滿的熱情，來自於對某事情的熱愛和對目的追求的執著，而這樣的人肯定是生活中的強者。能持續對奮鬥的過程產生熱情，是具挑戰性的，因此在本章的「實踐練習」中，會說明如何有效培養與加深你對夢想的熱情。

熱情是成功的原動力

　　熱情與成功過程之間的關係，就好像汽油和汽車引擎之間的關係一樣：熱情是汽油、是引擎的動力源，當它燃燒起來，便會驅動汽車前行，而前行的速度取決於燃料的供應；換句話說，熱情有多大，成功的機率、成就的大小、成長的速度，便有多高、多大、多快。一個人的成功因素有很多，而熱情占有非常重要的地位，它是出自內心的興奮，當你把這種興奮帶入到工作和學習中，便能產生對應的效果。

　　熱情是內心的光輝，是一個人的精神特質，它可以使一個人更加喜愛人生，前美國總統約翰・甘迺迪（John F. Kennedy）說過：「倘若你以熱情來對待生活，你將忘記生命中的懶惰。」熱情不單能夠幫助人們在較少的時間裡完成更多的事、有效幫助做出更好的決定 ，還能使人顯得更有魅力。熱情度的高低會直接影響行動力，在熱情的推動下，日子會變得快速流逝，成就也來得更為迅速。

　　熱情不僅是待人接物的良好態度，還是一種激發自身潛能的巨大力量，是成功不可缺少的情懷。這是推動人們前進的原動力，會讓生活態度更為積極、興奮與期待。當你對所做的事充滿熱情，就會樂在其中，享受過程。這樣的你無論承受多大的壓力，甚至遇到後無援軍的困境，也會因為有熱情而主動去尋找方法，努力走出死胡同。你能克服每一個困難，並把它看作經驗，成為往後繼續成長的養分，成功的機率將比別人高，甚至很多時候能創造出不可思議的奇蹟！

熱情容易隨著時間而消退

　　六十六歲才成功創立「肯德基炸雞」的創辦人哈蘭・桑德斯（Harland

David Sanders）完美演繹了那句「成功永遠屬於屢遭拒絕而熱情不減的人」。為了推銷自己的炸雞祕方，桑德斯只帶著一個壓力鍋及獨家佐料，就開著他的老福特上路了，他挨家挨戶地敲門，把想法告訴每家餐館，可是迎來的卻是一次次的拒絕與嘲諷。

儘管如此，桑德斯從不為前一家店的拒絕而懊惱，反倒正面思考，在一次次的拒絕中不斷修正說詞，以更有效的方法去說服下一家餐館。兩年中，他開著老爺車，跑遍半個美國，在整整被拒絕一千零九次之後，桑德斯終於迎來了一聲同意。時而至今，肯德基已經是世界上最大的炸雞連鎖店。桑德斯經歷過經濟大蕭條的時勢，但是他並沒有放棄，而是繼續堅持，對他的炸雞祕方傾注熱情和努力，正是這一份毅力及永不放棄的精神，讓他的事業至今仍是速食界屹立不搖的龍頭之一。

對比現代的許多年輕人，往往在人生走到一個定點便不再前進，太過安於現狀，不懂得居安思危，每天自我暗示說：「這樣就好」、「何必再冒險」、「做自己擅長的事就好」、「我不能接受失敗」，然後這些習慣形成了舒適圈，日復一日地重複所有事項，久而久之就忘了活著的滋味，喪失應有的熱情，平平淡淡地走完一生。

正如網路上流傳的一句名言：「人生不能死於三十歲，葬於八十歲。」形容有些人三十而不立，生活定型又不思進取，每天奔波忙碌，猶如行屍走肉、僵化生命，就像他們的心靈已死去，只剩下一具臭皮囊，直至八十歲慢慢老去。

生而貧窮不遺憾，死而貧窮才遺憾；假如在該拚搏的時候選擇安逸，在有需要時才知悔恨當初。就算是再好走的路，假若你不願意走，永遠也走不到盡頭，所謂「困難、困難，困住當然難」，而「出路、出路，走出去便有路」，面對再不好走的路，只要你一直走，一定可以走到盡頭。與其戰勝敵人一萬次，不如戰勝自己一次。只要生命有熱情，人生就有動力，就有機會成功；寧願在熱情中發光，也不要在沉寂中老去。

積極態度是成敗的關鍵因素

　　人心對每件事情的態度，會直接影響目標的成敗。積極的態度會讓人關注目標，減少身邊讓人模糊焦點的吵雜噪音，同時也是成功的加速器。如果我們的態度一直是積極的，就會感覺生命充滿活力，遇到困難、挫折、打擊，甚至失敗，都能自然而然地將它們視為一種滋養。障礙就像田徑賽的欄柵，等著被征服。

　　如果在障礙面前跌倒是一種經驗，跨過去也是一種經驗。只要願意面對錯誤，修正之後就會變得更強、更好。甚至，積極地把自己所有的錯誤都找出來，以臻至完美。

　　這種不斷自發地找出癥結點，而不是害怕他人發現的態度，正是熱情所能帶來的影響。外部的干擾會被視為學習的機會，並能激勵人繼續進步；越投入，事情就越顯得容易。當你認真地想做，一切都變得有可能，所有的挑戰也會變成生活中的調味料，酸甜苦辣反而增添色彩，使達到目的過程更加多采多姿。

　　相對的，消極態度的人對萬物缺乏熱情，故步自封，越來越萎縮甚至是倒退，即使有一個千載難逢的機會來到面前，還是會因為消極的態度而讓機會從手中流失。我們常常會聽到消極者會抱怨時機不對、大環境不好、被其他干擾壞了好事，但不難發現，問題往往不是他們沒有機會，而在於他們從未準備好自己。

　　積極的人會為了前進而百折不撓，以獲得更多的智慧，他們勇於踏出自己的舒適圈，並發掘機會去掌握成功的要素。這是一個很鮮明的對比，消極的人活在自己的生活裡，不願接受事實，而失去了機會；積極的人會主動發掘、把握先機，最大的優點就是在不利的環境中不被打敗。

　　熱情是一股力量，它與信心一起將逆境、失敗和暫時挫折轉變成行動。藉著控制熱情，你可以將任何消極表現和經驗，轉變成積極表現和經驗。

熱情積極者的氣場具有感染力

熱情而積極的人的出現，往往會帶動環境氣氛，他們就像一把火照亮身邊的人，行為較有魅力和感染力，並勇於打破現狀、樂於跳出框框，是氣氛的營造者。至於冷淡而消極的人，往往會讓氣氛變得尷尬，他們的互動比較冷淡、動作拘謹、避免說話，並害怕離開舒適圈，是氣氛的終結者。

我們可以從一些蛛絲馬跡來識別一個人到底是熱情積極還是冷淡消極。熱情積極的人通常雙目炯炯有神、臉帶笑容、語速偏快、聲音偏大、喜歡互動、動作偏大，只要他們在現場，就能明顯感覺到他們的張力與熱力所帶來的氣場，是不可能被忽視的；氣場是人們身上無形的精神符號，能夠告訴別人自己是健康、熱誠、積極、陽剛、有能力的，還是虛弱、頹廢、消極、陰鬱、無所作為的。

總而言之，當一個人身體健康、精力旺盛、氣勢逼人、做事熱忱，氣場就會很強，並不需要特地說明，周圍接觸的人自然就會感知到，並且被籠罩在這種強大的氣場之中。反之，倘若精神萎靡不振、灰頭土臉、垂頭喪氣、做事冷漠，氣場就會很弱，對周圍的人來說，存在感就變得特別薄弱。

你會成為神話還是笑話，是點燃生命還是撲滅希望，只是一種選擇，**我們所需要的氣場，是一種透過自身正面積極、強大向上的綜合魅力，所帶給周圍人事物的一種有益的吸引力和影響力**。人若被富人影響，就會有賺錢的欲望；被勤奮的人影響，就會有上進的動力；被積極的人影響，就會有生活的激情，每天積極樂觀、充滿正能量的人，一定會有好運。

不管是積極還是消極，慢慢都會形成一個氣場，它是一種吸引力、領導力，也是感染力；它既是一個人能力的體現，同時也能夠影響和感染他人。感染力是領導者必備的條件之一，能否成就大事，就看是否具備一種長久而積極的氣場。

心靈勵志大師皮克‧菲爾博士在《氣場》一書中提到，一個人最大的價

值，來自於他在某一方面收穫的存在感、對別人的影響力，以及對自己人生的掌控力，並在其中體現出來的讓人無法抵擋的魅力。對於氣場，菲爾博士說到，眼睛是靈魂之窗，是內在的自信表現於外在氣場至關重要的管道，外在包裝固然重要，但如果雙眼無神而空洞，氣場便會直線減弱；如果雙眼顧盼有神，氣場就會因此變強。

同頻之人會互相吸引，一般而言，領導者可以招攬任何需要的專業人才投入到團隊之中，由於物以類聚，他所吸引並願意留下來的人才，在本質上會大致與他相近。就算偶然加入一位消極的參與者，在熱情而積極的領導者氣勢與魅力帶領下，仍然能夠透過整體氛圍把這位參與者變得積極起來。一頭獅子帶領的羊群之所以能夠打敗一隻羊帶領的獅群，並不是因為羊有多厲害，而是領隊的獅子比領隊的羊更有氣勢，更有魅力！而領導者的魅力，最重要的一個表現就是領導者是否有飽滿的熱情！

所謂「紅旗在、軍隊在、陣地在」，在一個團隊中，領導者就是一面旗幟，足以代表一個團隊的戰鬥力和精神面貌。德國社會學家馬克斯・韋伯（Max K.E. Weber）曾提出，「魅力型領導」是非常具有凝聚力的領導風格，它能聚集人才至團隊，並讓隊員對之產生依賴。魅力型領導的一個重要特徵就是熱情飽滿，熱情的領導者會給人一種樂觀、大度、包容、親切的感覺，可以激勵團隊不斷前進、鼓動向上的精神，也會減少負面情緒的發生。

所以，熱情對於個人是重要的，對於領導團隊更加重要；假如領導者沒有了熱情，擺著一張苦瓜臉，失去了激情而倒下，其隊員勢必也會受到影響而士氣低迷、戰鬥力下降，行為也會失去動力。

一個充滿熱情的領導者就像一個漩渦，不管你在遠或近，都會被慢慢吸引到漩渦的中心，而且越是接近中心，吸引力便越大，會被領導者的氣場所感染而變得充滿熱情。因此，如果要增強團隊士氣，便要以身作則成為一個擁有魅力、熱情飽滿的領導者，才能保持團隊的動力，帶領團隊不斷前進，不斷創新！

在本章的 「實踐練習」 中，會學習到如何製作夢想板，它可以有效地將夢想具體化。你可以把它放到經常看到的位置，反覆提醒並激勵自己在磨練過程中繼續前進。然後透過「來自未來的一封信」，為今天正在奮鬥的自己鼓勵打氣，增強對達成目的的熱情度。

實 · 踐 · 練 · 習 5
製作夢想板

▏金句

如果我們有勇氣去追求，所有的夢想都可以成為現實。

——迪士尼公司創辦人，華特 · 迪士尼（Walt Disney）

▏目的

夢想看似抽象卻蘊含著深厚的內在驅動力。透過用圖片組合的方式，把自己對未來美好生活的憧憬張貼在板上，以圖像化取代單調的黑白文字，並以視覺化加深自己與夢想之間的連結，植入潛意識，然後進一步點燃熱情，催化行動力。

夢想板能時刻提醒自己行動的理由與目的，是把夢想提前擺放在眼前的一種實用工具。

練習方式

　　視覺是身體最重要的感覺器官，占去了大腦一半的資源，圖像化可以讓我們獲得最好的記憶效果。如英文有句諺語：A picture is worth a thousand words.（一圖勝千言）意思是一張靜態的圖片就可以表達一個複雜的概念，同樣的，與夢想相關的圖片比起詳細的解釋，更能夠有效表達出自己心中所想，提高認知和回憶，這就是「圖優效應」。

　　請跟隨以下的步驟，開始製作屬於你的夢想板：

❶準備一個長方板（或較重、較厚的紙）當作夢想板的底板，一般用A3的尺寸即可。

❷拿出預先準備好的雜誌、明信片、商品目錄、勞作工具等。

❸依據自己所希望的夢想剪下相關圖片，包括你喜歡的名車、名牌包包、好看的服飾、想去的旅遊勝地、漂亮的豪宅、愛吃的各國美食、全家福、健康的體態、財富自由等等。如果沒有想要的圖片，可到網路上搜尋再列印即可。

❹在夢想板的旁邊，寫上製作日期和實現某些重要夢想的時間點，一般以一年、三年、十年做為重要的時間點，完成一或數個夢想。

❺製作完成後，嘗試找一或多個對象，用說故事的方式分享你的夢想板，描述越逼真越好，細節越多越能刺激大腦思考，從而引導自己從純粹的夢想，到實踐的行動與計畫中。

❻把夢想板放在每天看得到的地方，最好掛在牆上，絕不能放在抽屜裡；即使是用電腦來製作，完成後也要印列出來，放在每天都會看到的地方。透過每天的視覺化衝擊，運用吸引力法則的原理，產生實際可見的成果。

❼每當夢想板中的任何一個夢想或目標實現時，哪怕是很小的一個夢

想，都必須及時給自己掌聲，為自己喝采，並在夢想板中的對應圖片上，貼或寫上「成功」兩個字。

注意事項

- 盡可能選用清晰明確的圖片，如果過於複雜、模糊、抽象，可能會影響訊息的傳遞。
- 請找積極正面的對象分享你的夢想板。
- 對於成功達到的夢想，不要拿下圖片，把新的夢想釘在上面即可。

思考

❶製作自己的夢想板時，你的感受是什麼？請記住並保持這種興奮和幸福感，它將成為你每天努力的動力。

❷想像未來的自己時，畫面是清晰的？還是模糊的？

❸分享你的夢想板給別人聽時，你的感受是什麼？你的分享是否成功打動對方？

❹對照夢想板中的畫面，你現在每天做的事情，是否讓你越來越靠近夢想？如果不是，你會如何調整生活，以接近你的夢想？

❺假如你一個個地實現了夢想板的內容，你會有什麼感覺？

總結

研究顯示，想像未來的自己能夠提升意志力和專注力。俗語說「眼見為實」，讓思想進入未來的自己之所以有用，是因為人類的大腦會自動對焦所接收的訊息。但有些時候，它無法區分這是真正的經驗或是重複的想像，當

我們很清晰地把夢想陳列出來，它就會在我們的潛意識中慢慢形成，然後你就會一步步靠近夢想，當機會來臨時，你很自然地會把握這個機會，創造你的夢想。

夢想並不是出現了你才把握，而是你把握了它才會出現。當你每天看到自己朝著目標不斷前進時，就會有源源不絕的決心和信心。

實・踐・練・習 6
來自未來的一封信

金句

真正的智慧不僅在於能明察眼前，而且還能預見未來。
——古羅馬喜劇作家，泰倫提烏斯（Publius Terentius Afer）

目的

透過想像力，穿越時空變成十年後已經達成夢想的自己，用一個成功者的身分寫一封信送給十年前的今天的你。

這個訓練可以激發潛意識，將自己向前推進，堅信自己所希望的事情能夠實現。

練習方式

閉上眼睛，想像十年後的自己（請參考「我的首要願望」的模擬方式，以便代入未來的自己的身分），那時候的你已經活在夢想板上所描述的生

活，請用五分鐘的時間用心感受這一切，想像自己成功後的點滴，幻想那種喜悅和滿足。接著，寫一封信給現在正在為夢想而努力的自己，鼓勵自己不要放棄，感謝自己堅持到底，正是因為現在的自己流過的汗和淚，才造就了未來的自己（範例請見九十八頁），以下列的流程開始寫這一封信：

❶問候：問候語之後，首先自我介紹，再大概解釋一下現在的情況。

❷正文：說明寫這封信的原因是希望表達自己的感恩之情，鼓勵今天的自己，透過描述未來生活的種種境況，讓今天的自己更堅定地走好每一步，抵達成功的彼岸；不管挫折或困難，最終都會熬過去。主體文，可以分為若干段來書寫，可參考以下的自問自答：

・未來的生活是怎樣的？每天的行程都是如何的？生活品質如何？

・透過你十年來的努力，你的家人、朋友產生了什麼不同的變化？

・過去認識的朋友，在未來都在做什麼？你對他們的生命帶來了什麼改變？

・在十年間，曾發生什麼值得回味的重大事件？譬如，突破自己的瓶頸、能力提升的趣事？

・在十年間，曾發生你最害怕的事，讓你處在沮喪難過的陰影中，你如何走出來，並做到感恩？

・感恩今天的自己一直沒放棄，才會有未來自己的幸福。

・以未來自己的身分，直言不諱地指出今天自己的缺點，指出如果不改變，將會如何？

・表揚自己的優點，並鼓勵繼續保持下去，不要被他人影響自己的善良及優點。

❸結尾：感恩自己、祝福自己、肯定自己；署名；日期。

❹把這一封信釘在夢想板上，讓自己經常看到。

注意事項

- 「回憶」過去十年的經歷，等同於從現在的自己「預測」未來十年發生的事，然後從「過來人」的方式告訴今天的自己。清楚這個定位後，再開始寫信。
- 開始寫信之前，避免被打擾，平靜地進入思緒中，盡量代入未來自己的角色，想像得越逼真越好，猶如親臨其境一般。

思考

❶ 透過這個訓練，你有什麼啟發？

❷ 你是否成功進入狀態，看到未來的自己？當站在成功者的角度去看著現在的問題，換位思考後，會有什麼差別？

❸ 如果你知道今天很苦，明天會更苦，但結果是美好的，你對這些苦難和委屈還會在意嗎？為什麼？

❹ 如果知道命運注定你會是個贏家，那現在在你面前的這些挫折、難題和挑戰，還會讓你感到失落而難以前進嗎？還是會變得更期待下一個挑戰？

❺ 當你由衷地感謝自己多年來的努力時，有什麼感覺？

總結

　　科學家發現，追尋目標可以在意識外的控制下進行，一旦夢想在潛意識裡悄然形成，人們就會跟隨潛意識的指引來採取行動，即使他們渾然不覺這些行動對自己的動機和行為有什麼的影響。

　　因此，「製作夢想板」與「來自未來的一封信」這兩個訓練的用意正是

　　如此，透過自我暗示和潛意識的激發後，就能把內心的渴望轉化為強大的信心，從而形成一種積極的情感。

　　當這種情感不斷地刺激我們的潛意識，它可以釋放出無窮的熱情、精力和智慧，不斷鼓勵自己向前邁進。

　　自古以來，**強者不一定是勝者，但勝者一定都是堅信自己可以成功，並對未來充滿希望的強者**。當夢想有了熱情之後，再大的挑戰、再大的風雨，也只會成為你成長的養分與水分！

┃附件：「來自未來的一封信」的範本

　　親愛的＿＿＿＿＿＿＿＿＿＿（你的名字）：
　　你好嗎？ 我是來自未來的你。

　　＿＿＿＿＿＿＿＿＿＿＿＿＿＿＿＿＿＿＿＿＿＿＿

　　＿＿＿＿＿＿＿＿＿＿＿＿＿＿＿＿＿＿＿＿＿＿＿

　　＿＿＿＿＿＿＿＿＿＿＿＿＿＿＿＿＿＿＿＿＿＿＿

　　＿＿＿＿＿＿＿＿＿＿＿＿＿＿＿＿＿＿＿＿＿＿＿

　　真的很感謝你，如果沒有你，就沒有現在的我。加油，不要氣餒，記住風雨過後總有彩虹，成功已經不遠了，一定要加油，我會在成功的彼岸等著你！

來自未來的你，

＿＿＿＿＿＿ ○○○○年○○月○○日

寓·言·故·事 5

瘋狂動物城

　　兔子阿蒂從小就立下志願，那是在兔子家族中看起來非常不尋常的志願。當其他小兔子都選擇做著舒適安逸的工作，譬如賣胡蘿蔔、做點心攤等生意，阿蒂的夢想竟然是希望當一名除暴掃黑的警察！這是一個高風險的工作，而且一般都是由壯碩的犀牛和魁武的老虎來擔任的，阿蒂個子矮小，除了動作靈敏之外，便沒有任何優勢可言了，父母除了擔心，就是擔心。

　　當阿蒂好不容易說服了父母，踏上她的尋夢之旅，卻因為體型嬌小，在警察訓練學校時飽受煎熬，諸如要翻越高聳的磚牆、推動大石的力量，以及打敗比自己重百倍的大熊，可以說異常困難。

　　可是阿蒂並沒有放棄，她對於夢想成為一名警察的執著更勝一籌。懷著滿腔熱情，阿蒂在面對困難時反而越挫越勇，也常常在夜深人靜的時候獨自練習，不斷地突破兔子的能力極限。

　　即使在遇到挫折或無法改變的劣勢時，由於阿蒂知道山不轉人轉的道理，往往能想出各種別開生面的方式來解決難題。

　　兔子阿蒂的這份熱情，讓她在遭遇困境的時刻，總能再次生出無窮的力量來支持她，最終，她在刻苦耐勞的訓練下，獲得了警察學校一致認同，通過了所有測驗，正式成為一名優秀的警察，完成了夢想。後來，她更是破獲一宗由小綿羊副市長所引起的大案子，與同樣有理想的小狐狸一起成為警界的模範警察。

|感悟

　　為什麼很多人離成功總是那麼遙遠？這取決你是否有火一樣的熱情投身

於最渴望的事業中，不只是流於表面的想要達到、希望成功，而是有強烈的熱情去達成夢想。就像故事中的兔子阿蒂一樣，當你有足夠強烈的熱情去改變自己命運時，所有的困難、挫折、阻撓都會為你讓路，你可以引出生命中巨大的能量，激發自身潛能，因為熱情即是一種力量。

寓・言・故・事 6
砌磚與建設

在路邊，有三個人分別在準備水泥來堆磚牆，這時有一個人走了過來並問道：「你們在做什麼？」

第一個人叼著半根菸，沒好氣的說道：「眼睛盲了嗎？在堆磚牆！」

第二個人笑了笑，客氣的說道：「我們正準備蓋一棟建築物。」

第三個人口哼著輕快的旋律，愉悅的說：「我們正在打造一座美麗的城市！」

過了若干年後，第一個人還在堆磚牆，第二個人成為一名頂尖工程師，而第三位成為前兩位的老闆。

|感悟

這就是熱情的力量：也許工作是一樣的，但主觀感受與看待自己工作的態度和心境，可以截然不同，這就導致了他們的結果必將不同。第一個人以抱怨、不耐煩的態度來面對工作，這樣的他不會喜歡工作，也不會有任何的前景發展；第二個人以客觀的態度來面對工作，所以成為一位工程師；而第三位對工作表現出強大的熱情與理想，因此能用更高的眼光來看待工作。

　　在現實生活中，只有少數人能把工作稱為志業，但凡把工作視為志業的人，熱情一定是比另外兩種人高出許多。他們相信自己的工作會讓世界變得更好，展現出強烈的使命感，並愛上自己的工作，即使是無償的工作也樂於接受，因此能在工作當中獲得發展，取得成就。

第二象限
行動篇 Action

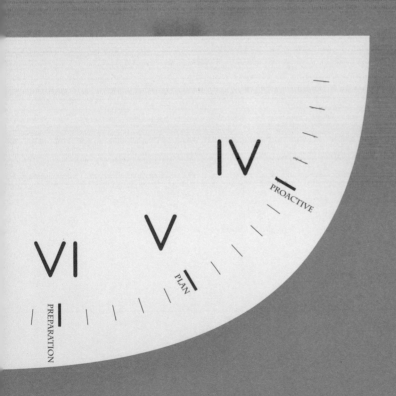

4:00

Proactive 主動

個人經歷分享

　　面對很多事情，有人選擇去努力，並不是出於一定會成功才去做，而是出於不希望留下遺憾而行動。

　　凡事主動一點，也許會獲得意想不到的結果，否則一旦錯過，也許會後悔一輩子。 人生最大的遺憾不是不可能，而是我本可以卻不爭取，最後導致失去了機會。

　　每個人都明白「天上不會掉餡餅」這個道理，說明了想要某件事情發生或達成，便一定要主動出擊，靠「守株待兔」的結果只有一個，那就是「餓死」！

　　如果說到關於主動的經歷，最具代表性又容易意會其中奧妙的，莫過於在感情世界中主動追求另一半的故事了。說到這裡，或許也讓我披露在大學時期追求我的妻子Karen的一段羅曼史吧。

　　從紐西蘭北帕莫斯頓高中畢業，高考以全國數學第二名的成績，獲得以工程系聞名的、位於南島基督城的坎特伯雷大學（University of Canterbury）錄取後，我對於傳說中的「人生最後一個遊樂場」——大學生活，內心充滿了期待。

　　記得當時我完成入學及入住申請後，過了整整一週，才終於迎來開學後的第一堂課——化學課。我生怕迷路，所以提前到達教室，當時在門外站定一看，眼睛掃過教室中兩百多個座位，立刻發現在空曠教室的左邊坐著三位女同學，其中靠右邊的女孩子長得很可愛，我僅用了一秒鐘的思考時間，便決定主動走上去認識。我快步走向三位女同學的座位旁問道：「你好，請問我可以坐這裡嗎？」……

　　當然，主動是需要的，但頭腦要冷靜，以防被拒絕，當我走到她們旁邊時，靈機一動，直接跳過右邊的「那位女同學」，問中間的女同學，才有了剛開始的那句話：「你好，請問我可以坐這裡嗎？」結果，我也不知道中間

女同學的回覆是什麼，反正就直接坐到「那位女同學」的旁邊去，從此便有了以後的故事。

記得當時我不會說普通話，她也聽不懂廣東話，經常是牛頭不對馬嘴，導致嚴重的溝通不良，因此上課時間便成為最佳的時機，因為可以「紙上談兵」用文字交流，接著有一句沒一句的聊著。語言不通又如何？凡事沒有做不到，只有想不到。

還有一次，透過中間女同學的幫助，我打聽到她還選修了其他科目，像日語、音樂、心理學，為了創造機會，我便主動提出對這些課都有濃厚的興趣，希望她能帶我一同去學習。我本來以為，一班幾十、上百人，混進去也不明顯，結果進去教室一看，才發現這門課是小班制，全班才十多人，一開始便被老師捉起來問：「這位同學怎麼之前沒看過你，你來說說看上一節課的這句話怎麼說？」當時我直接進入冰點，氣氛非常尷尬，我總不能說真正的來意吧，結果只好皮笑肉不笑地說：「老師，我是來旁聽而已，不是來上課的。」

交往的過程中，當我的積極主動碰上她的少半根筋，結果總是往意想不到的方向發展，回想起來真是令人欲哭無淚。譬如，我在沙灘上精心設計了一場特製的煙火匯演，結果她的第一個反應竟然是：「我好冷，什麼時候能回家呢？」

還有一次基督城正是櫻花飄飛的時期，只要有櫻花樹的地方便會看到漂亮的粉紅色花瓣滿天紛飛，真是浪漫極了！有一天晚上，我心血來潮，拿著兩個大塑膠袋，沿街收集落在地上的乾淨花瓣。基督城的日夜溫差非常大，記得那天晚上的溫度將近零下，而我穿著人字脫鞋，走了八大條街收集了滿滿的兩大袋乾淨花瓣後，便前往Karen的住處。為了不吵醒她和家人休息，我靜悄悄地翻過圍牆，走到她房間窗戶外面的一大片草地，安靜地把收集來的花瓣鋪成兩個粉紅櫻花的大愛心，加上邱比特箭的圖案！

到了第二天，我等不到她的來電，便打電話過去問她：「愛心漂亮

嗎？」她卻笑得人仰馬翻，大半天後才說：「原來是你啊！我媽一大早看到就在說，這是誰這麼皮，把我們家的花園弄得這麼亂？還讓我掃地掃了一整個上午！」還有……等等，實在太多了。

雖然很多時候行動的結果事與願違，可是皇天不負有心人，這些主動的行為也成功打動了她的心，最終，我們這十年的愛情長跑修成正果，組建了一個幸福的家庭。

言歸正傳，其實不管在感情上還是其他事情，主動確實是打開成功之門的一把重要鑰匙，畢竟**主動出擊才能掌握主動權。**

從小到大，積極主動的生活態度為我帶來非常多的便利，從簡單的與人說聲早安、你好或一句真誠的讚美，到幫助及關懷有需要的人，這些積極主動的行為往往都會為我帶來好運。

當初作為一名新手，我深知隔行如隔山的道理，網絡行銷中需要掌握的管理學、營養學、心理學、營銷學、人際關係學，以及最重要的商德法中的正確性和合法性，我都不太了解，於是，在當時線上資源貧乏的情況下，我不想等待知識自動走上門，便選擇了主動飛往世界各地參與培訓會議學習，並到各種書店翻閱書籍。當時不管參加任何培訓會議，我都會爭取坐第一排，並且準備好錄音機和筆記本，腳踏實地從零學起。

這段經歷讓我聽到許多成功者的分享，也發現到在這行業裡有各行各業的菁英人才身處其中，讓我更加看好這行業的未來發展。經過幾年的努力，我已經成功跳出羅勃特・清崎所說的「老鼠圈」命運，從此不再需要為別人打工了。

當我成功以後，收到了許多來自不同組織、企業，甚至世界百大大學發出的邀請，到世界各地進行公益演講，對於每次邀請，我都會果斷接受，而我不僅會提及夢想和成功，也會分享成功背後很多不為人知的辛酸以及自己在成長過程中所面對的挫折，也因此慢慢吸引到更多的商機，同時在無形之中對後來架構系統發揮了關鍵作用。

我想說的是，沒有任何一個積極主動是白上的一堂課，凡經過一定會留下痕跡，而這些痕跡也將會是未來成功的證據。

何謂「主動」

主動（Proactive）是指在沒有人要求的情況下，來源於自身的驅動力，如個人需要、動機、理想、抱負和價值觀等，去完成某件事情。從字面上來解釋proactive，字首pro的意思是提前、預先；後面active的意思是行動。它有兩個層面的意思：

❶有意識地在事情發生之前採取行動。
❷在基本要求以外，做出超乎預期的努力。

其他可以代表「主動」的詞語有：行動、果斷、未來策略導向、把握機會。一般而言，主動的人的行為特徵包括了：時刻把握機會、表現超出了項目本身的績效要求、面對障礙時不會放棄、事先準備好面對尚未發生的機會或問題。

主動性主要取決於自己對事情本身的認真程度和求知欲，所以前三篇章中的「目的」、「正面」與「熱情」是很重要的基礎。主動的態度是成功的關鍵轉折點，主動的人在進入全新的環境時，就算不是自己熟悉的領域，也會努力掌握各種有限的情報，讓自己快速捕捉到相關的竅門。

關於主動，《史記》中有兩則故事正好表現了主動的態度。

戰國時代，秦兵圍攻趙國，平原君至楚國求救，其門下食客毛遂自薦前往，最後成功說服楚王同意趙楚合縱，當場歃血為盟共同抗秦，此舉不單讓毛遂從寂寂無名之人搖身一變被奉為上賓，亦為後世人建立了自告奮勇、

脫穎而出的好榜樣，此典故被稱為「毛遂自薦」。同在戰國時代趙國的另一人，大將廉頗曾因為自己的傲氣不服，宣稱要找機會羞辱出身卑賤卻被封為上卿的藺相如，但藺相如卻為社稷著想，每每退讓，廉頗得知後深覺自己無知，乃袒衣露肉，背負荊條，隨賓客到藺相如的居所謝罪。廉頗主動向對方承認錯誤、請求責罰和原諒的行為，被後世人所表揚，此典故被稱為「負荊請罪」。

這兩則故事正好說出，主動需要勇氣、志向遠大，以及信念堅定。朝著更好的目標勇往直前，只有主動才能立足於當今競爭激烈的社會。

「主動」與「被動」的差異

成功與失敗之間只有一字之差：主動或被動。藉著前三個篇章的鋪墊，成功之輪中的「主動」是基於清晰的目的、正面的思維和熱情積極的態度，所跨出的行動。

主動的人知道命運不是等待，而是把握；對比許多空談的人，晚上想想千條路，早上起床回原路，主動的人做事時則會落實執行，主動出擊。

有研究表明，許多領袖在物色接班人時，會重視對方是否有主動爭取的態度，對比那些只會做出被動反應的人，積極主動的人在一生中取得成功的平均機率高出五十倍以上，因為在別人被動的時候他們選擇主動，當別人主動的時候他們已經起飛了。

一般而言，從被動到行動的過程，大致分成五個階段，稱為「五動論」：化被動為主動、化主動為生動、化生動為帶動、化帶動為感動，最終化感動為行動。掌握「五動論」，將有效增加主動性的強度，進而達到提升成功率的結果。史蒂芬・柯維（Stephen R. Covey）在《與成功有約：高效能人士的七個習慣》一書中提到，**主動是一種控制環境的能力，而不是被環**

境所控制的行為。他們懂得應用自我決斷的能力，以及對不同環境的應變能力，來有效控制自己所處的環境。在任何環境中，主動性強的人和被動的人在完成目標與人際關係上，都有著明顯的差異，詳見以下的對照表。

主動的人	被動的人
· 尋找機會、發展機會，他們明白主動出擊才能創造機會，並願意做別人不願做的事。	· 尋求安穩、害怕改變，他們嚮往一個安全、可靠的環境，總是在等待，所以錯失機會。
· 自發地願意多做一些，所以不會有壓力，也不會覺得有厭倦感，懂得以先苦後甜的精神，去看待短期的勞苦與長期的效益；看事情不會停在表面；而是看透它的本質而行動。	· 被要求或指示去行動，所以會有被迫感，容易造成龐大壓力、喘不過氣，安逸於短期獲利並導致長期的勞苦；只看到眼前的困惱，不懂用眼光看未來而前進。
· 有緊迫感，不會到了緊要關頭或到了不可收拾的地步，才發現來不及。	· 處事傾向於遲緩，遇到問題就先擺著，等到所有條件都具備後才行動。
· 理解失敗或失去是成功之路上必然的經歷，積極面對並願意承擔風險；因此，容易捷足先登，在別人醒悟之前把握新時機優勢。	· 害怕失敗或失去而迴避，坐井觀天，當看到別人做出結果才跟風行動；因此，常常後知後覺，對於新的機會反應遲頓。
· 做事果斷、行動快速、執行力強。他們會憑經驗快速做出決定，且不輕易改變決定；每當困難出現時，會選擇面對和處理，不拖泥帶水，也不隨意放棄。	· 優柔寡斷、猶豫不決。他們做決定緩慢，卻很快就會想要改變主意；一旦決定，便開始憂慮這決定的正確性，浪費時間在懷疑而不是解決問題上。
· 力爭上游。他們知道成功需要靠追求而來，而不是自動送上門來的，所以會做計畫並促成它。每次跌倒後，都會再爬起來繼續嘗試，直到成功。	· 順其自然。他們對自己的將來缺乏規劃或拖延自己的計畫，遇到問題會擺著，等到所有條件都具備後才行動，結果導致一直被別人的計畫牽著走。

主動的人	被動的人
・致力於自己的事業，懂得利用組合的方式與槓桿原理，去賺取循環式的被動收入。	・熱心於他人事業，為別人「拚命」工作，以時間換取金錢，卻沒注意到時間有限，收入也就有限。

主動者在言語、行為和心態上的表現

　　行為上，主動的人比較懂得處理人際關係，會噓寒問暖、打招呼、記住對方的名字等；他們把焦點和精力放到自己能掌控的事情上，然後擴大影響圈來增加完成目標的機率，而避免奔波於能力範圍以外的事情；他們會以「我試試其他可能性」取代「我已無能為力」，以「我可以控制情緒」取代「他使我怒不可遏」，以「我選擇」取代「我被迫」；總而言之，主動者總會找方法排除萬難，而被動者則會找藉口被萬難排除。

　　言語上，主動的人會散發出一種負責任的態度，致力於改變自己而非他人，常使用較為積極進取的言辭，譬如：「我看看有沒有辦法」、「我試一下」、「我會安排時間的」、「別人行，我也行」；而不說「我沒辦法」、「我不行」、「太難了」、「我太忙沒時間」；當面對挑戰時，不會問自己：Can I？（我能不能？）而是反問：How can I？（我怎麼能？）不論面對什麼樣的問題、困難或瓶頸，他們會想盡辦法突破，往往會在言語中以「如何……」取代「如果／早知……」，並積極尋找解決方法。

　　心態上，主動的人相信自己永遠有自主選擇的權利，就算受制於人也能做到意識獨立；他們相信所有問題都有解決方法，前面是絕路而出口在轉彎；他們認為Right（正確或右邊）的反義詞，不是Wrong（錯誤），而是Left（左邊），告訴自己前面還有路；他們總會鼓勵自己：It is Difficult, but it is Possible!（即使有困難，但仍有可能！）而不會反過來說：It is Possible, but it is Difficult.（即使有可能，但這太難了。）提醒自己凡事皆有可能，他們把Impossible（不可能）解讀為 I'm possible（我有可能），督促自己：「別人不行，我可以！」

等待和待命是不同的，在接受未知的挑戰時，被動的人往往不願多走一步，永遠在等待事情發生，反之，主動的人會處在待命狀態，積極準備面對未發生的事情，因此在心態和言行上都能有一定的把握。主動者在困難面前不會輕言放棄，對機會會主動爭取，結果往往會做到超出要求的表現，站在更高的視野來看待和處理事情。

欠缺考慮的主動可能造成反效果

主動性強的人固然會比主動性弱的人較容易成功，但缺乏考慮的主動，或者主動性沒有被引導到正確的方向，即是一種魯莽和輕率的衝動，最終可能會造成反效果，徒增負擔與壓力，甚至帶來不必要的損失之類的後果。這種情況被稱為「主動性的矛盾」，即其主動行為的目的與所預期的效果，形成相反的結果，適得其反。

簡單來說，主動的方式有正確與錯誤之分。根據澳洲科廷大學的組織行為學教授莎朗・帕克（Sharon K Parker）的研究分析，「明智的主動性」或採取主動的正確方式，包括：

❶ **管理自我**：採取主動會消耗大量的時間與精力，因此，「清楚了解自己的目的」對於篩選採取主動的方向會更有幫助，也會更有效率。否則，執行太多項或太大規模的行動方案，很容易導致精神緊張、疲累不堪。

❷**考慮其他人**：不管任何行動，都會牽連到身邊的某些人，假如沒有考慮到自己的主動性會造成什麼影響，可能就需要付出更多時間和代價來處理後續的問題。所以執行前可以先思考一下，誰會受到此計畫的影響、誰是重要的利害關係人，以及該如何與涉事者進行溝通，進而達到預期的效果。

❸**與目的協調一致**：如果想法與關鍵策略、目的和使命不一致，則很可能是在浪費時間和資源。所以，在執行的過程中或提出新構想時，需要時時參照現況與目的的差異和方向，然後做出調整，更明智地將精力集中在對的地方，以提高效果。

由此可見，不管是只顧及個人立場而忽視別人感受來採取行動，或過度考慮他人立場而衍伸的主動性，導致疲於奔命，都會影響成功的機率，明智的主動性的關鍵是均衡組合以上三個要素，否則容易弄巧成拙、事與願違。

如何衡量主動性的強度

為了更具體地分析較為抽象的主動性概念，首先可以把主動性分為「對事」與「對人」這兩個部分，即是「目標達成」的主動性和「人際交流」的主動性。

「目標達成」的主動性，是指在完成某件事情的主動性，包括主動設定目標、計畫等，過程中以自我意識產生的行為，積極地面對變化做出調整，主動嘗試不同的方式來達到目標與任務。

「人際交往」的主動性，是指在完成目標或任務的過程中，與人交流的主動性，包括主動與人聯繫溝通、主動提出疑問、主動分享觀點、積極建立彼此的關係，以達成目標或任務。

　　這兩種主動性可以互相呼應，當人際交流順利時，能促進總結出更有效率的方法來完成目標與任務；同時，當積極尋找完成目標與任務的方法時，能更明確知道交流的重點而變得主動。

　　在逐步了解這兩種主動行為與思維方式後，可以更加有效的了解成功人士與一般人之間微妙卻巨大的差異。

　　衡量一個人的主動性強度，可以從處事內容為出發點，將心態與表現出來的行為當作基準，然後分出三個不同等級的主動性，分別為：強度主動性、中度主動性、輕度主動性。

- **強度主動性**：有強烈主動性的人會總結自身收集的訊息，透過分析與判斷，設定難度較高且具有挑戰性的目標。在實現目標的過程中，他們會積極面對挑戰，從犯錯中改進並發展出獨特的管道和方式，不斷主動嘗試完成目標。

　　有強烈主動性的人會不斷重複提出自我觀點，通常有朝氣且有煽動力，會用豐富的表述能力來呈現事物。他們會持續推動活動的進展，並積極的表現自己，以行動達成目標。強度主動性的人通常可以達成目標，甚至超標完成。

- **中度主動性**：有中度主動性的人會結合分析現有的資訊，可能需要別人的幫助和指引，來設定中等難度的目標。他們在實現目標的過程中，會運用一般已知的管道和方式，然後採取行動完成目標。有中度主動性的人會提出自己的觀點，他們相對有活力，能適當地表現自己，視情況推動活動的發展，並且會表現自己的看法去完成目標。中度主動性的人需要一定的突破和協助，可以達成目標。

- **輕度主動性**：輕度主動性的人屬於被動族群，他們需要別人幫忙來設定目標，在實現目標的過程當中需要別人的督促，會把完成不了目標的藉口合理化。

他們通常在別人的詢問下才會表達自己的看法，不會主動有實質性的行動，依靠別人的鞭策才會有所前進，遇到困難容易退縮。弱度主動性的人目標很難實現。

不同主動性強度的差異

以下用實例來描述主動性強度不同的差異，我們可以看到思維、態度和行為上，對完成一件事的不同主動性及其所帶來的結果。

小天擁有強度主動性，願意突破，經常主動細心地觀察領袖如何與其他人溝通，並從中揣摩領袖的思考邏輯，遇到有不明白的地方也會即時提問。在會議培訓之外，他還會持續精進學習來提升自己，積極參與不同類型的活動以拓展人脈。

在不斷的學習和與人交流的過程中，小天對目標實現更有掌握。對於夢想與目標，小天勇敢主動地分享給周邊的親友，並成功影響他人相信並支持他，接著小天對時間與需要做的事情，開始有效的管理並進行分類。另外，為了更好地整合資源，小天成立了名為「行動計畫」的群組，邀請了其他渴望成功的夥伴，安排每週定期聚會，在聚會中與其他人分享知識與經驗、互相監督。

聚會期間，他會積極地提出許多有建設性的建議來協助其他人，也會主動邀請有經驗的成功人士來參加聚會，使參與者能在成功人士身上學習到寶貴的經驗並獲得啟發。

經過一段時間持續努力和累積成功經驗後，作為強度主動性代表的小天，不管是領導力、演講力、感染力都獲得了全面升級，最後成為組織中的領導者，成功實現夢想，同時也產生了其他的附加價值。

中度主動性的小空，無論在行為和意識上明顯都比小天弱一些。小空是

一位典型的學習型人物，對系統安排的培訓都會準時出席，在培訓中也會做到配合帶動回應講師。對於組織中設定的任務也會一一完成，中規中矩，不多做也不少做。

看到小天成立「行動計畫」群組後，小空也感到興趣，因此當小天發出邀請時，他便決定參與其中。透過群組中積極的氛圍，小空也被激勵了，設定出自己認為可行的目標。小空會主動分享自己的進度和學習到的經驗與技巧，也會給其他新人一些個人見解。經過幾番波折後，小空成為組織中的精英，達到他的目標。

屬於輕度主動性的小地，在常規的培訓會議中，經常會因為各種理由而申請缺席活動與學習。偶然參與活動時，小地也會安靜地站在一旁不發聲，等待有人主動與他交流，他才會禮貌地做出回應。總是讓人感覺他有些心不在焉。

當小天和小空在積極討論「行動計畫」群組時，小地只是在一旁聆聽並觀察，直到小天熱情地邀請，他才勉強同意參與其中。性格相對內向而被動的小地，在進群組後依然保持沉默，不太會主動發聲，偶然被點名時也只會敷衍幾句了事。

小地對未來沒有特定的要求，在領袖帶領下，小地也定下了目標，可是缺乏主動性的小地經常拖延進度，遇到問題也不會主動提問。幸好在組織的良好氛圍下，小地也被正面影響和帶動著前進，雖然最後沒能達到預期的目標，但在過程中也有所成長。

透過這三位成員對「行動計畫」群組的狀態表現，可以更具體地說明每個人在主動性表現上的強弱不同，對於目標的完成度也會不同。小天擁有強度的主動性，透過自身的努力主動出擊，然後累積經驗，最後除了成功完成目標，更成為一名開拓者，創造出更多的附加價值。小空擁有中度的主動性，進入對的環境中也會被氛圍帶動，作為跟隨者達到目標。小地擁有輕度的主動性，屬於被動族群，成功往往會與他擦肩而過。

事實上，很多人都想要成功，但就止於心知，不會為此付出代價與努力、淚水與汗水，於是便做出一臉不在乎、不需要的模樣，硬是要表現出「有也行，沒有也行，不爭不搶，不求輸贏」看似灑脫的態度，自以為很「佛系」，其實內心深處卻是一片茫然。

人生中的很多事情還是應該去爭取，去主動，去「強求」的，千萬別裝得灑灑，卻苦了自己。<mark>敢當著全天下的面說一句「我在乎」的人，才是真正帥氣的人。</mark>

○　　○　　○　　○

自我評估

｜金句

反省是一面鏡子，它能將我們的錯誤清清楚楚地照出來，使我們有改正的機會。

——德國詩人兼文學評論家，海因里希・海涅（Heinrich Heine）

｜目的

透過在不同的情境下所做的選擇，分析你的思維方式是偏向積極主動還是消極被動，藉此來提高自己對積極主動行為的認知。

練習方式

「關注圈」vs「影響圈」

　　成功學大師史蒂芬・柯維在《與成功有約：高效能人士的七個習慣》一書中提到，積極主動是成功者的第一個重要習慣，並且提出了「關注圈／影響圈」的概念，「關注圈」指的是自己關心的事物所構成的範圍；而「影響圈」指的是在「關注圈」內自己可以掌握，能夠讓事物發生改變的部分。

　　積極主動的人，習慣專注於「影響圈」上，他們專心做自己能力之所及的事，能夠使影響圈不斷擴大、擴張和成長；消極被動的人則會習慣性專注於「關注圈」中超出自身能力、無法改變或影響的「非影響圈」的部分，結果就是越來越怨天尤人，並不斷為自己的消極行為尋找藉口，導致「影響圈」日益縮小的後果。

　　請透過以下幾個場景，選擇你會做出的反應，並圈起來：

❶在路上突然下起大雨，但你沒有帶雨傘，你會有什麼反應？

　a.「氣象局那些人都是做什麼的？晴天雨天都說不準，每次都說錯，我們納稅人的錢都白給的嗎？」

　b.「下雨天真好，晚上應該會放晴，空氣也會更清新，雨停了可以去公園散步，現在先到便利商店買一件雨衣穿。」

❷晚上和朋友約好要聚會，但自己還在辦公室裡加班，趕著下週一標案的提案報告，你會有什麼反應？

　a.「可惡！這麼大的案子，只有這麼少的時間準備，我們能做出什麼啊！根本辦不到！」「老闆要是更體諒我們就好了。」「我一定會被朋友怪死了！」

　b.「這麼短的時間就必須提案，競爭對手一定不多，這案子我們拿定了！」「沒問題，這次是我們團隊表現的最佳機會，有危就有機，

一定可以準時完成，讓我們創造奇蹟！」「先打電話跟朋友改時間，下次聚會時帶小禮物賠罪。」

❸一直以來身體強壯，突然被告知得了不治之症，你會有什麼反應？

a.「為什麼老天爺要這樣對我？」「為什麼是我？這個醫師可靠嗎？他能治好我嗎？太難受了，我不想活了。」不斷地怨天尤人。

b.「現在全球的個案有沒有值得參考的呢？我們先找一下。」相信專業，了解病情，懷著積極心態面對並配合治療。

❹好不容易約了一個客戶談案子。這個客戶很重要，你推掉了其他安排。但到現場後，等了半天都不見客戶，打電話給他也沒人接，你會有什麼反應？

a.「早知道這樣，我就不來了。」抱怨對方不守時，甚至浪費時間在情緒中，久久不能平復。

b.聯絡對方的祕書或相關人士，同時翻閱行程表及筆記本，調整其他行程與工作，運用這些碎片時間來完成瑣碎卻關鍵的小事情。

❺剛剛租下一個店面，你研究了很久，無論是人流量還是店面地點都是絕佳，相信一定能賺錢。你把積蓄全投進去，還借了一大筆錢，準備好好發展。結果突然遇上疫情，需要暫時關店，你會有什麼反應？

a.「真的把我氣瘋了，這真是沒有辦法了！如果經濟形勢好一點該多好。」哭鬧政府的管理不善、商場安排不妥當，每天愁眉苦臉。

b.「讓我試試看有沒有其他可能性。」積極思考如何轉變銷售模式，分析有價值的優勢，重新計畫與房東商討其他解決方法。

❻昨天來家裡的朋友不幸發現染疫，你會有什麼反應？

a.「要是我媽聽我的，不給他來就好了呀！真是害死人，自己都不會注意嗎？」

b.「朋友家裡還有小孩要照顧，先問一下有什麼需要幫助，我也去做一下核酸檢查，做好預防，別傳給家人。」

❼當朋友發現一個商機，並熱情地與你講述這個機會的潛力時，你會有什麼反應？

a.「面對現實吧！你看看就好了，別太認真。假如有這麼好的事，也輪不到我們了，對吧！」不單拒絕接收新的資訊，同時不加思索地否定別人。

b.「是嗎？感謝你與我分享，可以多說一點，我幫忙分析，一起研究是否有機會發展。」虛心學習，以開明的態度去接受新的事物。

❽當遇到某個情況而導致你必須停止追逐理想的行動時，你會有什麼樣的反應？

a.「我知道這很重要，但是我不得不選擇放棄，要怪就怪我沒有別人這麼幸運，只能認命吧！」選擇妥協，有了一個完美的理由，不用再為夢想奮鬥。

b.「我知道現階段必須調整自己的時間，雖然時間少了許多，但我相信一定有方法可以在有限的時間來繼續前進，我可以繼續堅持！」在惡劣的環境中，能夠找到前進的道路，然後繼續奮鬥。

❾看到身邊的人有所成就時，你會有什麼反應？

a.「哇，他做到了？真的好厲害，唉，我也想呀，可是就是沒辦法呀，處境完全不一樣。」看著別人不斷前進，卻任由自己在原地踏步，不看自己擁有的，只羨慕他人獲得的。

b.「太棒了！立刻發一個訊息祝賀他，並安排下次請教他成功的祕訣，提升自己，再看是否有合作的可能性。」不斷抓住任何機會，永遠保持學習的心態並逐漸成長。

注意事項

・請客觀地審視自己真實的反應。

┃思考

❶根據以上的情境，對比兩種截然不同的反應，你有什麼感受呢？

❷你是否能覺察並分辨生活中出現的事件和念頭，究竟是落在「影響圈外」還是「影響圈內」？

❸假如要列出你的「關注圈」中所關心的事項，有哪些事是你無能為力、無法改變的？有哪些事是「可做些什麼讓它變成影響圈」？

❹為了有效擴大影響圈，你是否願意多花時間在「原本就在影響圈內」和「可以變成影響圈」的事情上努力，而不再浪費時間在「影響圈外」非你的能力可以改變的事件和念頭？

❺回想一下過去會導致你消極對待的事情，它是否在你的「影響圈」？如果有機會可以重來，你如何以積極主動的態度來應對呢？

┃總結

「關注圈／影響圈」是一個非常重要的觀念，可以協助我們快速判斷什麼事該做，什麼事不該做，藉此，對於未知的結果能有多一份的掌握力。如果以主動積極的態度，專注在自己能做出改變的部分（影響圈內），透過努力，就會慢慢地將能改變的事加以擴大，這時候你可能會發現，你的影響力也逐漸放大，許多意想不到的人事物或許會有了變化和轉機，而「關注圈」內那些以前無法改變的事也會慢慢變少。

例如，遇上性格不合的同事，你無法改變他的個性，但是在你的影響圈內，你可以決定溝通的方式。只要多花一些心思，找出對方聽得進去的說法，慢慢地，對方的想法和行為就會改變，變得更信任你，你的影響範圍也就擴大了。

或許有人會說：「我也這樣試過了，但根本沒用！」的確，就算態度積

極主動，事情也不一定會按照我們所想的發展，但無論結果如何，我們都要以對自己負責的態度，持續做出回應。藉由反覆思考「為什麼結果會不如預期？」一面檢討行動的結果，一面修正自己的行動。

越是沒能力的人，越喜歡挑剔別人的錯誤；越是有能力的人，越懂得面對自己的不足。

持續保持積極主動的態度，在錯誤中反覆練習，一定能夠找出正確的做法，進而慢慢擴大自己的影響力。

隨著影響力的提高，你的主動會得到正面的回應，使你更有信心，也就提高成長及成功的機率了。

實・踐・練・習 8
踏出第一步

┃金句

上帝是公平，至少在成功的機會方面。只不過，積極主動者抓住了它們，消極怠惰者則與它們擦肩而過。

——成功激勵學大師，安東尼・羅賓

┃目的

透過翻閱和搜尋與你的理想相關的人事物資料，學習其中的知識，能有效提高信心；同時也能及早發現自己的盲點，找出自己不知道「自己不知道」的事，達到增加成功率的目的。

▎練習方式

所謂萬事起頭難，不管做任何事都必須經歷「不懂」、「認識」、「了解」、「熟練」這四個階段；在剛開始時，往往會有一些地方是自己的短處，需要透過學習才能繼續前進。

要學會一件自己不懂的事，通常有三種方法：看書（Read）、搜尋（Search）、請教（Ask）。

・關於看書

找書看主要是為了學習新的知識，或者想解決某些問題，可是許多人並不擅長定義自己的「問題」，也無法清楚說明自己的狀況和需求，尤其在初期階段，就算請別人推薦書，也可能因為他對你的問題認識不清，無法精準介紹適合的書，或者只推薦一堆華而不實的書，浪費了不少時間。以下是如何找到適合的書籍的方法：

❶請思考一下，此次找書背後的原因是什麼？是想找觀念書、心態書、技巧書、應用書，還是其他類別？

❷如果沒有明確的方向，可以用關鍵字在網路或實體書店找出該領域當前最火熱的三本暢銷書，然後快速翻閱（如：前後封面、標題、目錄、序、書評、書中插圖或數據圖表等重點），你大概可以在十分鐘內分析這本書是否適合，同時有助掌握目前最新的研究或討論重點。

❸當你看的書越來越多，會發現哪些作家是有真材實料的，而他們在書中提及的參考資料或文章中所引用的書籍內容，非常有研究價值，我們可以藉此了解作者在寫作時，都是取材自哪些資料來源及書籍，進而找出這些知識的源頭來學習。

❹偶爾可以到圖書館走走，也許會有意外驚喜。

❺切記，看書時一定要有做筆記的習慣，把重點、作者、書名等基本資料記錄下來，避免以後有需要時，要花費更多的時間去找。

・關於搜尋

提到搜尋資料，大多數人都會立刻打開手機或電腦上網查看，在網路上搜尋資料已是現代人生活、工作及學習必不可少的動作。

隨著科技高速發展，我們在日常生活中越來越依賴資訊科技，但如果要快速搜尋有用且正確的資訊，就必須配合有效的搜尋方法和管道，否則就像大海撈針，瀏覽一整天也找不出有實質性幫助的資料！

以下是搜尋資料的小重點。

❶慎選關鍵詞。任何的搜尋方式都必須要找到對的「關鍵詞」，明確的關鍵詞有助於找到對應資料。

❷了解各類統計數據庫。優質的統計及數據能有效提高對實質情況的認知，幫助提升判斷力與決策力。

❸尋找相關領域的成功者經歷。借鑑成功者的經歷和故事，把他的人或事當鏡子，對照自己，取長補短，以便吸取經驗或教訓。

❹在搜尋資料時，一定要記錄出處，避免重要的資料找不回來。

❺需注意的是，在資訊過載、少量高品質資訊被大量低品質資訊與噪聲淹沒的時代，如何尋找高品質資訊並冷靜分辨正確的信息，是高效學習者的基本素養和能力，否則會被嘩眾取寵的網路資訊影響判斷。

・關於請教他人

很多時候，你可能不知道該領域有什麼是你應該知道但自己卻懵然不知的事，但你會知道某人是該領域的專家或者對該領域有所認識，他可能是你的同事、親人、朋友、業界中的前輩、朋友的朋友，重點不是「他是誰」，

而是如果你對於要做的事有強烈的決心，你一定能發現「誰是他」，然後只要你勇敢地踏出第一步去詢問這些有經驗的前輩，一定會有收穫。

即使沒能獲得積極的回應，也不用氣餒，因為在這過程中，你勢必有所領悟與可學習的地方。

以下是請教前輩時的流程：

❶找一個在你所選擇的領域中有經驗或已經成功的人。

❷透過各種管道嘗試了解他是如何成功的、如何從失敗中跌倒站起來、他做了什麼、他沒做什麼。

❸如果找不到本人，可以讀他的傳記和文章、聽他的演講，從他的經歷中學習智慧，或是定期追蹤他本人的社交媒體，主動了解學習。

❹如果可以找到他本人，一定要嘗試當面請教他。詢問他是否曾經想過放棄？為什麼？如果可以重來，他會做出什麼不一樣的事？

❺感恩，知識是私有的！不管對方分享的內容是你正好需要的，還是暫時用不上的，假如對方是真心分享，便需要真心感恩。努力只是本分，不值得一提；得到貴人相助就是一種福分，所以必須珍惜感恩。

透過大量學習和沉澱，你應該大致了解接下去需要做的事的輪廓；現在你需要找出五位信得過的人，成為你的「行動見證者」，並自信地向他們講述你的規劃與目標。

|注意事項

・凡事保持頭腦清醒，有些書寫得很表面、網路上看到的資料可能是隨便亂寫、聽人說的話也可能會遇人不淑，這些來源都需要慎重過濾，不然可能讓你多走許多彎路。

|思考

❶在尋找資料的過程中，你是否發現有很多從前不知道自己不知道的事情呢？

❷在進行線上搜尋時，你如何區分有公信力的資訊和不可靠的報導？如何從這片資訊的海洋裡找到自己的燈塔（方向），而不被淹沒呢？

❸對於在該領域有成就的前輩，他的故事是否一帆風順？還是有很多不廣為人知的酸甜苦辣呢？他們的經歷對你有什麼啟發嗎？

❹經過這些腦力激盪，是否對你的夢想和目標有更明確的框架，更知道下一步該如何著手計畫？

❺當你與「行動見證者」分享之前和之後，最明顯的感覺是什麼？

|總結

　　成功者為什麼愛閱讀、逛書店？因為書是最好的老師，是傳達想法的工具。股神華倫・巴菲特（Warren Buffett）常說：「盡一切可能廣泛閱讀。」他說自己在成長過程中所讀的一切，奠定了往後五十年投資成功的基石，閱讀是他投資成功的唯一祕訣，也是他信奉多年且不斷推廣的訣竅。

　　因此，當我們積極去搜尋閱讀更多資訊的時候，就能夠在腦袋中慢慢形成一個整體的概念，並成為成功路上無窮的知識寶藏，讓我們對自己的目標有更明確的思路。

　　所謂「知道」沒有力量，「相信」才有力量，「啟動」才會實現；與其蹲在家裡等待機會的來臨，不如勇敢踏出第一步，馬上行動。所有成功人士都會把握先機，但失敗的人只會守株待兔。這個練習能推動你打好基礎，把握先機。

　　拖延症是被動的表現，也是最危險的惡習，因為它使人喪失了主動的進

取心，讓人總會找出託辭，來辯解為什麼事情不可能完成或做不了。更可怕的是，拖延的惡習是有積累性的，一旦感染上，就會生根發芽，所以不能掉以輕心。

靜下心來，好好思考拖延症對你的身心造成哪些影響？你會拖延的根本原因是什麼？勇敢踏出第一步，專注在你能做的事情上，有助於打破拖延的惡性循環，進而找到問題，這樣你就能夠一一把它克服了！

寓・言・故・事 7
把握機會

有一個晚上，阿星在夢中見到一位仙人。這位仙人告訴他說：「有緣人，我特意來為你報夢，有大事將會發生在你身上！你有機會得到很大的財富，在社會上獲得卓越的地位，並且可能娶到一個漂亮的妻子，與她建立一個美滿的家庭！」

阿星起床後，感到十分興奮，之後每天都期待著美好生活的到來，可是日復一日，阿星終其一生也沒有等到這些承諾的事情，一輩子窮困潦倒地生活，最後孤獨地老死在床上。

當阿星上了西天，看到那位仙人，便氣憤地對仙人說：「仙人怎麼可以騙人？你說過要給我財富、很高的社會地位和娶到漂亮的妻子的，但我等了一輩子，什麼都沒有發生？」

仙人回應他：「有緣人，我可沒說過那種話啊！我只說過你有機會得到很大的財富、社會地位、與漂亮妻子共組家庭，但你每次都錯過了，讓可能發生這些事的機會一一溜走了。」

阿星不解地看著仙人，仙人回答他的疑惑：「你記得在那一年，你本來

可以抓住眼前的商機，但你卻猶豫了，因為害怕失敗而放棄了？」阿星點一點頭。

　　仙人繼續說：「你沒有行動，後來另一個人把握了這個機會，成為城裡最有錢的富豪。還有，那一年城裡出現了罕見的水災，鬧饑荒，好多人都無家可歸，許多老人、孩子們都餓得骨瘦如柴，你本來有機會去幫助他們，卻故意囤積食材，怕自己餓肚子，忽視那些需要幫忙的人。你本有機會能夠幫助這些無助的村民，這將會帶給你多大的榮耀啊！」

　　阿星聽到這裡，尷尬地再次點頭。

　　仙人又說：「你記得那個雨天在車站中，你身邊有一位清秀水靈的女孩，僅僅一眼，你就被她所吸引了，但你卻因為害怕被拒絕，不敢主動認識她而錯過了這段大好姻緣。」

　　阿星難過地點點頭。

　　仙人說：「就是她啊，你本來可以和她生下可愛的兒女，共組美滿的家庭，一生快活的啊！」

　　這時，阿星終於意識到，自己曾經有一段真摯的愛情擺在他的面前，他卻沒有好好珍惜，直到錯過了才後悔莫及，人世間最痛苦的事莫過於此。

┃感悟

　　我們每天身邊都會出現很多機會，卻經常像故事裡的阿星一樣，總是因為害怕失敗而停止了腳步，因為害怕負責任而不敢做出承諾，因為害怕被拒絕而不敢談戀愛，結果讓機會都溜走了。可是，我們比故事裡的阿星多了一個優勢：那就是——我們還活著，只要活著就可以從現在起抓住那些機會，甚至開始創造自己的機會。

　　請不要再繼續坐著不動，只是等待奇蹟降臨了，否則你將會等到生命靜悄悄地流失。

寓·言·故·事 8
一枚硬幣的故事

　　大衛和彼得這兩個年輕人剛從學校畢業，一起去找工作。在經過馬路時，地上有一枚閃閃發亮的硬幣躺在地上，彼得看也不看地跨了過去，但大衛卻彎下腰把這枚硬幣撿了起來。

　　這時，彼得對大衛露出了鄙夷的表情。他心想，「連一枚硬幣都要撿，真是胸無大志！」大衛心裡卻想著，「有錢卻讓它從身邊白白溜走，真是沒出息啊！」

　　後來，他們進入同一家剛成立的新公司，規模很小，工時長、事又多，起薪也少，彼得覺得收入與工作不相稱，沒多久就找藉口離開公司了，但大衛卻看到這家公司的潛力，決定留下來，並積極參與付出努力。

　　幾年後，兩人在路上偶遇，這時大衛已經成功擁有自己的企業，而彼得卻還在尋找理想的工作。

　　彼得很不解，像大衛這樣胸無大志的人，怎麼可能成功？於是問了大衛成功的祕訣是什麼？

　　這時大衛淡淡的說：「我沒辦法像你一樣讓一枚硬幣從我身邊溜走，如果連財富都不去把握、不要爭取、不願行動，怎麼可能會成功呢？」

感悟

　　彼得和大衛的差別在哪裡？其實並不在於那枚「硬幣」，重點是把握機會的積極行為和對細節的重視程度。

　　大衛深深知道「萬丈高樓平地起」的道理，也明白在成功的過程中，細節能決定成敗，因此他格外珍惜每個成長和蛻變的機會，最後在這些日積月

累的努力中，獲致驚人的成就和組織發展。

　　相反的，彼得雖然同樣渴望成功，但總是看大不看小，好高騖遠，因此與成功之間的距離越來越遙遠。

5:00
Plan 計畫

個人經歷分享

　　如果說「成功之輪」中，十二個關鍵點是成功必備的條件，無可否認對我來說「計畫」絕對是我的軟肋。

　　從小時候開始，想像力豐富、健談不怕生、活力充沛、熱心、陽光、外向、愛結交朋友，都是親友給我的評價；除了天生性格以外，相信我有一個快樂氛圍的家庭也是其中的原因。

　　如果以四型人格特質DISC來分析（D為力量型、I為活潑型、S為和平型、C為完美型）的話，年少的我絕對是活潑型（也被稱為影響型）的人格，是標準的樂觀主義者。我非常好動活潑又愛運動，像是上了馬達的音速小子，做事總是精力旺盛，充滿幹勁，就像電池永遠用不完一樣，也是家裡的開心果。

　　當時我這種性格的優點是總會帶給人歡樂，但也有缺點，就是時間觀念差，想到什麼便做什麼，想做的事很多，但計畫感卻很弱，凡事都會拖到期限前才注意到，縱使事情得以完成，也總會漏掉一些細節。慶幸的是，我天生樂觀，對結果比較淡然，也就不太會糾結於此，是一個典型的「差不多」少年。

　　本來計畫感弱對生活來說一直都是相安無事的，像是考試總能通過、飛機總會趕上，生活也是有驚無險地過，直到寫碩士論文階段以後，我被狠狠地上了一堂關於「何謂計畫」的課，才真正意識到計畫的重要性與急迫性，否則我可能早已得了傳說中的「樂觀者憂鬱症」。

　　回憶當時讀大學的時候，為了不想給家裡壓力，沒多久我便以半工半讀加貸款的方式，來支付國際學生的高額學費與生活費。雖然後來我成功獲得獎學金，並靠著數學的優異成績而獲得了大學助教工作，減輕一點負擔，但也希望能盡快畢業，快快投入專業工程師的工作，以便能早日衣錦還鄉。

　　可是命運總是難測，在毫無計畫下，我偶然發現到一門防火工程碩士課

程，因為這門課程的獨特性和稀有性，每年都會收到無數來自全球學生的申請，但只有區區十位不到的幸運兒會被錄取，想不到我也成為其中之一。春去秋來，一年既忙錄又充實的課程結束，緊接著便正式開始寫研究論文，這也是我人生中一段蛻變成長的歷練。

我的研究論文屬於混合式主題，需要橫跨五個領域：化學工程系、電子工程系、防火工程系、建築工程系、風險評估系，當時因為兩位主導教授帶領的研究生特別多，基本上沒辦法分配時間指導我，無疑會對研究造成影響，只能自求多福。隨著時間一天天過去，學費一天天消耗著，我卻在原地踏步，看著別人有條不紊進行著，我越發焦急卻無計可施。

沒有方向，所以每天到圖書館也不知道要看什麼；沒有建議，所以每天對著電腦也寫不出半個字；沒有時間表，所以什麼重要、什麼緊急也都不知道。在那段日子裡，每天我就像瞎子摸象般的困惑，逐漸變得情緒低落，不愛講話，對什麼事都不感興趣，還會謝絕所有邀請，希望能專心研究，可是在電腦面前卻只是上網到處瀏覽，一天下來什麼都沒做成。

當時正值迷茫之際，有一天我在圖書館的公告欄上看到一張海報寫著：「如果你沒有在計畫成功，就是在計畫失敗。假如沒有方向，靜下來制定計畫，必定能指點你的去路！」猶如當頭棒喝，醍醐灌頂。當下我的感覺是：「這不是顯而易見的事嗎？我怎麼一直沒想到呢？」果然盲點就是盲點，近在咫尺卻又摸不著邊。

接著，我針對「計畫」進行一番學習，最後用了將近一個月的時間將論文的思路規畫出來，有了計畫之後，便開始以飛快的速度完成論文。相較於之前各種焦慮與憂鬱情緒，隨著目標管理、時間管理、行政管理等越加清晰，我的整個狀態立即變得積極起來，自信滿滿。完成論文後，我的指導教授甚至還建議我要不要繼續完成博士學位，他說這個論文題材的基礎可以延伸出一篇博士論文了！可惜，當時我已經收到四家國際工程公司的聘請，並沒有繼續深造下去的打算。

　　這段經歷讓我徹底蛻變，對於計畫有著更深的認知，並因此對往後的工作、事業和生活有著重大的意義與幫助。

　　在任職防火工程顧問的時候，正因為出色的局勢分析及工程規劃能力，為我贏得更多機會能接觸到享負盛名的建案，讓我快速累積項目管理的經驗，以至後來在我正式離職前能順利完成當時南半球最大購物城的火災模擬與設計，獲得同業界的大肆表揚；為我在這個專業的領域中，取得了一個重要的里程碑，這一切都離不開每次的「計畫」。

　　所謂世事無常，其實無常才是常態。 每次做完「計畫」後，必然會出現變數，但只需要掌握「應變」的能力，即便有狂風巨浪，迫使你離開最初計畫的航道，（就像二○二○年全世界被疫情肆虐一樣毫無徵兆），也能快速調整計畫，繼續前進。

　　生活中，時刻能發現各種智慧，假如能捉住靈感出現的一剎那並記錄下來，將會對「計畫」有所幫助。

　　我有一個習慣，便是在浴室、睡房、客廳、辦公室的牆壁，都裝上一塊大白板，因為靈感往往會發生在一瞬間，尤其在放鬆的時候，譬如在梳洗、睡前、午夜夢醒的時候，潛意識隨時會跳出我們所專注的事情的更新版本，防不勝防，所以每當突發奇想的主意跳出來時，我便會立刻寫在白板上，哪怕只是一個圖案或數字。

　　多年以來，我習慣使用「走出舒適圈計畫表」（S. O. Y. C. Z. program）這種有助於計畫的工具快速歸納，盡力把握著每一個靈感，將出其不意的想法與生活中悟出的道理結合，搭配出有效的計畫，這不僅讓我能更加集中焦點，將力量放在所能控制的事情上，也讓我更有效地實施這些計畫，同時避免隨波逐流，浪費了寶貴的時間，更不會被情緒或負面想法操控。

　　這是我在眾多事物中總能保持著清晰思維、鳥瞰前景的祕密。而在練習篇章裡提供的方法，不僅可以有效幫助迷茫的人重見光明，善用這些方法更可以幫助我們快速地運轉成功之輪，達到目的。

何謂「計畫」

　　計畫有名詞與動詞兩種詞性，用作名詞的意思是「策劃、目標、打算」，是指以文字、表格、圖表等形式表達，在制定計畫的過程中所形成的各種文件、藍圖、構思、方案；用作動詞的意思則是「制訂計畫、規劃、安排」，是指為實現目標與任務，而對未來行動所做的綜合統籌安排。

　　計畫是目的與目標成功的關鍵，成功的計畫不單可以把任務有條不紊地細分，還能有助於管理時間、正確決策、擬定策略、實施程序、效果評估等，因此，計畫會出現在整個目的與目標中的所有地方。根據達成目的所需，具體規劃出長、中、短期各種目標，然後把大的目標分解成小的目標或任務，根據輕重緩急加以安排，再把各種任務落實到每天的具體計畫中。

　　為了搭建出一個簡單的系統思維的框架，將原始構想中模糊不清的部分，加以釐清並具體化成為初步的結構，「計畫」可以簡單概括為八個要素構成，這是整理資料的重點組合，稱為「5W3H」。

　　首先根據「5W3H」的邏輯分析，然後進一步透過一系列的設計與分析方法，便能有效處理各種不確定性、無序的事件，最終才能做到亂中有序、序駕馭亂的狀態。

- 關於「**目的與理由**」／**Why**（為什麼）：原因，即是計畫背後的動機與意義，做到以後能獲得什麼，解決什麼問題。
- 關於「**事態與內容**」／**What**（做什麼）：目標，即是明確的目標和戰略，具體任務與要求，以及每階段的工作重點和任務。
- 關於「**人物與關係**」／**Who**（誰）：人員，即完成目標會牽涉到的相關人士，包括過程中及結果可能會影響到的人。
- 關於「**時間與過程**」／**When**（何時）：時間，即實施的時間範圍、期限及限制，以輕重緩急原則來衡量時間的長度。

- **關於「空間與場所」／ Where（何處）**：地點，即實施過程會涉及的場所、空間、環境，包括線上虛擬的空間。
- **關於「方法與步驟」／ How to（如何）**：手法，即實現的過程中會使用的措施、手段、方法、工具及對應的流程。
- **關於「投報與資源」／ How much（多少）**：資源，即評估實現時所需要、所擁有、所缺乏的資源，包括人力、物力、財力等。
- **關於「效益與風險」／ How effective（效益）**：效果，即預測計畫實施的結果，包括潛在的變數、風險指數的評估。

「計畫」的意義和重要性

　　計畫的意義是計慮、謀劃，是將內部與外部條件分析後，提出可以在一定時間內達到目標的方案，對於時間管理尤其重要。

　　計畫就像是一個能夠把每個小里程碑連起來的「完整途徑」，從初步思考分析到落實行動計畫，小至日計畫、大至人生計畫，都是為了達到每個目標不可或缺的重要步驟。無論是組織還是個人，或是要辦什麼事情，都應該做好安排與計畫。

　　人的生命是有限的，如果沒有合理規劃好，就會虛度光陰，所有成功者無一例外都是做目標設定並且珍惜時間、利用時間的高手。計畫是針對「該做的事」或「有成效的事」，而成效則是由目標而決定的，當你自覺沒有目標時，也就失去時間管理的意義，做事變得死板，心如死灰、思想頑鈍，對周圍的事無動於衷，常言道「哀莫大於心死」就是這個比喻。

　　計畫是一個結合指導性、預測性、科學性和創造性的管理活動，能有效具體化每個步驟，減少重複性與盲目性，讓任務可以井然有序地完成。同時，計畫本身也是對目標進度和完成品質的考核標準，具有約束和督促的作

用，假如進度落後於預期的設計，也能提早發現及早修正。所以，計畫對工作既有指導作用，又有推動作用，是建立正常的工作程序、提高效率的重要因素。

計畫是有助於找到前往目標的最佳方法，讓執行者能夠認清自己的位置，知道如何安排工作的優先次序，避免浪費時間，用以終為始的心態來推動計畫進行，當遇到十字路口時，對於該如何選擇和決策會更有把握。計畫能有效增強個人及組織的競爭力；當實施計畫時，會因應真實狀況與細節做出相對衍生出的解決方案，既要「做正確的事」又要「正確地做事」，以求得合理利用資源和提高效率，在這個調整的過程中提升，不只會增加競爭力，也能加速達到目標。

另外，計畫可以幫助有效迴避風險，減少損失。計畫是面向未來的，其未知的變數具有很大的不確定性，計畫工作之一就是要預測未來趨勢或規律的變化，分析未來可能出現的機會和面臨的挑戰，做好周密的預測與準備，隨時化被動為主動，變不利為有利，就算有突發事件，也會有應對措施，從而將風險減低。

俗話說：「平時做事無計畫，急時做事無頭緒。」不管做任何事，寧願當下計畫立即執行，也不要為了制定完美計畫而等待；沒有行動，一切都是空談。

不做計畫的人，很容易患上「拖延症」，等到最後一刻才動手。事實上，拖延症會讓人感到壓力，事情總在腦海中揮之不去，時刻感覺有事要做卻遲遲沒有時間完成，總是心有牽掛，結果導致小則健忘遺漏、不知所措、提不起勁，大則心緒不寧、心情鬱悶、心煩意亂。

即使計畫過程總是讓人身心俱疲、絞盡腦汁，然而越是疲憊卻越需要計畫，這需要一個適應期，當堅持執行下去到看見結果時，你便會慶幸自己當初沒有放棄，否則一直沒有計畫，根本等於計畫著失敗，猶如「盲人騎害馬」到處亂撞；總的來說，沒有規劃的人生像拼圖，雜亂無章，有規劃

的人生像藍圖，條理分明，做事井然有序！後文將會進一步針對計畫的「局勢」、「目標」、「時間」、「執行」這四個重要方面進行討論。

了解局勢：借鑑兵法奇書淺談計畫

中國歷史上著名的「兵聖」孫武所寫的兵法奇書《孫子兵法》，是古代軍事文化經典，也是舉世公認的兵學聖典，雖然只有六千多字，卻被評選為世界十大軍事名著之首。其兵法精髓的智慧更被後世廣泛應用到不同領域，影響深遠，不管在軍事、商業、管理、創業乃至成功學，都極其受用。

《孫子兵法》共十三篇，從戰略運籌到作戰指揮，再由戰場應變到軍事地理，內容無一不是傳授如何透過對戰事的全局策劃，進而做到「不戰而屈人之兵」的致勝最高境界；好比事業上，如果能在行動前先做好計畫，將會事半功倍，更有機會達成目標。

在《孫子兵法》第一篇〈始計篇〉中，孫武開門見山地講述戰前運籌和謀劃是戰爭勝負的關鍵；作為首篇，可以理解為孫武卓越軍事思想的高度濃縮和精闢概括，它從宏觀上對敵我雙方決定勝負的各項基本條件，進行比較與分析，然後預測戰爭的發展和最終結局，並強調出兵前的周密謀劃對戰爭勝負的決定作用。

萬物一理，此兵法中的哲理同樣適用於事業上，教我們如何掌握大局觀，事前計畫，事後分析，做事考慮全面。如果將此典籍引申到成功學思維上，以兵法對應成功學，則講述的也就是成功必備的態度、決心、戰略、謀劃和精細計算。

〈始計篇〉中的「計」是全方位計算與度量的意思，計算敵我雙方全面綜合實力的對比，孫武稱它為「五事七計」（註：五事是指道、天、地、將、法；七計是指：主孰有道？將孰有能？天地孰得？法令孰行？兵眾孰

強？士卒孰練？賞罰孰明？」），相當於現代管理學經常使用的優劣勢分析法（SWOT），在行動前先做計算、分析，進而做到知勝的結果；所謂知勝，就是在戰前透過計算而知道戰爭的走向，甚至預知勝負，來決策這場仗該不該打或怎麼打，所以它不是戰法，而是不戰之法、不敗之法。

SWOT分析法，又稱為態勢分析法或優劣勢分析法，是各大小企業或個人對形勢分析慣用的規劃工具，針對某一個指定任務，根據已知的條件和形勢相關的優勢（S）、劣勢（W）、機會（O）、威脅（T）進行分析，發現核心競爭力之所在，從而將策略與既有的內部條件和外部環境結合，達到提高勝算、減低風險的策略規劃和檢視進展的目的，並有助於判斷應採取什麼行動才是有利於實現目標的決策。

正如《孫子兵法》說到：「用兵之道，以計為首。」如果想要成功，無論辦什麼事，事先都應該認真思考、洞察和分析，然後根據目標和資源，包括人力、物力、財力、能力、時間等，制定出一個可行的計畫；如兵法一般，策劃的重點並不是命中之法，而是不敗之法，是收益大於風險、產出大於投入之法。

好的計畫並不一定完美無瑕，而是追求靈活多變，透過考慮到各種可能發生的情況，針對不同的意外和潛在的變化，準備多套方案備用。這是一件艱難卻又重要的事情，需要極其嚴肅地對待它。因為一旦失敗，不僅大量耗費精力，更會重創你的經濟，與成功越離越遠。在本章的「實踐練習」中，會詳細講解SWOT分析法。

了解目標：有了目標才能把力氣用在正確的地方

前文曾提及，「目的」是抽象的大方向，需要進一步具體化為長、中、

短期的目標；「達到目的」是一個完整目標體系規劃的結果，而「達成目標」則需要有邏輯的安排，再搭配實際的行動計畫，並且設定期限與檢驗點來避免無限延期，及時進行調整和修正，從而實現目標。

　　目標是構築成功的磚石，是對於所期望的事情展現決心，是具體可行且值得追求的一個定位。對於現狀來說，目標總是遙遠而充滿未知與變數，但如果懂得如何看待目標，擁有站在未來看現在的遠見，它會成為奮鬥的發動機，使人產生信心、勇氣和膽量；正因為有了目標，才能把力氣用在正確的地方，免於隨便衝撞。

　　關於不勇於設立目標，最常見的原因就是惰性或害怕失敗，尤其是曾經制定目標卻失敗的人，更容易失去信心，甚至會自我懷疑。事實上，經過奮鬥仍未能實現目標的情況總會發生，但不代表這個過程沒有價值，其實這些經驗才是真正的財富，只要稍作調整便能再次挑戰並提升成功的機率。

　　俗話說得好：「有目標的人在奔跑，沒目標的人在睡覺，因為他不知道醒來要去哪裡；有目標的人睡不著，沒目標的人睡不醒，因為他不知道起來可以做什麼；有目標的人在規劃，沒目標的人在混亂，因為他不知道如何分清輕重緩急。有目標的人在感恩，沒目標的人在抱怨，因為他眼中只有自己，沒有別人。有目標的人有夢想，沒目標的人在空想，因為他從沒想要對夢想負責到底。」

　　美國馬里蘭大學管理學兼心理學教授愛德溫‧洛克（Edwin A. Locke）提出目標設定理論，他認為，一個明確且具挑戰性的目標，配合合適的回饋，能有效帶動激勵性和增進績效。此理論也說到目標有兩個基本的屬性：明確度和難易度。顧名思義，明確度能做為衡量目標的準確度、完成度，而當難易度挑戰性達到與能力相當的水準，則能刺激突破的動力，正如與達文西齊名的另一位義大利文藝復興代表——米開朗基羅（Michelangelo Buonarroti）曾說過：「對大多數人來說，最大的危險並非目標設定得太高而錯失了它，而是設定得太低而輕易達到。」

那麼，究竟什麼才是難易度剛好的目標呢？不妨試想一下「當你用盡全力跳躍起來，手指頭僅僅擦到的高度」，這就是目標難易度應該有的水準、一個能激發潛力效果的高度；否則目標太難會讓人有挫折感，太簡單則會讓人覺得無聊。

在另一本管理書《管理評論》中，喬治‧朵蘭（George T Doran）提出了現代目標管理領域中常被沿用的SMART原則，其基本原理是：如果想要達成目標，首先要描述目標。在本章的「實踐練習」中，會講解SMART目標管理法。

了解時間：時間是最珍貴的資源

國際級管理大師，被人譽為現代管理學之父的彼得‧杜拉克（Peter F. Drucker）說：「時間是最珍貴的資源。如果你沒有好好管理時間，其他任何東西就沒必要加以管理了。」成功的人明白，想要屹立在世界舞臺上，就必須掌握兩個關鍵因素，一是積極正面的心態，二是充分且靈活地運用那些永遠不足的時間。

古語說：「歲月不饒人。」成功的祕訣就在於是否落實做好時間管理，打從心底了解時間是命運的控制器，努力學習時間相關的所有技能，並確實利用時間資源。

正如杜拉克說：「沒有任何人能用資質平庸為藉口，而無法學會高效能的時間管理。」

如果想要成功，便應該找出時間浪費的源頭，審慎地節省，成為自己時間的真正主人，否則對於時間而言「你不管理，它不理你」。

耗時的事不等於重要，重要的事也不一定很耗時，如果從一個人的口中常聽到：「我很忙！我沒時間。」那可能代表這個人疏於思考、懶於計畫。

事實上，成功的人不見得很忙碌，而忙碌的人不見得很成功，因為忙碌並不等於有成果，突破的方法就是矯正前往目標的航程，學會如何管理、聚焦、分清楚事情的輕重緩急先後次序，才能保證做事可以更有效率。

所謂將軍趕路不追小兔，傑出人士之所以成功，是因為有策略性地計畫，凡事講究方法，能在有限的時間裡，有效調配人力、物力、財力、時間等資源，保證掌握的資源得到最合理的安排，已達到最佳的效益表現。然後引用任務清單（To-Do-List）的方法，透過「重要」和「緊急」兩個維度，簡單把各種事務分為四個類別，按照事情的輕重緩急、優先級數，安排不同的時間和資源，明確哪些是重要的、有生產力的，哪些是次要的；在分類的過程中，將會有效率地把生活和工作中看似很急但其實不重要的事情，提前把它放在次要的位置，讓時間管理更高效。

世上有很多的不公平，但有一樣是絕對公平的，就是時間。時間，沒有任何討價還價的餘地，它的供給毫無彈性、它不能積蓄只能消費、它是沒有任何代替品的資源、它無法失而復得，所以說，時間是最珍貴的資產，是上天賜給每個人最平等的禮物。該怎麼使用或投資這有限的資源，決定了每個人人生的不同；擁有同樣的時間，有的人可以心想事成，有的人卻總是在事後嘆息。

事實上，**所謂的「時間管理」，是管理個人的行為與習慣，而非時間本身。**有些人之所以難以成功，是因為他們總是在努力地做一些根本不需要做的事情，白白浪費了很多寶貴的時間。

譬如，與別人做不必要的辯論，爭一個誰對誰錯，或者為了一點小利而糾纏不休等。

俗話說得好：「如果你很忙，能忙到千財萬貫，請你繼續忙；但如果你很忙，卻忙到兩袋空空，請你停下來想一想，自己到底在忙什麼？忙得有效率嗎？」一個人可以因為夢想而忙碌，但不能因為忙碌而失去夢想，成為「窮盲族」。

　　時間讓空想者痛苦，卻給創造者幸福；沒有計畫的人生，會漸漸掉進「亡」的三個狀態中：「忙、盲、茫」。

　　「忙」則心亡，總是被問題牽著走、被事務所纏，像一個消防員一樣到處救火，不僅總是很忙，還忙得沒有頭緒，什麼都感覺很急，所以無暇思考如何預防問題的發生，焦點變得越來越模糊，視野也會越來越狹窄，逐漸成為了「忙」的奴隸，非常被動。

　　接著是「盲」則目亡，眼睛像是被忙碌所蒙蔽而看不見了，對於身邊的人事物視若無睹或看不清前路，結果要麼盲目附和他人的意見、要麼盲目太過自信而不聽意見，對社會漠不關心、對公義視而不見。

　　最後則到了「茫」然的境地而不知所措、模糊不清，無目的、無歸宿地浪費了生命。常言道：「莫等閒，白了少年頭，空悲切。」為了不讓生活留下遺憾和後悔，便應花點時間做好計畫，根據目的大局的需要，懂得「有所為，有所不為」的道理，抉擇於未來而不是過去，著眼於機會而不是問題，掌握於方向而不是隨波逐流，學會對該做的事立刻行動，對不該做的事立刻「Say No（說不）」。

　　不會拒絕的最糟情況是勉為其難地答應，然後心不甘情不願去做，結果花了時間還不高興，何必呢？

　　登上頂峰的人，幾乎每一位都會珍惜生命、珍惜時間，在飛馳的時間裡總是氣定神閒，把事情處理得有條不紊。所謂效率，減少一分鐘的浪費，就等於多一分鐘的生命，只要我們能善用時間，就永遠不愁時間不夠用，珍惜時間可以使生命變得更有價值。

了解執行：計畫、落實、檢討

　　我總結了過去十五年的實戰經驗，以下是計畫執行時需要注意的事項：

- 所謂「一年之計在於春，一天之計在於晨」，實現任何目標的首要任務便是計畫，再根據計畫的任務清單，做好優先次序的安排，並設定限定時間。

- 為了提高執行力，制定每日日誌來管理時間和生活，先以一小時為單位（習慣後，以半小時為單位）擬定每天的行程，並落實執行。

- 每週制定日誌時，必須持續反問自己：「對照我的目的，我所做的事情是否最有成效？」重複這問題來訓練思維、深化動機，直到成為一種習慣、直覺、反應，甚至條件反射的地步。

- 計畫需要避免安排得太滿、太精細或太死板，不然靈活性就會差，完成率也會低。太複雜的計畫，會讓人在執行的過程中產生焦慮。計畫應多預留適當的時間（約10％），以防不可預料的突發事件出現時會打亂所有安排，如塞車、遲到、意外或其他機遇。

- 計畫時，不要忘記考慮家庭與健康的因素，包括身體上和心靈上，應該盡力保持生活與追逐夢想之間的平衡，避免過分勞累，相信沒有人會希望以自己健康為代價去換取任何成功，要能做到勞逸結合才是上上之策。

- 善用有效的工具與軟體，根據個人的喜好選擇適當的計畫工具，例如：子彈筆記（Bullet Journal）*1、走出舒適圈計畫表（SOYCZ program）*2、事件樹分析（Event Tree Analysis），或其他電腦軟體、手機應用程式等，並把它放在可以隨時拿到的地方。

- 想一萬次不如行動一次，只有行動才會產生結果，當初步計畫完成後，便應在短時間內採取大量的行動，從而形成爆發力。所謂熟能生巧，當連續不斷地重複做同一動作，才能掌握其中精髓，進而事半功倍，產生最大的效果。

- 堅持定時審查日誌，以實際的情況對比預計的進度，再思考中間的落差，無論是超標完成還是低於標準，都需要總結經驗，找出其中的原

因，目標是減少兩者之間的落差至最少，以達到加強掌握力和判斷力的結果。

・每個週末和每個月底，定期檢查自己完成任務的情況，做好盤點，思考在執行的過程中，遇到了哪些問題？哪些是成功的、失敗的、該避免的、該改進的地方？做好總結，才能方便下次執行的過程中調整和改進計畫。

　　所謂的計畫就是為了實現目標而尋找相關資源並邁向目標的一系列活動，但它並不是一成不變的，有人說：「計畫趕不上變化，所以寧願不做計畫。」這是不對的，計畫當然會趕不上變化，但策劃、規劃、計畫的過程可以使心中呈現清楚的圖像來導引行動，然後適時修正來符合動態環境的變化，如果以環境變化為由而捨棄計畫，或者以此理由當作自己達不到目標的藉口，那就錯誤判斷計畫的目的了。

　　成功人士的思維是遇事總往遠處看，**計畫不是用來完美執行的，而是在執行中把它變得完美**，即使計畫趕不上變化，依然需要計畫，並且根據變化而變化。成功就是一個累積的過程，當你一步步找出自己的節奏，不斷累積經驗，成功終將會到來的！計畫是成功的推動器，是推動你離目標越來越近的馬達！

*1「子彈筆記」是由賴德・卡羅爾（Ryder Carroll）創立的獨特筆記記錄方式，能有效解決任務收集與排程的問題，並建立有效的索引系統，透過快速歸納、改善拖延來整理生活中的記事，有助於時間管理，以及一個個地完成目標。

*2「走出舒適圈計畫表」是由Global Galaxy創立，其中SOYCZ 代表 Stay Out of Your Comfort Zone，以設定日誌為基礎，配合綜合計畫執行表及獎勵規則程序，有助於提升計畫的實施與效能。

實・踐・練・習 9
形勢分析

| 金句

沒有經過對形勢的深入分析與判斷而採取行動，就好比蒙著眼睛過馬路，有勇無謀。

——佚名

| 目的

透過確定你的願景、使命、價值觀，然後使用SWOT分析法，客觀分析內在與外在的優劣勢，讓你深入了解現實狀況，看清自己的優缺點，並及早發現潛在機會與威脅，再決定相對的應對方式，制定經營戰略或生活決策，有效把握機會與迴避危機。

| 練習方式

願景、使命、價值觀的概念，是所有個人成就以及任何組織發展的核心思想，身經百戰的組織與創始人，往往對這三個概念有深刻的認知。就如同一艘船，如果不知道船存在的目的、方向和準則，只能在海上四處漂流，而包括船長在內的所有船員最終也會變得鬆散、迷茫。

擁有了清晰的願景、使命與價值觀，才能進一步設定清晰的策略（戰略）與目標。

個人的魅力以及組織的文化，往往會受到這三者完全的影響與決定，所以在探討SWOT的策略分析之前，請先寫下你的願景、使命與價值觀：

願景 → 使命 → 價值觀 → 策略分析（SWOT）→ 目標 → 行動

❶願景（Vision）

講述的是：「你要去那裡？」「你想要什麼？」「你想實現什麼理想？」「你想成為什麼人？」「你期待的未來是什麼？」；願景也包含了「所嚮往的前景」、「核心理念」與「期望的未來」等的意思。

願景是對未來的描繪和想像，也是一種內心的願望和驅動力。願景可以是改變世界，也可以是成就自己，它是一段簡單明確且鼓舞人心的表述。

舉例來說，通用電氣的願景是「使世界更加光明」，迪士尼的願景是「成為全球的超級娛樂公司」，華為的願景是「豐富人們的溝通和生活」，Global Galaxy的願景是「讓每個人都能成為更好的自己，並成為他人生命中的貴人」。

一個好的願景，不單能夠代表你的眼界和格局，更能夠吸引人才和激勵人心，成為發展戰略的指引與組織文化的導航，請在三十字內寫出你的願景（可參考「我的首要願望」和「製作夢想板」的結果）。

你的願景：＿＿＿＿＿＿＿＿＿＿＿＿＿＿＿＿＿＿＿＿＿＿＿＿

❷使命（Mission）

講述的是：「如何實現這個未來的路徑？」「在大環境中，所扮演的角色又是什麼？」「為了什麼而存在？」「做的事能解決什麼問題？」「有什麼意義？」「能創造什麼價值？」，從而最終實現你的願景。

使命是一個基本的思想、原則、方向、經營哲學，它不是具體的戰略目標，或者是抽象地存在，卻會影響你所有的決策和思維。所謂明確的使命，就是要確定實現遠景目的後必須承擔的責任或義務。尤其在需要做出重大利益的決定或生死關頭之時，使命將會發揮關鍵的作用。

大部分優秀的領袖或組織都有自己的使命，舉例來說，阿里巴巴的使命是「讓天下沒有難做的生意」，迪士尼的使命是「讓世界快樂起來」，騰訊的使命是「透過互聯網服務提升人類生活品質」，Global Galaxy的使命是「發現人才，培育人才，成就人才」。所以，使命是為解決方案提供方向和基調，卻不是具體的解決方案本身，請在三十字內寫出你的使命：

你的使命：＿＿＿＿＿＿＿＿＿＿＿＿＿＿＿＿＿＿＿＿＿＿＿＿＿

❸價值觀（Values）

這是一種判斷對錯、選擇取捨時的標準。有益的事物才有正價值，譬如：誠信、紀律、關懷、學習、責任、領導、創新、使命等等。一個人的價值觀會直接影響其做事的方式、依循的原則。

堅持價值觀很困難，是因為人們很容易受到現實的挑戰，然後輕易放棄自己的原則。但如果想成為優秀的領袖或創造一個持久的、成功的、激勵人心的工作環境，就一定要堅守核心價值觀。

正因為能夠長期堅守的人不多，才顯現出價值觀的寶貴，你的核心價值觀是直接影響企業文化的關鍵，請在三十字內寫出你的價值觀：

你的價值觀：＿＿＿＿＿＿＿＿＿＿＿＿＿＿＿＿＿＿＿＿＿＿＿＿

❹策略分析（SWOT）

領導者要制定好策略，需要先從紛亂的情況中，鎖定某一、兩項關鍵的議題；然後合理分配資源與行動，投注在這些議題上，並設計協調一致的應對方法。SWOT分析法是一個有效分析形勢的方法，主要是由「外部、內

部」與「正面、負面」做為兩軸交錯後，分別得出優勢（Strength）、劣勢（Weakness）、機會（Opportunity）與威脅（Threat）四個區塊。

透過對這四項因素加以分析，找出對自己有利並值得關注的重點，以及發現對自己不利而需要注意的潛在問題，然後把各種因素連接起來加以分析，對此進行思考，從中得出一系列相應的結論，並確定往後的發展方向。

SWOT分析法經常被用作規劃策略和檢視發展，讓自身的優勢得以發揮、彌補弱項、省去因為盲點而製造出的威脅，或是應用內部優勢去抵擋外部威脅、用外部機會消除內部劣勢等綜合應用，找出致勝的關鍵。

製作完整SWOT分析表主要有三個步驟，分別是「SWOT分析」、「USED思考」、「擬定策略」。

(1)SWOT分析

針對分析的主題，進行一場腦力激盪，然後分別在四個區塊中列出優勢、劣勢、機會與威脅。

詳見附件一：「建立SWOT分析表的思考問題」（一五六頁），附件二「SWOT分析的例子」（一五九頁）。

(2)USED思考

完成SWOT分析表以後，請使用USED思考技巧，分析SWOT四個象限中的各種因素，並思考對應策略和解決方案。USED分別代表的是：用（Use）、停（Stop）、成（Exploit）、禦（Defend），而這四個面向與SWOT的四個元素結合，則會帶出以下四個問題：

・U：如何善用每個優勢？
・S：如何停止每個劣勢？
・E：如何成就每個機會？

・D：如何抵禦每個威脅？

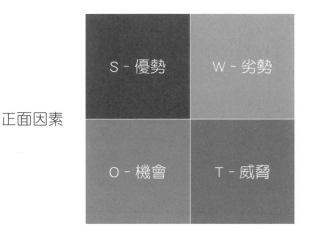

內部

S－優勢　　W－劣勢

正面因素　　　　　　　負面因素

O－機會　　T－威脅

外部

(3)擬定策略

　　根據列出的優勢、劣勢、機會、威脅等因素進行配對，然後加以分析和思考對策，可以得出四個思考方向，分別為SO、ST、WO、WT：

・SO（優勢＋機會）的狀況：思考如何運用優勢來發展更多機會，需要積極型策略。

・ST（優勢＋威脅）的狀況：思考如何運用優勢來避免或抵禦威脅，需要緩衝型策略。

・WO（劣勢＋機會）的狀況：思考如何降低劣勢並增加機會，需要改善型策略。

・WT（劣勢＋威脅）的狀況：思考如何降低劣勢、避免威脅，需要防禦型策略。

	S 優勢	W 劣勢
O 機會	**積極型策略分析（SO）** 進攻策略，最大限度地利用優勢，爭取機會！ _____ _____ _____	**改善型策略分析（WO）** 調整策略，投入資源改善劣勢，以獲得機會！ _____ _____ _____
T 威脅	**緩衝型策略分析（ST）** 調整策略，投入資源加強優勢，以避免威脅！ _____ _____ _____	**防禦型策略分析（WT）** 生存策略，投入資源改善劣勢，以避免威脅！ _____ _____ _____

注意事項

SWOT分析的範圍很廣，如果缺乏事實和數據，分析就會變得很籠統，制定的策略就會缺乏依據，成為沒有價值的策略方案，因此，進行SWOT分析時，可遵循以下幾點：

- 必須鎖定一個主題來進行分析，否則，如果沒有定義期望的最終狀態或目的，便會容易造成焦點模糊。
- 策略是用來突破困難、克服障礙及回應挑戰，若不能界定目前面對的挑戰是什麼，就無法評估甚至改善策略。
- 避免錯將分析與擬定策略混淆。在分析的過程中，需要保持實際的態度、客觀的認知，而不要涉及主觀解決方案／策略。在認清客觀事實後，再經過 SO、ST、WO、WT分析並制定對策。
- 避免把想像內容當成分析項目，SWOT分析主要是現實狀況的客觀描述，否則就沒有意義。

· 避免把內外因素歸類錯誤，導致分析結果失準，例如把內部優勢錯誤歸類為外部的機會等。

· 分析必須保持中立性，避免高估／低估自身的優勢／弱勢。面對缺點時，人的本性多少會有所保留，這時需要慎重小心，因為輕視弱勢所帶來的殺傷力，可能比高估優勢來的更嚴重。

· 分析必須保持簡潔化，避免複雜化與過度分析，否則，如果描述太廣泛、太籠統或不具體，會讓人難以聚焦，浪費時間。可以嘗試描述原因、結果等具體資訊，或提供數據，便能成為一個值得討論的內容。

· 為了加強外部環境的分析，可使用 PEST（代表政治、經濟、社會、科技）的分析方法，針對這四個方面進一步思考潛在機會或威脅。

思考

❶願景、使命、價值觀對個人或組織為什麼重要？它們對激勵具有什麼作用？

❷在進行SWOT分析的過程中，你是否試過因不了解主題／目的的優劣機危，缺乏深度分析，而預測過低且憂慮過多，又或者太看輕分析主題的難度而預測過高且過分承諾？這對達成你的目標有什麼阻礙？

❸在進行SWOT分析時，會不會因優勢／機會太少，或劣勢／威脅太多，而選擇放棄？

❹當你面臨一個挑戰時，有沒有考慮過自己的優勢和劣勢？

❺你會如何提升個人優勢，改善劣勢，從而創造更多機會呢？

總結

老子在《道德經》中寫道：「知人者智，知己者明。勝人者有力，勝己

者強。」意思是說：能夠認識及了解別人叫智慧，能夠認識及了解自己才算高明；能戰勝別人是有力量，能克制自己的弱點才是堅強。

人要時時刻刻認清自己才能進步，如果一個人連自己都無法認清，那所有的理想和成功都只會成為空中樓閣。當面對接踵而至的問題時，很多人感到手足無措，試圖逃避，或者將責任推到別人身上，只有極少數人能夠勇敢面對，並且清醒地從這些問題中準確分析自己的優勢和劣勢。SWOT分析能有效反應你的競爭優勢、預測潛在的問題並找出行動目標，是協助計畫的實用工具！

附件一：建立SWOT分析表的思考問題

S－優勢 （找出優勢的思考方向）	正面因素	內部	優勢就是自己掌握何種關鍵的資源技術，或是最擅長、最適合做什麼？優勢區塊也能代表個人或團隊的專長，或比別人更好的地方。例如：人脈廣、商品具有高競爭性、強大的品牌、忠誠的客戶群、獨特的技術等。 ❶擅長什麼？ ❷擁有什麼有形／無形的資產／資源？ ❸團隊中具備哪方面的專才？ 　有什麼獨特的競爭力？ ❹哪些軟硬體資源？像是知識、Know how、人脈、技能、名聲等。 ❺能做什麼別人做不到的事情？ ❻跟別人相比，有什麼地方能勝過對方？ ❼團隊是否有好的文化？ ❽現有忠誠顧客的原因？ ❾最近因何成功？ ❿你有什麼事做得最好呢？你有什麼事做得最突出？
W－劣勢 （發覺劣勢的思考方向）	負面因素	內部	劣勢就是自己最不擅長、最不適合做什麼？劣勢區塊也可以反映出個人或團隊的缺陷與潛在的不足。例如：品牌知名度不足、市占率不高、債務水平高、資金不足或是缺乏企業文化等等。 ❶什麼做不來？ ❷缺乏什麼有形／無形的資產／資源？ ❸團隊中缺乏哪些方面的專才？缺乏什麼競爭力？ ❻別人有什麼比我好？

W－劣勢 （發覺劣勢的思考方向）	負面因素	內部	❼團隊之間有溝通的代溝或阻礙嗎？ ❽顧客流失的原因？ ❾最近因何失敗？ ❿什麼應該改進？你面臨的是什麼障礙？
O－機會 （評估機會的思考方向）	正面因素	外部	機會就是自己的產品、技術、服務是否可以找到新的利基市場？是否能提高競爭力？機會可能成為未來的優勢，通常會與經濟環境、政府決策有關。 ❶市場中有什麼適合的機會？ ❷可以學什麼新技術？ ❸可以提供什麼新的技術／服務？ ❹可以吸引什麼新的顧客？ ❺怎樣可以與眾不同？ ❻組織在五至十年內的發展？ ❼是否會有新的合作夥伴，創造雙贏局面？ ❽是否存在新的經營模式？ ❾未來市場變化可能帶來什麼的機會？ ❿政府有沒有新法規即將發布或刪除，而會對你的產業有正面幫助／影響呢？ ⓫你的產業會在成長浪頭上嗎？別人對你的評價高嗎？ ⓬在未來有什麼活動或事件正要發生，而這件事可以幫助你業務的成長？ ⓭你的產業是在成長的趨勢上嗎？這個趨勢會增加更多人在未來關注嗎？
T－威脅 （居安思危的思考方向）	負面因素	外部	威脅就是自己的產品、技術、服務是否會被取代？或市場是否逐漸走下坡？威脅是不利於發展的負面因素。常見的可能是成本上升、供應不足、競爭對手增加等。 ❶市場最近有什麼改變？

T－威脅 （居安思危的思考方向）	負面因素	外部	❷是否存在潛在跨領域的競爭者能取代你的優勢？ ❸競爭對手會如何採取對策？競爭者最近在做什麼？ ❹消費者習慣或使用者習慣的改變對你會帶來什麼影響？ ❺是否趕不上市場需求的改變？ ❻是否受到政治環境／大經濟環境所影響？ ❼有什麼事可能會威脅到組織的生存？ ❽家庭與目標之間是否存在衝突與矛盾？ ❾時間是否很匱乏，不能妥善管理安排？ ❿未來市場變化可能帶來什麼樣的威脅？ ⓫未來科技的發展，會影響到你的獲利商業模式嗎？ ⓬你的產品鍊上下游、供應商的合作關係是否穩固？ ⓭有什麼市場趨勢正在發生，而這件事會否產生負面的影響呢？

附件二：SWOT分析範例

　　我會在半年內，提高個人領導力、組織力和影響力，建立一個擁有百人的組織網，總營業額每月超過十萬美元。

建立SWOT分析表

S－競爭優勢	・某知名大學畢業，擁有工商管理碩士學位。 ・曾接受某專業機構培訓，學習能力佳。 ・有創業經驗，曾擁有五人小團隊。 ・擅長與人溝通，有團隊合作的能力。 ・不怕面對拒絕，失敗不怕重來。 ・做人有義氣、有擔當、勤奮。
W－競爭劣勢	・缺乏產品與相關領域的專業知識。 ・缺乏大型團隊管理經驗。 ・剛生完二胎，時間受限。 ・性格較衝動，不夠深思熟慮。 ・缺乏對事件的全面分析與深度判斷。 ・容易受到情緒影響。
O－機會	・產品擁有專利技術，性價比高，有競爭力。 ・順應市場潮流發展，產品生命週期的上升階段。 ・已獲得國際化銷售渠道。 ・營銷模式逐漸被大眾認可。 ・潛在收入可觀。
T－威脅	・市場上出現假貨、廉價次品。 ・可能會有更優秀的產品，更先進的科技出現。 ・人員流動性太大，沒有積極性。 ・家人不支持，造成衝突矛盾。 ・事業和生活上的時間不能平衡。 ・前期未能見到太多成績，徒增壓力。

SO、ST、WO、WT策略分析

	S 優勢	W 劣勢
O 機會	**SO－優、機策略分析** ・面對團隊合作時，能快速產生雙贏，互惠互利。 ・面對新知識能快速吸收，提升成功機率。 ・認清目標、看懂商機，了解背後帶來的附加價值。 ・學習新知識，提高團隊與個人運作效率。	**WO－劣、機策略分析** ・執行團隊任務時，提醒自己調整腳步。 ・對發生的事物加以沉澱，培養自己對事物的敏銳度和洞察力，減少情緒對決策的影響，放大格局。 ・學習聆聽團隊中專業人士的意見，調整心態，減少摩擦，以大前提、大目標為基準。 ・透過發揮產品的優勢及專利技術，彌補個人對產品專業知識的不足。
T 威脅	**ST－優、脅策略分析** ・有效找出溝通策略，著力找出適當的解決方案。 ・充分安排有效時間，分清危急與重要事件，釐清事情的輕重緩急。 ・大量學習並參與團隊運作，盡快成為可信賴的領導，帶領團隊創造佳績，同時要減少人才的流失。	**WT－劣、脅策略分析** ・踏實地完成每一項任務，獲得自己與身邊合作夥伴的認同。 ・正視自己的缺點與弱點，大量學習以補足欠缺。 ・建立自己的信譽度、人脈即是錢脈、建立合作基準。 ・透過自我能力的提升，學會有效管理時間，並贏得身邊的人認可。

實·踐·練·習 10
制定目標

▍金句

人活著要有生活的目標：一輩子的目標，一段時間的目標，一個階段的目標，一年的目標，一個月的目標，一個星期的目標，一天、一小時、一分鐘的目標。

——世界最偉大的作家之一，哲學家、教育改革家，列夫·托爾斯泰（Leo Tolstoy）

▍目的

按照SMART原則來制定具可行性和可控性的目標，並且透過寫下自我的承諾卡，時刻提醒自己完成目標的期限與動力。

▍練習方式

所謂沒有目標的，都不叫工作；沒有量化的，都不叫目標。透過之前的訓練，相信你已找到明確的目的和夢想，並成功設定你的願景、使命和價值觀，根據SWOT分析法擬定了一些針對性策略和計畫，接下來便可以有條理地制定各種目標，以及與之對應的計畫。

願景 → 使命 → 價值觀 → 策略分析（SWOT）→ 目標 → 行動

達到目的的過程中，目標往往不是單一的，而是一個多目標系統性的，

希望透過完整計畫的實施，實現一系列的目標，滿足多方面的需求。可是，很多時候不同目標之間存在著衝突，而且在不同階段，根據不同需要，所指定的目標之重要性也會隨著改變，所以在實施計畫或任務的過程中，需要協調多個目標之間的安排，例如：時間、金錢、資源等的分配；因此，目標的個數不宜過多、要分清主次，而且可以按目標的時間劃分，把目標切分成長期、中期、短期的目標，然後再逐一完成。

❶根據制定目標SMART的原則：具體的（S）、可衡量的（M）、可實現的（A）、相關的（R）、有時間限制（T），請寫下一個一至三個月的短期目標，以及一個九至十二個月的中期目標，（可參考一六五頁的附件三）：

短期目標（1~3個月）：＿＿＿＿＿＿＿＿＿＿＿＿＿＿＿＿＿

＿＿＿＿＿＿＿＿＿＿＿＿＿＿＿＿＿＿＿＿＿＿＿＿＿＿＿＿＿

＿＿＿＿＿＿＿＿＿＿＿＿＿＿＿＿＿＿＿＿＿＿＿＿＿＿＿＿＿

＿＿＿＿＿＿＿＿＿＿＿＿＿＿＿＿＿＿＿＿＿＿＿＿＿＿＿＿＿

＿＿＿＿＿＿＿＿＿＿＿＿＿＿＿＿＿＿＿＿＿＿＿＿＿＿＿＿＿

＿＿＿＿＿＿＿＿＿＿＿＿＿＿＿＿＿＿＿＿＿＿＿＿＿＿＿＿＿

中期目標（9~12個月）：＿＿＿＿＿＿＿＿＿＿＿＿＿＿＿＿＿

＿＿＿＿＿＿＿＿＿＿＿＿＿＿＿＿＿＿＿＿＿＿＿＿＿＿＿＿＿

＿＿＿＿＿＿＿＿＿＿＿＿＿＿＿＿＿＿＿＿＿＿＿＿＿＿＿＿＿

＿＿＿＿＿＿＿＿＿＿＿＿＿＿＿＿＿＿＿＿＿＿＿＿＿＿＿＿＿

＿＿＿＿＿＿＿＿＿＿＿＿＿＿＿＿＿＿＿＿＿＿＿＿＿＿＿＿＿

＿＿＿＿＿＿＿＿＿＿＿＿＿＿＿＿＿＿＿＿＿＿＿＿＿＿＿＿＿

❷準備一張自我承諾卡，填寫後複印數份，把它們放在你每天可看見的地方，不斷提醒自己。

自我承諾卡

姓名：_____

我的目標是：_____

目標啟動日期：_____目標達成日期：_____

列出兩項有助於達成目標的有利條件：

(1) _____

(2) _____

我堅信自己會達成目標，因為 _____

我已經邀請 _____ 來當我的監督人。

當達成目標，我的獎勵將會是_____

沒達成目標，我的懲罰將會是_____

監督人簽名：　　　　　　　　簽名：_____

_____　　　　　日期：_____

❸制定任務清單

首先列出事件清單，腦力激盪後寫下來，然後根據輕重緩急進行分類（請參考一六九頁的附件四），與目標相關的為重要，與目標無關的為不重要，快到時限的為急事，相反則是不急。

根據重要性、緊急性，安排不同的時間和資源，避免把重要的事情拖到截止時間才來做。

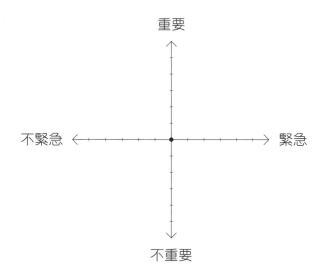

｜注意事項

· 當寫下目標後，確認是否符合SMART的五大原則。

· 要是不設定明確的目標，容易使目標流於不切實際或是待辦事項，自然也沒有辦法設定有效的行動。

· 目標的方向必須簡明扼要、避免含混與模糊，以便於記憶和貫徹執行，防止產生方向性錯誤。

· 必須填寫自我承諾卡裡的每一行，尤其是沒達成目標的懲罰，這是鞭策自己完成任務的動力。

‧任務清單上必須是可具體執行的，對於那些虛無縹緲的想法或項目，要把它們拆解成可執行的行動。

‧制定任務清單後，必須時刻檢視修正，慢慢把制定任務清單變成習慣，有效提高效率和成功率。

思考

❶你是否曾經訂下新年計畫而一直擱置，年復一年？為什麼？

❷用SMART原則訂立目標，對達成目標有哪些幫助？是否感受到SMART目標所帶來的積極作用？

❸寫下自我承諾卡後，你有什麼感覺？

❹以輕重緩急劃分任務清單，對工作的效率有什麼幫助？

❺你會如何利用現有的一切達成重要的目標？

總結

　　無論在工作還是生活中，絕大部分的人都會有過制定目標的經歷，最常見的如減肥目標；目標是否達成，不單與個人或團隊的能力、意志力有很大關係，還與目標制定是否合理也有著密切關係；如果最初在目標制定上就存在著不合理或沒有分清主次，那目標勢必很難達成。夢想是愉快的，但沒有配合實際行動計畫的模糊夢想，則只是妄想而已。

附件三：SMART的原則

Specific 具體的

‧特點：強調目標需要具體而清晰，不要太廣泛或者模稜兩可。

- 內容：具體的目標通常會回答以下的問題：

  － What／什麼：想要完成什麼？預期什麼？

  － Why／為什麼：實現目標的具體原因、目的或好處是什麼？為什麼重要？

  － Who／誰：誰參與？

  － Where／哪裡：確定一個位置。在哪裡發生？

  － Which／哪些：確定要求和約束。哪些屬性很重要？

- 反思：目標是否不抽象、不籠統，明確而特定的？

- 例子：

  － 抽象的目標：我要減肥變瘦（變瘦的具體表現是怎樣？）

  － 具體的目標：我要減肥增肌，練出馬甲線和翹臀，減掉手臂和大腿上的贅肉。

Measurement 可衡量的

- 特點：強調需要以某種客觀的方法，來衡量實現目標的進展情況，可以是截止時間、數字、百分比變化或其他一些可衡量的元素。

- 內容：可衡量的目標通常會回答以下問題：

  － How much：多少錢？成本是多少？

  － How many：有多少？幾個？

  － 如何知道目標何時完成？

  － 如何確認進展方向正確？

- 反思：目標是否數量化或行為化？在驗證的時候，能否根據數據或資料做為指標來核對？

- 例子：

  － 模糊的目標：我要減肥變瘦（變瘦的衡量標準是什麼？）

  － 量化的目標：我要把體脂肪率降低到20%～22%。

內臟脂肪減到3～4之間，減重八公斤。

Attainable 可實現的

- 特點：強調現實和可實現的目標的重要性，否則會因為無法達成而感到挫折或壓力過大，甚至產生無助感而想要放棄。
- 內容：可實現的目標通常會回答以下問題：
  - How／如何？
  - 如何實現目標？
  - 基於其他約束的目標有多實際？
- 反思：在限定的時間內 ，是否有足夠的資源、人脈、時間、技能和經濟能力來實現這些目標？目標是否遙不可及？
- 例子：
  - 不切實際的目標：一個月內，健康瘦二十公斤不反彈（不符合正常生理條件）。
  - 可實現的目標：每天燃燒三千卡，一個月內，健康地減輕三公斤（付出努力的情況下可實現的）。

Relevant 相關的

- 特點：強調實現此目標與想要達到的目的之間的關聯性。
- 內容：相關目標可以對以下問題回答「是」。
  - 這是否值得？
  - 這是正確的時機？
  - 這是否符合需求？
  - 這是對的人事物嗎？
  - 它是否適用於當前的社會經濟環境？
- 反思：這個目標是否不偏離主題，與你的夢想大方向有直接關聯的？

如果實現了這個目標，但與其他的重要目標完全不相關，或相關度很低，那麼即使達成這個目標，意義也不大。

- 例子：如果中期目標是「六個月瘦十公斤不反彈」。
  - 不相關的目標：每天寫日記（屬於自我總結的良好習慣，但與瘦身目標缺乏直接相關性）。
  - 具相關性的目標：每天記錄身體的各項數據（明確且對實現中期目標更有相關性）。

Time-bound 有時間限制

- 特點：強調在時間框架內建立目標的重要性，用明確的截止期限帶來一種緊迫感。
- 內容：有時限的目標通常會回答以下問題：
  - 什麼時候？
  - 從現在起到某一時間點之間，我能做什麼？如：每週、半年、一年、五年、十年。
  - 今天我能做什麼？
- 反思：這個目標是否有設定完成目標的特定期限？要分短期、中期、長期。
- 例子：我在今年八月八日，要將體脂降低到20%～22%（有明確的截止期限）。

|附件四：輕重緩急進行分類

重要但不緊急	重要又緊急
・特點：計畫性和長期性 ・內容：工作規劃之事，潛在的危機或問題。 ・影響：忙碌但不盲目。 ・原則：做好計畫，集中精力處理，投資此象限。 ・對策：按計畫做，盡可能地把時間花在此象限上，這樣才能減少重要又緊急的工作量。 ・精力分配：50~60% ・思考：如何避免更多的重要事情變得緊急？	・特點：迫切性和時間性 ・內容：非常迫切的問題，突發重要事件處理。 ・影響：壓力增大，產生危機。 ・原則：越少越好，優先解決。 ・對策：立即去做，如果總是有緊急又重要的事情要做，表示在時間管理上存在問題，要設法減少它。 ・精力分配：20~30% ・思考：如何做好危機管理、風險預測？
既不重要也不緊急	不重要但緊急
・特點：娛樂性和危險性 ・內容：對目標不會帶來價值的事情，瑣碎的小事 ・影響：浪費時間。 ・原則：勞逸結合，偶爾調節，但不可沉溺。 ・對策：盡量少做。 ・精力分配：1~2% ・思考：反思這些事真的有必要花時間去做嗎？	・特點：臨時性和調配性 ・內容：臨時安排或出現的工作。 ・影響：忙碌且盲目。 ・原則：適當放權，交給別人去做。 ・對策：授權去做。 ・精力分配：15~20% ・思考：如何做好資源管理、借力使力？

寓·言·故·事 9
螞蟻爬牆

　　螞尼和螞凡是兩隻螞蟻兄弟，從小到大，父親一直都教導牠們做任何事都需要有計畫。可是有別於哥哥螞尼做事比較講究實行性和完成性，弟弟螞凡往往會因為希望能快速完成工作，而沒有去思考計畫的現實性。

　　有一天，哥哥螞尼和弟弟螞凡走到一面又高又長的牆前面，牠們想要尋找在牆另一邊的食物。

　　弟弟螞凡來到牆腳時，心裡盤算著，這面牆的高度只有三十公尺，但寬度卻有一百多公尺，當然是爬上去比較快。牠計畫著只要每爬十公尺就休息一下，休息兩次就能爬到頂端了，便立即出發往上爬。

　　這時，哥哥螞尼沒有跟著爬，而是停下來認真思考，在觀察一陣子後，牠最終還是選擇繞過這面牆到另一邊，因為牠發現每隔一段時間便會有一陣強風從旁邊吹過來，要爬過這面牆並不是這麼容易。當牠正想告訴弟弟時，才發現弟弟已經走遠了，螞尼便決定自己走這一條比較安全且絕對能到達目的地的遠路。

　　弟弟螞凡一開始興奮地攀爬著，但後來便逐漸感到後悔，因為每次牠爬不到三公尺，就會由於勞累、疲倦等因素而被強風吹落下來，雖然牠沒有放棄，可是在一次次的跌落再爬上、再跌落的過程，牠已經筋疲力盡，一直沒能達到第一個目標的十公尺休息點。

　　哥哥螞尼卻早已走到牆的另一邊，開始享用那些美味的食物了。

▍感悟

　　在同樣的目標下，兩隻螞蟻用了截然不同的規劃，而牠們所得到的結果

也完全不同。第一隻螞蟻在制定計畫時講求快速，沒有分析局勢，也沒有細心觀察，便立刻行動，其實是一種有勇無謀的行為，而第二隻螞蟻卻能冷靜分析，不單沒有盲目跟風，也不會被眼前所迷惑，最終才能獲得成功。

我們只有將目標和現實結合起來，才能把事情落到實處。有些人有目標但沒計畫，最終只會徒勞無功；另一些人有目標、有計畫，可是計畫太過脫離現實條件，那麼終究也是無力完成，只有將計畫設定在現實基礎之上，我們才有可能真正獲得發展，把工作做好。

寓·言·故·事 10
鵝卵石的故事

一次時間管理的課堂上，教授拿出一個罐子和一袋滿滿的鵝卵石，他將鵝卵石緩緩地倒進罐子裡，這時教授問：「在座的同學們，請問這個罐子滿了嗎？」同學們異口同聲的說：「滿了！」

這時，教授又從桌子底下拿出一包碎石子，他將碎石緩緩地倒入裝滿鵝卵石的瓶子中，搖一搖罐子，再加一些，再問學生：「滿了嗎？」

同學們都有一點疑惑，終於有一位學生小聲地說：「或許還沒滿？」

教授欣慰的說：「是的，沒滿。」接著，他又拿出一包沙子往罐子放，再次問學生：「這次滿了嗎？」

同學們紛紛回應：「還沒滿！」

最後，教授從桌子底下拿出一杯水，他將水倒入裝滿鵝卵石、碎石、沙子的罐子裡，並問同學們在這之中學到什麼道理？有一位學生說，他學到對於實驗不要太早下結論；另一位學生也回應說，時間就像罐子的空間，以為滿了沒空間，其實還能再塞一塞。

　　教授笑笑的回答：「你們說的都有道理，實驗態度與善用時間都很重要，可是今天我真正想表達的是，如果沒有將最大的鵝卵石先放進罐子裡，再依序放進碎石、沙子和水，而是把順序倒過來的話，鵝卵石或碎石也許就放不進去了，所以這比喻告訴我們，做事要想到先後順序、輕重緩急，一旦弄反了，時間會被不重要的事情填滿，便永遠完成不了重要的事情。」

▍感悟

　　教授的比喻提醒了我們，做事要有效益，便需要計畫與安排，否則很容易因為一件事拖著另一件事，最後所有事情都會變得異常的緊急，耽誤時間不說，還讓自己失去了很多機會，顯然，這種人成功的機率自然會低。

　　相反的，對於工作效率高的人來說，雖然也忙，但總是能把自己的時間安排得非常合理，既不會耽誤事情，也不會讓自己忙得一團糟，這就是因為他們在制定工作計畫的時候，講究先後順序與輕重緩急。成功者只有把有限的精力放在重要的事情上，才能抓住問題的關鍵與前進的方向。

6:00

Preparation 準備

個人經歷分享

「我準備好了！」每當勇敢講出這句話時，不管是誇下海口，還是胸有成竹，代表的更像是一種自信與決心，一種對接下來要做的事所表現的積極態度。

當然，這並不代表有勇無謀地隨便亂做，可是人生每天都是現場直播，沒有彩排也不能重來，所以凡事不會有完美的萬事俱備，只有不停地裝備自己以迎接下一個挑戰。

在成功學的領域中，**準備應該是無時無刻的，它伴隨著我們每天的生活，也必須要我們自律地進行**。準備是一種對未知所做出的預備，需要不斷探索發現，為以後的種種不確定性盡可能增加一些確定性，就是所謂的未雨綢繆、預則立。

當年，在我獲得成功以後，腦海中慢慢浮現出一個藍圖，隨著網絡行銷合法性地位的取得，社會大眾的認同度勢必大幅提升，同時因經濟結構的轉變和創業風潮的興起，網路行銷的低門檻和低風險的創業優勢，正是不斷推動這行業高速發展的核心因素。

事實上，根據世界直銷聯合會（WFDSA）的數據顯示，從二〇一〇年到二〇二〇年，全球網絡行銷銷售額從1322億美元增長到1793億美元，複合增長率為平均每年3.6%。

在這十年期間，全球註冊在案的網絡行銷從業人數已從8700萬人增加到超過1億2500萬人，在各國喊著「經濟下滑」的大環境中，這些數據提供了一個更直觀的結果，令不少人對網路行銷行業刮目相看。

該調查亦顯示，大多數人加入網絡行銷行業的初衷，是為了以更優惠的價格購買產品，其次是希望透過輕資產創業獲取額外收入。

全球網絡行銷從業者中，女性占74%，男性占26%；Z世代（一九九〇年代晚期至二〇一〇年代前期出生者）是下一代網絡行銷的生力軍，目前已

占行業近10%，而對各年齡層而言，網絡行銷行業同樣具有吸引力，平均比率為 21%～25%。

回到二〇一三年，綜合六年來近距離對網絡行銷行業發展的觀察與總結，我有理由預測以下情況：再不出幾年，隨著更多人對傳統朝九晚五的工作模式產生厭倦，網絡行銷對於那些嚮往自由從業時間的人，將會形成強烈的吸引力，網絡行銷勢必會進入高速發展的黃金十年，這將是一個機會和挑戰並存的時代。

我認為，這行業在高速發展下，將會面臨外在與內在的兩大挑戰。首先，外在挑戰上，新興的創業模式，如微商、電商、網紅直播等，會造成一定的衝擊和干擾，同時，也會有少部分的人以創新之名，行炒作之實的現象，持續影響外行人對網絡行銷的誤解；而內在挑戰上，高速發展則會造成人才斷層、惡性競爭、破壞遊戲規則的現象，導致一部分的人有成績卻沒成長，有級別卻沒能力，無法有效的複製接班人，最終以失敗收場。除此以外，還會交織著各種人性的陋習，像是不自律、怠惰、自私、負面、抱怨、妒忌、浮躁、自卑等的潛在問題。

猶太人總會說，窮人在問題面前覺得自己很渺小，富人則會面對問題找方法。透過分析與學習，一幅藍圖已在我心中慢慢形成，網絡行銷是一個複製與倍增的事業，透過建立一個具功能性的系統，落實地營造一個有紀律且健康的環境，才能孕育出良好的團隊文化，在不斷有效整合資源的同時，人才自然會不斷倍增。

在長達十二個月的準備期後，一群來自各行各業的菁英，一起透過實戰磨合不斷修正改良，終於一個結合企業化、專業化、數據化、個性化，完美實現線上與線下整合的Global Galaxy（銀河國際）於二〇一四年八月一日正式成立。我們的團隊也準備好迎接更大的挑戰，接受更多的人才。

當時我對團隊說：「我們每個人都有一張票在手上，一張能改變網路行銷界歷史的入場券，每個人都有資格做出自己的選擇，是放棄還是突破都是

取決於自己，我沒有資格批評你的選擇，但假如你和我一樣，希望讓自己和身邊的朋友獲得真正的成功與幸福，就讓我們一同秉承著『行善、行孝、助人』的宗旨，一起攜手打造一個無國界的成功系統吧！」

Global Galaxy成立之初，我既興奮又緊張，因為沒有前人一步步牽著走，所以只能摸石頭過河，踩穩一步，再邁一步，透過企業式的管理，在公平的制度與清晰的流程下，短短七年的時間成為一個數萬人的團隊，並豐盛了每位夥伴的人生。無愧於七年的努力，這是有賴每一位領袖的付出。在這個團隊擴大的背後，我們擁有一群積極、正面、上進及表現出色的領袖，許多加入團隊的新夥伴，藉著這個環境的改造，不斷提升自己，業績自然就會翻倍。

多年以後，有一位來自其他組織，比我更早幾年起步的領袖問道：「Anthony老師，我想不明白，為什麼Global Galaxy的成員都這麼團結，又有紀律，不單個人業績好，我看到業績明明沒有關係的人都在互相幫助，做大了也不會彼此嫉妒？我也有團隊，但全都在搞內耗，太煩人了。」

我微笑著告訴她一個故事：「有兩家就在隔壁的酒店，東家很旺，西家卻很淡，西家老闆透過各方打聽，發現東家的祕密就是所有員工都很開心，下至門衛、上到經理都能笑面迎人。但他實在不解，他自信所給的工資和待遇都只有更高、更好，為什麼員工就不笑呢？後來西家老闆終於忍不住了，便去請教東家老闆，你知道他說什麼了嗎？」

「他說什麼？」

「他說其實沒什麼特別，因為我只會聘請愛笑的人。」

要結什麼果，就播什麼種子，Global Galaxy七年來不斷堅守著團隊的文化，也許過程中會出現不同頻率的人，但留下來的正是可信賴的戰友，我很感動，今天這個結果正是因為當年所設定的共同理念：「以戒為紀律，以愛管理人，以境影響人」，這是讓Global Galaxy有今天的實力的因素。

在關心周遭的競爭者之前，要先關注自己的競爭力。至今，Global

Galaxy已發展到世界各地，並多次舉辦財商拓展培訓營，成功提高夥伴的溝通力、凝聚力、決策力、組織力等多種領導技能，一方面讓每個夥伴得到全方位的個人進步與成長，同時不斷穩步提升經營業績，幫助無數的人改變人生，達至健康與財富雙贏。

近年來，系統更進一步優化升級，隨著二○二○年新冠肺炎的疫後經濟改革，網路通訊正以前所未見的速度發展，許多企業如果沒能做到線上線下的結合以及數位轉型升級，便很可能會面臨淘汰。

幸好，早在幾年前，Global Galaxy已著手規劃開發了第一個專屬網路行銷團隊的遊戲應用程式，而且還在持續升級中，為團隊打造一個有生命力、想像力、實踐力的元宇宙平台，並向世界級目標前進，這是一條漫長而有意義的遠路。

Global Galaxy的目標是希望讓更多有潛能的人透過自身的努力成為人生贏家，為此目標，我有信心「我們已經準備好了！」

何謂「準備」

如果說「計畫」是能夠有效地找出最適合、最有效、最快速完成目標的方式，「準備」就是能夠讓你走向成功所落實執行的具體細節。**準備就是事前安排、預備或籌劃，它是一種智慧，也是一種經驗，更是一種意志力的考驗**，它所考驗的不單只是針對所做之事的理解度與深度，還有考驗在尚未成功之前漫長又煎熬的過程中的耐性與恆心。

古今中外的經典古籍中，隨處可見關於「準備」的相關名言佳句，沿用至今仍然是耳熟能詳的經典，在《春秋・左傳》中有「不備不虞，不可以師」，指出不做好準備預防意外，就不可以率軍作戰；《禮記・中庸》則說「凡事預則立，不預則廢」，指做任何事情，有準備能成功，不準備則會失

敗。《論語・衛靈公》也有「工欲善其事，必先利其器」、「人無遠慮，必有近憂」，比喻做事得先準備好工具，才能達到事半功倍的效果，如果不做長遠的打算、預防事態變化，很快的眼前就會有憂患的事情發生；《精忠岳傳》中也提到「三軍未發，糧草先行」，指出兵行動前，應先準備好糧食和草料，比喻做事情要先有計畫和準備。

由此可見，準備是一種態度、責任、能力、積累、決心，不單在軍事上應該如此，在事業、生活上也該如此。要贏得一場勝利、一個競賽，給出一張漂亮的成績單，這不僅僅是實力的較量，也是智謀策略的較量，其中的奧妙就在於準備。

失敗源自於準備不足，準備與失敗是成反比的存在，越輕視準備，越容易失敗；或許有人會說，很多事情是個人力量所無法控制的，對於這些事情，做再多的準備也沒有用，可是值得注意的是，雖然我們無法控制事情的發生或不發生，但憑藉充分的準備，可以減少甚至避免事情發生所造成的損失，譬如面對颱風的襲擊，如果事前在防颱上已有準備，損失一定會降低，否則，當遇上強風時，難免會發生讓人措手不及的災害。

養成事前做好準備的習慣，對很多事就會有足夠的把握，思維變得更清晰、行動變得更有效率，成功的機率也會逐漸提高，取得令人驚訝的奇蹟。機會只垂青有準備的人。

「準備」的意義和重要性

成功是留給有準備的人，而機遇是留給準備好的人。做任何事都必須要努力，隨時都有準備上場的心理狀態，才會有結果。所謂「宜未雨而綢繆，毋臨渴而掘井」，儘管成效不會立刻彰顯出來，也要相信世上沒有回報的準備是不存在的。

　　機會的可怕之處，在於它來的時候無聲無息，一旦錯過了，卻讓人後悔莫及。很多時候，機會來臨時就像閃電一樣只在一瞬間，如果之前沒有做好準備，根本來不及抓住它。

　　殘酷一點來說，如果因準備不足而導致錯失良機，根本沒有人會在意或可惜，因為這世上勤奮卻缺乏機會的人太多了，他們都在拚命努力、伺機而動，你若不珍惜，別人隨時樂意取而代之，所以準備不應該是被動的等待，而應該是積極的行動！

　　有些比較負面的人經常自我暗示著「機會不會輕易出現」，總是懷著等待機會出現再去把握也不遲的想法，往往失去了能做好準備的最佳時機，等到機會真的來臨時，也無法抓住，白白讓機遇與之擦肩而過，後悔莫及。

　　永遠記住，失敗不要灰心，挫折不要絕望，只要蹲好馬步、往下扎根，機會一定會到來。對於渴望成功的人，尤其需要準備，所謂養兵千日用在一時，隨時做好出戰的準備，擁有接受各種挑戰的心態，以及化不可能為可能的決心，成功自然垂手可得。

　　《孫子兵法》有一句話：「勝軍先勝而後求戰，敗兵先戰而後求勝，故善戰者，立於不敗之地，而不失敵之敗也。」善戰之人，不會打沒把握的仗，因為他的作戰措施建立在必勝的準備基礎上，同時不放過任何可以擊退敵人的機會，求戰之前就已經立在不敗之地，而敗兵則是不知後果而但求一戰，終歸到底，就是作戰者是否對整盤的計畫做出充足的準備，可見有準備是一件多麼重要的事。

　　缺乏準備的人容易錯漏百出，縱然具有過人的能力，也不能保證獲得成功。準備不足的行動會使一切陷入無序，偶然的成功也只是一時，最終必然會面臨失敗的局面；同時，也容易產生盲點，因為他們用自身的高度、視野或感覺做出主觀判斷，不管是用人還是辦事，都有失算的可能，很容易出現誤判的行為。

　　這就像魔術師變戲法一樣，當魔術師轉移你的目光焦點，使你的注意力

被分散時，魔術師立即擺動或轉移物體；當你的焦點回來時，物體消失了，戲法已經完成，這就是盲點戲法。

同樣的，在完成目標的過程中，如果缺乏準備，明明顯而易見的重要事情或該做的事，卻因為其他事情而模糊了焦點，導致顧此失彼的結果，該做的事沒做、該說的話沒說、該準備的沒有準備，空有夢想，但面對現實的社會，可能處處產生嚴重的挫折感，結果看這個不順眼，看那個也不順眼，因而怨天尤人，離成功只會越來越遠。

整個世界都在進步，想要成功，超越千萬個優秀人才，就得不斷累積自己的厚度，**學習與前進才是永續成功的動力**。逆水行舟，不進則退，人生亦如此，大環境一直在變，就算只是站在原地，沒有進步本身就是一種退步。**愚者失去機會，弱者坐等機會，強者把握機會，而智者則在機會出現之前，先做好準備，然後創造機會！**

成功之輪的「準備」方程式

如果要做好「準備」，首先要預測完成目標需要什麼條件，再根據計畫中的任務內容，整理已有的資源，學習處理沒掌握的要素，然後採取行動將能力之所及的事情提前做出安排或籌劃。準備是一切行動的基礎，可以增強效率，減低差錯，是成功的保證。因此，「準備」是預測、整理、學習、行動的總和：

準備＝預測＋整理＋學習＋行動

預測

達到目標是發生在未來的事，為了能更精準地準備而不浪費資源，就需要預測潛在的需要和結果，而創造出有助完成目標的條件。

　　預測可以根據：大數據分析、閱讀相關文獻／書籍／資料、技能需求、籌劃時間、所需成本、參考其他有同樣目標的成功個案、詢問專家、風險評估、期待的結果，以及思考完成當下目標與目的之間的關係，及其對目的重要程度做出分析。

整理

　　透過大數據整理出的分析和預測，能大致掌握任務的輪廓，而需要準備的內容之框架，也會基本成形。根據目標和計畫所需，有條理地分類出已掌握的部分、已知會使用到的但沒掌握的部分，以及未知解決方法的部分，包括：技能、知識、人脈、資訊、科技等；針對該計畫中用不上的部分，可以先分類收藏起來，等以後有需要使用時，就能準確又快速地找到。

學習

　　每個人都有強弱項，自己或組織的專業能力能順利完成任務固然是好，可是往往某些條件需要透過其他專業領域的專家才能解決，所謂隔行如隔山，這些領域甚至是完全超出你的認知範圍以外，是「你不知道自己不知道」的知識，為了達到有效準備的效果，可以對這些領域有粗略的認識。注意，這裡並不是要求你要成為凡事皆通的通才，而是對接下來需要完成目標的各種要素，大概了解其邏輯及原理，才能有效掌握全局。

行動

　　顧名思義，行動就是執行。如果你要進行的行動是針對某一特定事件，例如演講、活動、會議、課程等，有著指定發生的時間，那麼這類行動準備就是針對當時所發生的事情做出籌劃安排，並且對潛在的不穩定因素和風險做出應變安排。

　　如果你要進行的行動是針對非指定事件，例如等待機會的出現、未知的

威脅、潛在的危機，那麼這類的行動準備就是裝備自己或組織，當機會出現或問題發生時，能做到適時把握時機或有效控制風險。

成功路上，需要名師指點

改變命運的三要素：一本好書（即知識）、一個機會（即上進心）、一群良師益友（即環境）。自行摸索或經歷，也許可以讓自己有深切體會與感悟，卻是昂貴且漫長的投資，而與之並行的行動是找到一位學習的對象。

在成功路上，尤其是初始階段，如果能找到一位有相關領域成功經驗的前輩或行業導師來督促和指導，或是找到一個可以模仿學習的成功者，必然能讓你事半功倍，縮短「摸著石頭過河」般的摸索階段，因為前輩的經驗是他們用時間和金錢換來的血汗教訓，是非常有價值的。

可惜「經師易得，人師難求」，合適的導師可遇不可求；假如真的運氣好，在起步階段便能找到了，強烈建議你要「抱大腿」，因為如果找到一位對的導師，已經是成功的一半。

愚蠢的人在跌倒以後不學習，重複被同一個困難攔住；普通人透過自己跌倒的經驗學習，跌跌撞撞地前進；而聰明的人往往懂得從別人的經驗中虛心學習，懂得尊師重道的道理，珍惜導師、感恩導師，並視導師為成功的重要資源，同時心存敬畏意識，永遠保持頭腦清醒，不驕縱、不怠惰、不浮躁，永遠謙遜平和，恪守心靈的從容和淡定。這不僅是一種人生態度與智慧，更是一種行為準則。

通往成功道路上，獲得有經驗導師的監督顯得至關重要，所謂「讀萬卷書，不如行萬里路；行萬里路，不如閱人無數；閱人無數，不如名師指路」，名師好比成功路上的導航儀，在人迷失、困惑的時候，能加以督促和導正，不用等到問題像雪球般越滾越大之時才來面對。

要提高成功機率，第一是向成功者學習，第二是學會說成功者說的話，第三是接受成功者的修正。

事實上，導師所擁有的知識是有價值的私人財產，並不一定會無條件公開給他人來學習，所以學會處理人際關係非常重要，在下一篇章〈People人〉中，會更詳細地講解人性的注意事項。

總的來說，準備的能力、準備的時間、準備的程度、準備的寬度，因個人認知不同而有高底之分，但有一個共同點，當有新任務時，人往往都會因為緊張或是缺乏經驗等各種因素，當局者迷，沒辦法看到自己的盲點，這時候，如果有一位有經驗的導師、監督或教練給你適當的指導或提醒，並分享寶貴的經驗，將可以加速你的成功。

學會與成功者的思想、腳步和時間重疊；凡事以成功經驗解決問題，而不要用自己的想法解決問題，自然事半功倍。世界上最聰明的人，是借用別人撞得頭破血流的經驗，當作自己的經驗；世界上最愚蠢的人，是認為自己撞得頭破血流的經驗才叫經驗。

因此，當你在為定下的目標計畫做準備時，務必設法「準備」一位可靠、有經驗的導師、監督或教練來為你把關！你會發現，找到名師，自然會少走彎路。

學問的四個境界，從無知到有知

學習的樂趣在於，當你知道的東西越多時，就會發現自己不知道的東西有更多，透過發覺自己的不足，從而獲得學習知識的機會，然後進步，才能從「不知道自己不知道、知道自己不知道、知道自己知道、不知道自己知道」這個求知的過程中，獲得成就感與快樂。

學問的四個境界可分為：

❶第一層境界：不知道自己不知道——無知者

❷第二層境界：知道自己不知道——初學者

❸第三層境界：知道自己知道——修行者

❹第四層境界：不知道自己知道——大成者

　　世上大部分的知識都停留在第一層境界「不知道自己不知道」中，這是處在不知天高地厚的階段，許多東西不懂卻不自知，甚至自滿地認為自己什麼都懂而不求進步，導致失敗；自古成功者有自信而不自滿，因為他們了解驕傲自滿必翻車的道理，自滿意味著智慧的毀滅，是智慧的盡頭；英文也有一句諺語：When you think you know everything, you are about to fail!（當你覺得你什麼都知道時，就是你失敗的開始了！）虛心的人萬事能成，自滿的人諸事皆空，做事不實心者不成事，不虛心者不知事；現今社會人跟人之間比較的，已經不再是學歷或經驗的差異，而是學習力和認知上的差異。

　　別人已經視為常識的知識，自己卻還停留在「不知道自己不知道」的階段，盲目自滿，競爭力自然會被比下去，事實上，失敗不是成功的最大敵人，自滿才是，越是自傲自滿的人，越是沒有什麼實學，連自己的盲點在哪裡都不自知！

　　想要求得智慧，首先要做的，便是承認自己有所不足，永遠保持空杯心態，才能有機會發現、感悟並認識到那些「不知道自己不知道」的知識。其實許多時候，事情不見得有多難，甚至只是一個想法、一句話，便能有所突破，但如果沒有人提醒，自己可能一輩子也不會發現有這個盲點。

　　正因為這是個盲點，所以根本沒辦法自發性提問或刻意學習，這時候如果有導師能為你捅破這一層隔膜，你便有機會打開這一扇智慧之門，進入第二層「知道自己不知道」的境界；到了這一階段，你已經確切認知到自己不懂的地方，接下來只要願意，便能做出針對性的學習或對應方案，然後進步與成長，同時也進入了第三層「知道自己知道」的境界，最後只要不斷刻意

練習直到融會貫通，成為自然習慣，便會到達第四層「不知道自己知道」的境界。當你永懷著感恩和學習的心態去面對每一件事物、每一個挑戰，你已經正式「準備」成功。

「看起來成功」比成功本身更重要

在完成目標的過程中，必然會與不同領域的成功者交流，來開拓自己的視野。在與人交流時，我們要隨時做好準備，包括外在和內在的管理，並常常審視自己可以改進的地方，如此由內到外全方位準備好自己，才能有效提升成功的機會。

在職場上，常常會聽到一句諺語：First impressions are the most lasting.（最初的印象最深刻。）第一印象主要是根據對方的表情、姿態、身體、儀表和服裝等形成的印象，先入為主。在對方的腦海中形成，占據主導地位，成為初步的評價和以後交流的依據。研究表示，對於人際關係，外在形象有時比內在還重要，美國的心理學家雅伯特・馬伯藍比（Albert Mehrabian）提出了「55/38/7」定律，證明了這個看法。這理論指出，在整體表現上，旁人對你的觀感，55%體現在外表的穿著、儀容、表情、肢體語言等（視覺上的觀感）；38%是講話時的語氣、語音、語調等（聽覺上的觀感）；7%是談話的內容（意識上的接收）。因此，如果外在形象，包括儀容整潔、美觀配搭等，要是不細心修飾，人際之間的溝通會受到一定程度的影響。當然，內容也是重要的，這將決定事情最終是否能達成的關鍵，而良好的外在形象確實能有效正面提升你與對方的友好度。

所謂「人靠衣裝，佛靠金裝」，對於外表的重視和細節的注重，很多時候能發揮先聲奪人、良好印象的效果，常言道，「看起來成功」比成功本身更重要，就是這個原因。當然，這並不是鼓吹大家盲目追求名牌或奢侈物

品，而是形象中不忘注重質感與整潔，根據場合的不同，選擇匹配的穿著和適合的形象，為成功而做好充足準備。外在的形象也會影響一個人的自我認知，這是尊重自己也是尊重他人的一種意識，成功形象不只是為了他人，更是為自己的成功做充足的準備。一個注意形象的人會散發出個人魅力，在不自覺的情況下增強自己的氣場、自信和人緣。良好形象是一種無聲的語言，向別人傳達一定程度的訊息，是整齊的、自信的，還是邋遢的、隨意的，透過外在形象便能猜出一二。永遠為成功而穿著，為勝利而打扮。

由此可見，多方面為成功做準備是多麼重要的，如果沒有做好準備，就算機會出現面前，也未必會有把握的勇氣和能力；缺乏準備的人會發現機會常常在不自知的情況下流失。當結合前五個篇章的定位「目的」、思維「正面」、態度「熱情」、積極「主動」、制定「計畫」，加上本章的充足「準備」，從「思維篇」到「行動篇」，成功之輪的時鐘已經順利完成一半，接下來的篇章將會進入「人性篇」，無論你要完成任何目的，過程中無可避免會與人互動、交流，「人性篇」的三個章節中，將會講述人與人之間的相處之道，以及如何成功跨越挫折的相關內容。

實 · 踐 · 練 · 習 11
成功形象

|金句

永遠要像迎接你最大的敵人一般，慎重地看待你今天的穿著。

——法國先鋒時裝設計師，法國時裝香奈兒品牌創始人，

嘉布麗葉兒 · 香奈兒 （Gabrielle Chanel）

┃目的

　　透過自己與他人不同視角的觀察，進一步了解自己形象管理的問題，然後有意識地塑造適合的個人形象，化被動為主動，讓自己對個人形象上有更多的掌控，同時學會如何讓形象管理成為自身專業以外的附加價值，提升職場競爭力與自我價值。

┃練習方式

❶個人形象評分

　　個人形象是你的外在、言行舉止、儀態談吐、能力呈現等元素的組合，所給別人的印象，是別人與你接觸之後對你的觀感和記憶，甚至是對你的個人氣質的評價。

　　在社會中，人與人之間的接觸越來越多，個人形象成為接觸之首要，只要你現身就在呈現著個人形象，所產生的印象也隨即散播在空氣中，如影隨形地跟著我們。

　　無論你願意與否，外在形象就像是一張行走的名片，當你還沒開口說話，對方就已經在心裡打下一個分數，衡量你是一個怎樣的人，這無疑是相當重要的非語言溝通。可是很多時候，失敗形象的原因是錯估自己在別人眼中的形象，請根據以下針對個人形象的各項內容，由自己以及熟悉自己的親友為自己打分數（1~10分）。

個人形象	自己評分	他人評分
❶服裝整潔大方。		
❷穿戴與身分年齡相稱。		
❸季節與色系搭配。		

個人形象	自己評分	他人評分
❹視場合選擇服飾而不失禮儀，由隆重至休閒，知道什麼時候穿禮服、職場服裝或輕便服。		
❺選擇適合體型、年齡的服飾。		
❻確保健康體態，注意均衡飲食，保持適當運動。		
❼注意口臭、體臭、髮味等細節。		
❽正式服裝 男：適合的西裝，合肩、合身。 女：以簡單高雅的套裝、褲裝、襯衫、連衣裙、高跟鞋為主。		
❾髮型 男：醒目精神的髮型，例如抓髮蠟、向上吹。 女：露出額頭，不要蓋住臉，髮質柔順，乾淨不油膩。		
❿配飾 男：領帶的選擇與結飾（擁有不同樣式和顏色的領帶）。 女：包包和衣服的搭配度，衣服與首飾或配飾的搭配度。		
⓫下半身衣著 男：皮帶、襪子、皮鞋、褲子的細節，例如，襪子跟鞋子的搭配程度，襪子的顏色與質感是否與褲子搭配，等等。 女：穿著絲襪，不露腳趾，不露大腿，高跟鞋／時裝鞋顏色與款式，跟衣服搭配的程度，等等。		
⓬皮膚管理／妝容 男：注意皮膚護理，避免痘痘／鬍渣，修剪眉毛／鼻毛。 女：妝容自然，避免過度艷麗，要舒服、自然。		
總分：		

❷別人對你的客觀分析

成功的形象管理，就是要讓別人一眼就看出你的氣場、氣質的與眾不同，或者能從外在形象中看出你的成功氣息與特質。為了讓別人能客觀地說出你的外在形象的特質，首先請找幾張你在不同情景中的照片，可以是辦公室、工作場所、朋友聚餐，把臉部遮起來，並且不讓別人知道照片的主角是你，然後請別人來進行評比。

問對方幾個關於照片中主角的問題，例如：猜這個人的以下背景：

- 是什麼職業？（電子／科技、金融／會計、服務／銷售……等等）
- 收入範圍是什麼？（新臺幣月收入低於五萬、五萬到十萬、十萬到三十萬、三十萬以上）
- 是什麼職位？（初階、中階、高階或老闆）
- 給人的感覺是什麼？（內向、外向、安靜、開朗、樂觀、悲觀、自信、畏縮……等等）

詢問的對象越廣越好，特別是跟你不太熟悉的主管、同事、客戶、合作廠商等，他們的意見相對更有參考價值！透過別人的觀點，你會驚訝地發現自己的形象有很多值得改善的地方。

❸檢視個人需求，尋求專屬形象

相信每個人心中都有想要實現的形象，請根據以下的問題，思考並寫下你的回應：

- 生活中，你身兼多少個角色或身分？
  例如：你在家中的角色、工作中的角色、所在的專業、職場的位置、代表的身分……等等。

‧如果用一個「形容詞」來代表你，你最希望是哪一個形容詞？

例如：我是一位「稱職」的媽媽、我是一個「專業」的工程師、我是一個「有野心」的企業家、我是一個「值得信賴」的領導、我是一個「最會打逆境牌」的創業者……等等。

‧你身處的環境適合那種造型呢？考慮形象，同時也要考慮功能性和現實狀況。

‧是否需要在辦公室久坐，或常在外面走動，或出席一些宴會或飯局，或常待在家裡……等等，想像在這些地方想要如何呈現自己。

‧想像未來成功的自己的模樣是怎樣的？那時的你應該具備什麼樣的特質？盡量仔細描繪出來，並將之圖像化，然後想像自己已經成為「未來成功的你」時，會有怎樣的言行舉止和穿著打扮。

　　透過找到自己真實的需求，然後踏出塑造新形象的第一步是改變的開始，統合以上的需求，可以寫下「我是一個……（形容詞）的……（角色／身分），我想要的個人形象是……………」

❹學習你希望成為的樣子，找出具體的模仿對象

　　所有的成功人士都有大將之風，可是他們往往不是成功後才培養大將之風，而是具備了大將的風範之後，以此來引領自己走向成功的，所以不用擔心，先信後解為智者，形象是可以預演的，成功也是可以預演的。

　　你可以找一位心中仰慕的對象，或是在你希望成功的領域之人士，從客觀的角度看看他哪個部分的形象能吸引你？你又會如何「形容」這個人的成功之處呢？在行為舉止衣著上去揣摩他、模仿他。

　　在觀察他們的時候，不是只「聽」他們的語言，也要「看」他們的肢體語言、形象與穿著。就像是看默劇一樣，把學習對象當成默劇人物，再觀察他們的肢體語言、形象與穿著。如果找到有人已經把自己想要的風格具體化

的話，應時刻參考對方的言行與造型，先有樣學樣地模仿，當經驗累積到一定程度，你也能有模有樣，創造出自己的風格。

許多的成功，都是從模仿開始的。

❺立即行動，建立個人形象

當我們能夠得體的穿著打扮，絕對可以為自己贏得良好的第一印象，畢竟人們打量初次見面的人時，大多仍以外表來形成先入為主的印象，而衣著正好能表達出一個人的形象。

在家裡準備一面全身鏡子，如實反映出自己的全貌。從整理衣櫥、鞋櫃、首飾、配件開始，來一遍「斷捨離」，把不符合成功形象的、尺寸不對的、破損的通通都整理掉，再分類收納好對應不同場合所需的衣物（關於一些穿著搭配的注意事項，參考一九三頁的附件一）。一方面可以知道自己的衣服和想要的形象是否一致，另一方面，也可以清楚自己所擁有的品項，依照想要的形象開始穿搭，展現獨特風格，穿出自己的型。

穿衣哲學因個人風格、工作性質，以及個人可以投資的衣著預算而異，一個懂得衣著禮儀的人，能夠穿出適當的服裝來表現自己，同時也展現出對人對己的尊重。我們雖然無法決定別人的看法，但可以決定如何表現自己的個人形象。

美感是很抽象的，要把抽象的東西整理出具有邏輯性、有系統的穿搭技巧，需要大量的經驗累積。同樣的，要實踐這些技巧也需要大量的練習和經驗，不是兩、三天就可以達到的，所以一定要有心理準備！

▎注意事項

・經濟條件是重要考慮因素之一，倘若預算有限，可以挑重點購買，把預算投資在少數單品也很好，重質不重量。

- 避免掉入流行的圈套或一味的追求所謂專家的建議，盲目跟風不單穿不出個人風格，更會造成浪費。
- 千萬別自認為成功而無需遵守任何規則。
  永遠記得人靠衣裝、佛靠金裝、男靠西裝、女靠化妝，這些都是基本的禮儀。
- 改變形象最好採漸進式，否則會顯得突兀，並且週遭的人可能因為很難接受你的遽變而出現負面的聲音。
- 形象塑造是需要紀律的。印象，意指印在別人腦海的影像，需要不斷重複才能印在別人的腦海中！所以，一旦訂出形象策略就要天天執行，切記，一天捕魚，三天曬網的作法只會徒然無功。

思考

❶別人對你的評價與自己的認知有什麼不同？

❷對這個測試的結果，你感到驚訝嗎？為什麼？

❸在不知情的情況下，別人能否說出你的現實情況？對方形容的你，是你所希望表達的你嗎？

❹你能做出什麼改變，來達到你期望別人感知到的形象？

❺良好的形象管理，對你的心情和信心有什麼幫助？

總結

在這個顏值時代，形象力也是一種競爭力，全方位的形象管理能力更是未來趨勢。

形象是「誠於中，形於外」的涵養，良好的個人形象管理已經是成功學上一個不成文的默契，是反映出內心品德讓別人信任你的一個方法。

　　所謂「三分長相，七分打扮，先敬羅衣後敬人」是自古不變的定律，透過正確穿衣禮儀，依不同時間、場合，穿對合適的服裝，才能展現出對人對己的尊重。

　　很多人總怪自己運氣不好、沒有貴人，覺得機會總是落在別人頭上，卻從不在自己身上找答案。要知道，三十秒即可決定別人對你的印象，他們只瞧一眼，心裡就已經開始主觀地替你打了分數，所以一個有程度的人對於外表一定格外重視，形象除了代表一個人的思想、看法和見識，更代表一個人的人生哲學。

　　總的來說，建立良好個人形象是一個豐碩的果實，這將是與你的成功有著同等定義！事不宜遲，立即行動改變吧！

┃附件一：穿著搭配小提醒

◎慎選顏色及材料：需搭配自己的膚色、個性與身材，展現出適合自己年齡的專業感。

❶色彩：正確選擇色彩，可以傳達正向的精神與意念，也可以得到修飾身材的效果。

　a.深暗：嚴肅而有威嚴。

　b.鮮豔：吸引他人注意力。

　c.中間色調：灰色系／褐黃／暗紅／海軍藍等，能表現出優雅與專業的形象。

❷材質：不同材質呈現不同質感。選購時根據材質的特性，選擇適合的款式，應付不同場合的需要，為穿著加分。如：

　a.襯衫：棉／絲／羊毛。

　b.長褲：以不容易起皺為原則，斜紋布料褲子穿起來較挺，絲質或混紡較有輕柔垂墜感。

    c.洋裝:避免過於厚重,硬挺的布料,以免看起來過於沉重,棉和麻與化學材質混紡的布料,較適合洋裝材質。

◎配件避免過於大型、華麗或貴重。

    既然服裝以簡單大方為原則,配飾當然也要能搭配服裝風格,才會有畫龍點睛之效。

◎選擇衣裝時,避免浪費,可選擇適當的套裝、衣裙、褲裝、洋裝,或旗袍來搭配,而不是「只要是我喜歡有什麼不可以」。

◎配合所處行業文化調整

    ❶保守行業:中規中矩的套裝,搭配簡單有質感的配件。

    ❷創意行業:配合業務的性質,在服裝上展現自己的創意與獨特風格,但是也不能偏離專業優先的原則。

實·踐·練·習 12
尋找我的導師

|金句

學者必求師,從師不可不謹也。

——中國宋朝教育家,程頤

|目的

透過自己的努力和誠意,主動尋找有相關領域經驗與心得的導師,為自己打開一扇智慧之門,透過導師的指導,讓自己看到過去沒看到的盲點。

┃練習方式

現今社會，從不缺乏知識的傳播，也不缺乏好為人師的人，可是要找到一位與你的理想發展相近，既要有實質相關的成功經驗，也要有敏銳的洞察力和良好的總結力，能準確指出你的不足之處，或能為你的精益求精做出正確引導的導師，可以說是可遇不可求。

如果隨便尋找一個缺乏經驗的導師，也許會被帶錯方向而走大段的彎路，甚至形成了某些壞習慣，影響長期的效果。因此，學習和拜師必須要慎重、慎重、再慎重。

所謂「學貴得師」，找到一位對的導師，已經是成功的一半。透過以下幾個步驟，希望能夠提升你找到名師的機率，讓成功變得事半功倍。

❶尋覓導師

在你想要創業／發展的目標領域中，瞄準幾位你特別欣賞的，並對該領域具備豐富的知識、過人的能力和驕人成就的人士。他們是你的標竿、學習的對象，更是你奮鬥的目標。

在尋找導師的過程中，可以先打聽一下對方的風評與名聲？曾取得了什麼成就？他是否掌握你想獲得的知識？他是否為你想成為的樣子？他在成功路上有什麼失敗的經驗？他在面對困境時又是如何克服的？他的初衷是什麼？他堅持至今的原動力和原因是什麼？

❷真心誠意

當有機會拜訪或接觸到你所選定的導師時，一定要給對方留下良好的印象，讓對方感受到你的誠意和態度，重點是你「一定要成功」的熱情和決心。不管在任何領域，真正成功的人會特別珍惜與重視那些有潛力、認真、勤奮、耐勞和感恩的人才。

　　拿出真心誠意多主動與成功者接觸，這個過程也許並不容易，但只要持之以恆，必定能讓對方看到自己。

　　人們常用「精誠所至，金石為開」來表達真心誠意可以解決很多難題。這種巨大的力量來自一個人真實內心的自然湧現，所以能直接感動對方，並與對方內心的真實情感產生共鳴和交流，而且超越了現實利益的層次。

　　真心誠意不僅可以解除對方的武裝，還可以激起對方的惻隱之心，這是人性中的「善」。要做到不造作、不虛假，沒有欺騙，也沒有心術不正的情感，便是真誠，只有這種情感才能真正地感動對方，讓導師接受你、認同你、欣賞你。

❸雙贏思維

　　希望獲得導師的幫助或指導時，必須思考自己如何為導師創造相當的價值或回報。卓越的導師或許不會以你的回報為前提來給予幫助或指導，可是站在求學者的角度，卻不能不知分寸，導致學不到真材實料，也斷送了自己的貴人。

　　作為一個接受指導的求學者，不管是導師成功的經歷還是失敗的故事，都是你的財富與借鑑，讓你提前意識到將來可能發生的風險與機會，做到預測未來、料敵先機的結果，所以收穫是必然的。

　　可是求學者又該如何讓導師也能獲得有價值的回報呢？根據每位導師的不同，回報可以是最直接的感謝或禮物，也可以是成就或榮譽，甚至是把所學到的發揚光大或傳承下去，但絕對不要以為回報是一件可有可無的事。

❹珍惜感恩

　　俗話說，知識是私有的財富。別人願意教你是一種福分，不願意教就是自己的本分。時刻提醒自己，這些指導都不是「應該」的，切記珍惜才會真正擁有，感恩才會天長地久。

　　要學會「知恩，感恩，報恩；知福，惜福，造福」。很多人在成功之後變得意氣風發，卻忘了導師當初指點之恩，所謂滴水之恩湧泉相報，才能持續獲得更多貴人相助。假如學成以後，卻不會感恩，當下一個危機出現的時候，可能會需要付出慘重的代價。

　　舉例來說，一個夢想成為籃球高手的人，除了自己努力以外，就是找一位有經驗的籃球教練，他未必是籃球界的喬丹，但必須要有獨到的經驗和能力去指導。

　　鎖定這位導師，然後主動聯繫並告訴對方你的夢想和毅力，以及為什麼在人群當中，他要付出時間和精力督促你，並助你成功。給導師最大的禮物，是把他給你的精力與心血，十倍還給他，讓自己成為他的驕傲。當有一天，自己成為一位成功的籃球選手，登上大舞臺時也不忘感恩導師的栽培，大聲說出感謝的話，表示尊敬。

｜注意事項

- 還沒找到導師前，不要停下成長的腳步，專注發展自己的事業。你會發現，你變得越優秀，越能讓潛在導師看到你。
- 避免成為「跟蹤者」，騷擾到導師的生活。導師願意將私有的知識教導給學生有時候要看機緣巧合，所以要用心追尋，但切勿強求。

｜思考

❶ 有導師與沒有導師的指導，會有什麼不同？對結果的影響是什麼？
❷ 為什麼「真心誠意」這麼難能可貴？你認為其中的奧妙在哪裡？
❸ 認識導師時，如何順利留下良好印象呢？

❹遇到被拒絕時，該如何調整心態，積極創造下一次機會？你是否成功
　發揮雙贏思維？

❺珍惜與感恩的態度，如何促進你和導師的溝通及影響彼此的關係？

▌總結

　　熟悉你身邊的成功人士或目標領域裡名人的事蹟，總結他們成功的經
驗。他們每個人都為你提供了實現目標的寶貴經驗，請用心記下他們的這些
經驗。成功的人之所以成功，在於他們善於向更成功的人學習和模仿，所以
往往能以更快的速度獲得成功。

　　世界著名的成功學大師安東尼・羅賓在演講時，曾號召想成功的人跟成
功者站在一起，然後學習並模仿成功者的行動。他說：「模仿是通往卓越
的捷徑。」事實上，生活中大部分的智慧都是從他人的成功經驗中總結而來
的，我們應該要像個偵探一樣，不斷地探索並找出得以成功的痕跡來。

　　只要你能夠了解成功的人做哪些事情、採取哪些行動、懷著哪些心態，
用心學習他們的思維方式與邏輯，成功其實是可以走直線的！

寓・言・故・事 11
螞蟻過冬

　　炎炎夏日的一天，太陽毒辣辣地高掛在天空，螞蟻正辛勤的搬運食物，
為過冬做好準備。這時，在一旁大樹下乘涼的螳螂看到了，螳螂不解的問：
「螞蟻啊，現在太陽正烈，你何必這麼辛苦呢？一起來和我在大樹下乘涼不
是很好嗎？」

蟻告訴螳螂：「你別看現在天氣好，過沒多久冬天就會到來，如果沒有趁現在趕快搬運食物去儲存，天氣一冷就什麼食物也找不到呢！」螳螂笑了笑，對螞蟻的話不以為意，繼續乘涼享受。

冬天到來，加上連日的下雨，把食物都沖走了，這時螳螂已經連續好幾天找不到食物果腹，牠來到螞蟻的家，請求螞蟻分一些食物給牠。

這時螞蟻說：「螳螂啊，之前我就勸告你要為過冬而做好準備，現在你知道後悔了吧！當我揮汗如水辛勤工作時，你卻不聽勸告，只顧享樂，如果你肯聽勸和我一起努力，現在也不至於挨餓啊。」

|感悟

有準備方能打持久戰，想要成功，就應該要像故事中的螞蟻一樣，有未雨綢繆的長遠眼光，避免臨陣磨槍和臨渴掘井的短視行為。凡事做到事事有計畫，時時有準備，才能讓你運籌帷幄，避免出乎意料的失敗，並取得預料之中的成功。

寓·言·故·事 12
獅子的運氣

兩隻獅子飢腸轆轆，牠們匍匐在森林草叢邊已經一段時間，想要捕獲一隻小鹿或是一隻兔子，很可惜的，牠們什麼也沒有遇到，連一隻小動物的影子也沒有。

其中一隻獅子忍不住愛睏的沉重眼皮，獨自漫步到一棵大樹下，倒頭呼呼大睡。

　　另一隻獅子並沒有放棄，牠持續埋伏著在草原中觀察每一個細節，不放過附近任何動物的蹤跡，終於，牠發現了隱藏在草叢中一隻肥滋滋的小兔子，並快速地捕捉牠。

　　當牠咬著戰利品回到樹下，準備享用美味的一餐時，在樹下打瞌睡的另一隻獅子卻帶著酸溜溜的口氣說：「運氣真好！」

　　捉到小兔子的獅子並沒有生氣，只淡淡地說：「可能是吧！可是我發現，好像越努力就會越幸運，否則機會就算送到面前也只能給別人，然後說一句你運氣真好。」接著便不再理睬呆在原地納悶的獅子，快樂地享用自己的晚餐。

▍感悟

　　透過這則故事，我們可以學到，捉到小兔的獅子因為不辭勞苦，做好捕獲的準備，才終於獲得獵物，可見運氣不全然是偶然。

　　生活上，機會常常發生在我們的身邊，但最大的盲點，就是讓機會擦身而過卻不自知。因此，有些人一輩子不斷等待機會的發生，卻看不到已經發生在身邊的機會，當沒有掌握到機會後，卻又感嘆自己的「時運不濟」。

　　「機會總是降臨在準備好的人身上」，有些人之所以會成功，不是因為他的機會比別人多、比別人好，而是早在之前，他就已經花了很多的時間為這個機會做準備，一旦機會降臨，他就全力以赴，不管中途有什麼樣的困擾和障礙，一定堅持到底。

IX

VIII

VII

PLAY

PAIN

PEOPLE

第三象限
人性篇 Humanity

7:00

People 人

個人經歷分享

　　人才是任何組織、機構、企業乃至國家發展的根本，從各種有關人力資源的文獻中亦可發現，人才是維持生產力及競爭力的重要指標，若能延攬晉用，對組織長期競爭力必然大有助益。那麼優秀人才究竟是如何集結在一起的呢？到底人才是吸引而來，還是培育而來的呢？我認為，從個人「品德」以至組織「文化」，是吸引人才的重要因素，因為對於志向遠大、有理想的菁英人才而言，這些比眼前的利益或待遇更重要。

　　關於「發現人才」與「培育人才」，也許可以透過我在創業時兩個不同階段中具代表性的兩則故事說起。

　　在我創業初期，事業剛要起步之時，透過朋友認識了這一位對於我未來事業版圖中不可或缺的角色，他是我的戰友，更是以後建立了我們強大系統的核心領袖──我們的副總裁。

　　故事發生在二〇〇七年某一個平常不過的下午，我們第一次聊天時便一拍即合，或許是因為我們都是專業工程師的背景，又或者我們都是來自香港。這位未來的副總裁，除了本科是專業工程系，還有著強大的家族背景，他的家族七代從商，運作著跨國性的企業，橫跨的產業包括地產開發商、製造產業、銀行、名車代理等等，而他的家庭從小已灌輸正確的理財觀念，讓他接受最實際的財商教育，在十六歲時就已經懂得運用他的財商知識與槓桿原理，賺取到人生中的第一桶金，真是一個多麼令人驕傲的成就！

　　在幾次接觸下，我發現即使我們彼此之間的成長背景完全不同，互相聊起來卻很投緣、惺惺相惜，對於未來的抱負、夢想的道路、世界觀、人生觀、價值觀都非常契合，我們還常常秉燭夜談，交流著許多天馬行空的想法，時而高談闊論，時而專心思索，時而分享見解，時而分析局勢，實在驚歎於彼此的不同或者相似，也有過不少平淡無奇卻值得紀念的時光。

　　我們之間有著同頻的理想與志向，也常常能交流出許多智慧的結晶，現

在回想起來，過去吹的牛，甚至當時看來有些不切實際的想法，後來都一一實現了，可以說他是我們後來的事業藍圖架構的貢獻者。

剛開始的時候，我們都是各自發展自己的事業，直到有一次偶然的機會下，我正式誠意邀請他：「兄弟，要不要一起玩大的，跟我一起合作去改變世人對這個網絡界的刻版印象吧，如何？我相信我們能為這個行業帶來不一樣的未來。」當時，他只輕描淡寫的說：「好呀，why not?」自此，我們便成了事業上堅定的合作夥伴。

那時的他決定投入並轉移事業重心，此舉令他的家族感到擔憂，甚至他父親特意提出一道難題考驗他，說：「如果你做這生意，未來十年能賺多少錢？告訴我一個數字，我現在馬上就開張支票給你，你別搞了！」我想大部分的人會怎麼選，應該可想而知了吧！但他並未因此受到影響，依舊堅持初衷，拒絕了他的父親，選擇跟我一起創業打拚；在往後的幾年間，我們一同實實在在地建立了一個跨國規模的系統，獲得傲人的成就，即使在新冠肺炎疫情期間也是越戰越勇，收穫滿滿。

合作十多年以後，我們各自有自己的家庭，也居住在不同的國度，對比以前每天秉燭夜談，已經少了很多深談的機會。後來終於迎來一次機會，我們與一群核心的智囊團同時應約出席美國的一個大型活動，我們兩家人也約定在活動後，順路去勘查當地的潛在投資項目。

當天晚上，在夜深人靜時，終於等到久違的聚首一堂，當時我們聊到過去創業時的回憶，突然我想起一個心存已久的問題：「其實我想問你很久了，創業都是九死一生，它不是一場短暫的局部性戰爭，而是一場艱難的持久戰。說實在就是要帶領著一群未知的人，去一個未知的地方，幹一件未知的事情。為什麼你當時這麼輕描淡寫就答應與我並肩同行呢？」

他回答：「你有所不知，當時我已經觀察你很久了，記得當時我們認識有一陣子，有一次在領導會議結束以後，我正在跟那位大領導聊天時，突然，他指著當時正與其他人走出門外的你，看著你幫其他人打開門，謙卑地

讓其他人先走。他問我，一直以來是否注意到你的行為，說你有一種領導特質，有能力卻又能做到不亢不卑、待人真誠，以後肯定會不得了。他讓我以後多觀察你，也因此我便開始注意你的言行。其實我從十幾歲開始就跟很多做生意的人打交道，他們大多數都是隨便說說、言而無信，但我發現你對說過的話、答應的事都會執行到底，哪怕是吃力不討好的事，只要你答應了就會完成；我看著你如何一路走過來，即使在孤立無援的情況下，依舊保持著那份熱情，所以我相信你講的話呀，要玩便玩大的嘛。另外，我也不希望以後小孩像我小時候一樣，父親因為忙著生意沒法陪伴我們成長，我希望有更多的時間自由能陪自己的家人。」

　　多年以後的今天，他確實獲得更大的成功，除了與我共同創立了Global Galaxy以外，也成功引入更多元化的財商知識至其中，在絕對的時間自由下，能夠時時刻刻陪伴在家人和孩子身旁，見證他們在成長路上的寶貴時刻，完成當年的夢想之一。

　　另一個故事是發生在我創業十年、成功之後。二〇一七年，我被美國上市公司邀請出席在曼谷國際貿易展覽中心舉辦的一場國際會議，並答應擔任兩天活動的主講嘉賓，與我們組織內一位在科學界赫赫有名、不到四十歲就已發表超過四十多篇國際文獻、擁有基因遺傳學與細胞生物學雙博士學位的菁英同臺演講。

　　在這次會議當中，出現了一段小插曲，有一對夫婦與其他人專程從馬來西亞飛往泰國來參加這場會議，希望與我見面以解決一些事業上的瓶頸，但因這次活動的行程比較緊湊，我只能簡單指出他們在思路上的一些盲點，但沒辦法聊到更深一層次的方法。

　　這對夫婦的背景與我十分相似，先生是專業工程師、太太是癌症基因學博士，而且我能從他們的提問與言行之中，感到他們的熱情與真誠、善良與正直，雖然過去我就認識他們，但這次的接觸給我留下了非常好的印象，所以我承諾在下次見面時，會好好跟他們深談交流。

　　想不到緣分就是這麼奇妙，一年不到的時間，我應約到馬來西亞一個人口只有九萬人的小城鎮演講，碰巧再次遇上他們。這次，我們坐下來仔細討論他們的情況，我也更加了解他們的性格。他們非常勤奮、孝順、凡事發自內心的感恩、做事耐苦、忠厚老實，同時，我發現他們的眼神散發著渴望成功的光彩，所以決定助他們一臂之力，直接指導他們。

　　往後幾年，他們也很爭氣，持續奮鬥的同時，每次被我指出問題，便能立即修正再總結，而不是只想想卻不動，他們對我有著絕對的信任，從二〇一八年起，他們的事業更是井噴似地倍數增長。短短幾年的時間已建立了一個龐大的國際網絡事業，培養出更多優秀的接班人，不僅為家人帶來更優質的生活，他們也獲得時間自由，真正陪伴在家人身邊，還成功幫助無數人獲得真正的健康與財富，我也很驕傲能成為他們達到今日成就的導師。

　　多年後，我無意間聽到他們在影片上受訪的對話。

　　主持人問：「為什麼你們會放棄自己專業，投身到網絡行銷事業呢？」

　　她回道：「你有所不知了，這就是我們系統的魅力所在！」

　　主持人有點迷惘，問：「這話怎麼說呢？」

　　她回道：「這不叫放棄，而是良禽擇木而棲；如果不是我們老師創立的系統及文化，也許我們看不懂、不會做。一個人說的話很容易欺騙人，但我們從每個人對老師的評價、團隊核心群的人品，以及所帶領出來的團隊文化，都讓我心生佩服，這就是我們願意無條件跟隨的原因。下對注，贏一時，跟對人，贏一生；所以很感恩能認識到我們的老師，並在這幾年得到他的用心引導。」

　　主持人再問：「那你能分享一下，在這裡最大的收穫是什麼呢？是獲得成功與自由嗎？」

　　她回道：「成功與自由固然是很重要的，但我有更特別的意外收穫，就是『我的先生』，他向來都是比較安靜、在幕後工作，積極正面盡責但不善言辭的類型。我記得有一次，有人因為不了解而妄下定論，質疑我們老師和

系統的真實性時，我那從來都是溫文有禮的先生，竟然立即站出來，以堅定的口氣、極具邏輯的分析（畢竟是工程師），不單把對方的疑慮完全消除，更讓對方佩服我們系統的深層意義與遠見，他讓我發現他的智慧，以及從心底裡所產生的勇氣和力量。這就是系統令人敬畏的力量——人心。」

　　聽到這次的訪談，我更確信有共同理念的人，就算天隔一方，心也能聚首一堂，反之如果價值觀不同，就算朝夕相對也會漸行漸遠，最後分道揚鑣；系統是硬件，人心是軟件，文化才是靈魂，透過不斷集合擁有共同價值觀的菁英人才，團隊才能兵強將勇。

何謂「人」

　　「人」是有高度智慧和靈性的動物，具備比其他動物更發達的大腦，能進行複雜的計算和抽象思維，具有獨立的思考能力、想像力與創造力，且能製造並使用工具以進行勞動。人是社會性的，即他人的想法或行為會對個人產生影響，這種社會性的互動會逐漸形成「環境」，而不同的環境會聚集不同的人群，所謂人以群分，相似的人會聚集在一起，所以選擇對自己有助益的群體，譬如正向、積極、上進、專業、感恩、樂觀，勢必會帶來正面效益，讓事情能事半功倍。

　　在群體生活中，隨著人與人之間的交往，會創立出各種傳統、文化、制度、法律、價值觀、道德觀、理想、信念等，這些智慧共同構成了人類社會或群體的基礎。在彼此交流上，人擅長用說話、手勢、肢體語言與書面語言，來溝通與交際、表達自我、交換意見及組織事物，因此，在互動的過程中，加以注意自己的言語、用詞、動作，能有效改變人際關係。

　　當今社會，人類透過複雜的組織與科技發展，已建立各種各樣的團體與機構，來達到互相支持與協助的目的，進而在各組織中孕育出領導者與被領

導者之間的藝術，以及文化、精神。至於領導力，更是在人際關係基礎上的一項重要能力。

在成功之輪中，透過周詳的計畫以及充足的準備，對於行動應該已經有一個清晰而明確的方向，需要與誰接觸、跟進的對象、人事的安排等，大致已經有一個基本概念。因此，針對指定的溝通對象，便可以透過初步調查，預先了解對方並掌握與之溝通的基本認知，譬如對方的DISC人格特質分析（參見二二一頁）、內向或外向、學歷、背景、做事風格、需求、價值觀、專業水準等，接著，根據溝通對象對於自己的重要程度，可以決定了解對方的深度，然後做好交流的準備，以對方能接受和明白的語言來與他溝通，便能有效地建立出良好的關係；否則，在彼此交流時，如果出現「牛頭不對馬嘴」的感覺，便容易出現尷尬的場面。

成功學上，所有事情都離不開與人交流，處理好人際關係，對完成目標有著十分重要的影響，對內可以使團隊成員提高工作效率和增加向心力，對外則可以廣結人緣，並在關鍵時刻獲得貴人相助。

當充分了解自己和他人後，便能快速找到彼此交流的方式，這對個人業績、人際關係、工作績效、團隊合作、領導組織等都非常重要。在本章的「實踐練習」中，會講解關於DISC人格特質分析的基本邏輯。

淺談人際關係

東方哲學裡，關係是解決問題的關鍵；而在西方社會中，關係也是重要的商業資源，所以不管是東方還是西方，關於人際關係的討論都非常廣泛。在成功的因素中，人際關係就像是一個軟體部分，比知識、技術、才能等其他硬體部分，更難以捉摸和掌握；正如人際關係學大師戴爾・卡內基（Dale Carnegie）提到：「成功來自於85%的人脈關係，15%的專業知識。」在現

代的社會，人際關係占有相當重要的比例，所以一定要懂得先做人後做事，當關係打好了，工作就能在氛圍良好的環境下完成。

不懂如何處理人際關係的話，注定會吃大虧，也經常處於弱勢，被周圍的人事物牽著鼻子走，失去你的主導權。在日本，有一位聲名顯赫、在壽險業連續十五年全國業績第一，在世界壽險推銷紀錄中保持二十年未被打破的人物，名叫原一平，他的實踐經驗非常豐富，曾經說到，他每次與客戶見面時，會有初次見面般的熱忱和最後一次見面般的珍惜。

每次他都會把客戶的資料看熟、看透並進行分析，從中找出更多問題的關鍵和突破口，把這些刻板的數據資料變成活的東西，從所有收集到的資料中，描繪出客戶的形象，甚至模擬站在客戶面前談天說笑的情景，如此演練數次之後，才會真正與客戶見面。隨著對對方的了解加深，便能輕易找到共同的興趣，建立共同的話題，縮短彼此間的距離，化解心理上的隔閡，才能使這份關係處理得當，獲得對方的認同和接受。

原一平還說到，對客戶了解得越透澈、越全面，溝通的有效性就越高，越能了解客戶的真實需求及其面臨的問題，自然就能與對方建立良好的關係，進而贏得長期的效益。

把原一平的方法沿用至其他人際關係的建立上，也有異曲同工之妙。

在事業上，除了要有實力以外，也必須建立良好的關係網，才能真正無往不利。試想一下，如果關係網能上至達官貴人，下至平民百姓，各個專業領域都有人脈，當有需要時，只要一個訊息或一通電話，立刻有相關經驗的人回覆或願意幫忙，你就會深刻體會到「關係」的力量。

所以說，**在事業上，能力業績是一時的，人格業績是永恆的**，小老闆都在做事，大老闆卻在做「人」，畢竟人脈就是錢脈，速度就是生命力，透過人脈關係迅速解決問題，即能有效率地做事，便會讓個人或團隊獲得成就感，帶動積極的氛圍。

與此同時，人際關係是獨特而又會不斷改變的，影響關係的因素有很

多，甚至有時候一件不起眼的事情也足以影響一段關係的發展，也許是一句謝謝、一個微笑、一個讚美、一個問候、一個擁抱、一個肯定，在不經意之間令人感到喜悅而改變關係，反之亦然。

人際關係所概括的範圍很廣泛：包括親友關係、師生關係、僱傭關係、戰友關係、合作關係、領導與被領導關係，甚至競爭關係等等，當各種關係交織在一起時，將會更為複雜，需要細心處理。處理好關係是個棘手問題，極具挑戰性，絕不能掉以輕心，應該更加主動花精力和時間去經營。

人與人之間的關係從認識到惡化甚至對立，很多時候都是由一些小事或誤會開始，如果這時有人願意放下情緒先走出那第一步，退一步海闊天空，學會原諒別人，也會放過自己，人際關係必然會更好。

在團隊組織中，人際關係好壞會直接影響組織的氣氛、溝通、運作、效率，以及個人與組織的關係。良好的關係會產生友好、親暱、活力、協調的環境，反之，關係不好則會產生緊張、不安、尷尬、沉默的環境。提升人際關係的要訣包括：以誠待人，重視承諾，面帶笑容，積極正面，凡事主動，不忘幽默，保持聯絡，尊重對方，感恩一切，承擔責任，謙卑不傲，多說讚美、鼓勵、表揚、祝福，以及肯定別人的話。

常言道，**人脈是金，卻貴甚黃金，因為黃金有價，人脈無價**，成功的人際關係便能產生良好的人脈圈；人脈資源是一種潛在的無形資產與財富。人脈即是人緣，在某種程度上，人脈也是實力的反映，這不是生來就有的，而要靠我們主動去創造，所以在埋首培養自己能力的同時，也莫忘提升與人交際和相處之道的智慧。

有效溝通是人際關係中的關鍵

溝通是人際關係中最重要的一部分，它是人與人之間傳遞情感、態度、

信念和想法的過程。良好的溝通指的就是一種雙向或多向的溝通過程，不是一個人在發表演說，而是用心去聆聽，透過提問來了解對方的想法與感受，然後分享自己的觀點和回饋給對方的過程。上帝給我們兩隻耳朵，卻只給了一張嘴巴，就是要我們多聽少說。聆聽不單是我們了解對方的重要途徑，也是向對方表示尊重的行為。

在溝通時，偶然會遇到一些開口講話便滔滔不絕、口若懸河的人；假若此次交談是必須完成的任務，先別焦急或不耐煩，此時，可以先認真傾聽對方說話，適當地給予合宜的點頭與回應，同時觀察對方的肢體語言與聲音，大概判斷對方的狀態，然後當對方講到一個節點時，大膽切入並總結對方前面講話的重點，其中可以重複對方說話中的一些關鍵字，從而產生同理心，這樣接過發言權後，再重新引導回此次對話的主題上。

不管是自己說太多還是對方講太久，都應該注意，避免讓每次「溝通」變成單方面的演說或發表，畢竟互動是雙向的。另外，給大家一個小提示，在適合的時候善用停頓，能讓這次對話產生奇效！

語言的初級階段是了解，最高境界是感動，當一個人懂得善用語言所帶來的力量，就可以帶動人際關係達到正向的結果。凡事站在溝通上，停在情緒上，做到換位思考，在對方的立場、利弊、考量和理解上找到雙贏、共贏的平衡點，勢必能廣結善緣、知交滿天下。

此外，凡事在還未了解事情真實情況下，就發表意見、評論甚至批評，是一種魯莽的行為，往往無法用客觀的角度看待事情，從而產生誤判，變成一發不可收拾的窘境，所謂「謠言止於智者」，更何況有時是有心人士故意隱瞞或捏造是非之舉，所以正如《禮記·緇衣》的教誨：「故言必慮其所終，而行必稽其所敝，則民謹於言而慎於行。」指說話時要考慮到最終的結果，行動也要考慮它的後果，做人謹言慎行，才能贏得大家的尊重。

隨著智慧型手機的普及，人們已習慣性透過訊息、小貼圖或簡化的語言進行溝通，雖然很方便，但使用太多社群媒體，會大大減少面對面的溝通，

造成現代人在表達能力中產生障礙；加上現代家庭生育率降低，孩子普遍都在過度保護的環境中長大，導致現代人比較以自我為中心、缺乏換位思考的思維、抗壓能力低，當遇到失敗的打擊或壓力時，容易逃避或推卸責任，影響人際關係。

換位思考是一門學問，人們都習慣從第一人視角（主觀）看待事物，並不習慣從他人的視角看問題，所以，多了解對方的想法、用心聆聽，再適時回應，這樣不單能發揮同理心，有助彼此的關係更緊密，容易建立起好的溝通方式，在團隊組織中，也會讓成員之間更緊密、更團結。

假如溝通達不到目的，即是「無效溝通」，簡單來說就是交流沒達到所期待的目的，或者未能滿足對方的需求，其原因大部分來自溝通目的不明確，或是溝通橋樑出現問題，就像發訊器與收音機的傳送，需要調成同頻才能收到正確的訊號，頻道不對自然收不到。

不善於處理人際關係的人通常有一個慣病，常常會詞不達意、言不由衷，導致誤會或衝突的發生，也許是沒有惡意的，但因為缺乏說話的藝術，無法把真正的想法有效傳達，甚至產生完全相反的意思，最後不單失去了重要的溝通管道，也會讓自己越來越退縮、失去信心。

經常發生無效溝通，會逐步讓人感到沒有認同感和存在感，也慢慢消磨掉追逐成功的信心與勇氣。因此，重要的談話應該像作文一樣，有主題、有層次、有頭尾，做好準備，才能避免語無倫次、無效溝通的結果。

團隊合作，協同效應

一個人也許可以走得快，但一個團隊可以走得遠。成功路上，即使是為了個人的理想和目的，也會有許多任務或目標需要和其他人攜手合作，以「團隊」的形式完成的。所以說，建立成功事業之前，必須先建立成功的團

隊。成功的團隊往往不是由天才組成的，而是集合一群擁有不同能力的人，透過團隊合作、集思廣益、取長補短，產生協同作用，發揮一加一大於二的效果，然後共同朝著目標邁進，走向成功。

　　卓越的團隊中有幾個重點：首先，團隊需要有一位領導人做為最終決策者，以及配合度高的跟隨者，甚至同時擅長領導和跟隨的，可以因應不同的情況，流暢地切換這兩種不同的角色。卓越的團隊會互補不足，但每個人個性、立場、看事的角度都不同，容易造成太多意見或爭議而阻礙進展，任務很可能無法達成，領導人可以與團員討論，但最終還是需要讓他做決定，而其他人則需要服從這個決定。假如有意見分歧，領導人也需要介入並快速有效地調解衝突，讓團隊可以繼續前進並保持良好的團隊合作精神。

　　其次，團隊應該盡力追求平衡，而這裡的平衡並非職場上的工作量均衡分配，而是根據能力的強弱、專業的特性、領導力、配合度、性格特質、任務完成度對計畫的影響、風險評估、人力資源等，有條理的分配各種不同任務，去解決個人無法完成的工作；否則團隊失去平衡，能力弱的容易脫隊，能力強的會變得忿忿不平，也會影響士氣。

　　第三，定期開會確認彼此做的事情，核對進度和目標，保持團員之間的適當溝通，提高團員的工作意識。為了提高會議的效率，可以提前傳達流程和內容大綱，在會前初步掌握局面，會中鼓勵發言但要做好時間管理，避免超時而導致精神疲勞，會後做好紀錄及跟進。團隊合作時，可以多收集回饋意見，快速發現問題，對於做得好的項目可以在會議中點名表揚和讚美，對於做不好的項目可以提供具體且有建設性的回饋，而非批評或抱怨，才能讓工作有更大的突破。

　　第四，適當的競賽活動、創造良性競爭環境，能有效激發團隊的積極性和主動性。這樣的團隊氛圍對於成員之間的腦力激盪、默契、信任度、互相尊重和理解等皆有幫助，進而引出團隊精神，由「我們」取代「我」，也能減少猜忌、忌妒等負面情緒。

　　更多關於如何透過競賽、遊戲活動幫助個人及團隊的突破，可以參考成功之輪第九篇「玩（Play）」。

　　第五，團隊中需要四種角色：執行者（D）、帶動者（I）、協調者（S）、思考者（C）。一般而言，「執行者」是力量型，以績效導向、重視結果與效率、步調明快、果斷；「帶動者」是活潑型，團隊活力的來源、有煽動力、樂觀主義、重視人際關係；「協調者」是和平型，情緒穩定、在乎別人的感受、配合度高、服從指示；「思考者」即完美型，重視細節與數字，邏輯思維強、善於思考和分析。學會分析人格的特點，與掌握人際之間的溝通方式息息相關。這不單能提升個人的能力，也能提高團隊效能，為身邊的人帶來幸福感，在本章的 「實踐練習」 中，將會學習到如何有效分析四種不同性格（DISC）的優缺點，讓你的成功之路越來越順利！

團隊文化是一個組織的軟實力

　　一個人的行為是個人行為，一群人的行為就是團隊文化，行為不檢是團隊的悲劇，行為良好則是團隊的福音。了解團隊中每個人的優缺點後，結合出來的精華就成為一個團體獨特的文化。

　　關於文化，就個人來說，沒有團隊文化或團隊意識的人，價值觀會比較單一，做事出發點會偏向自身的利益為先，很少為其他人著想，做事通常比較偏激；而一個有團隊文化或團隊意識的人，可以理解並包容別人的思想和理念，同時又擁有自己獨立的想法，這不單只是有知識，而是一種智慧，是一個冠軍團隊不可或缺的重要角色。當一個群體的大多數人都持有相同的優質文化、思考模式、前行方向，就是有競爭力、有獨特魅力文化的團隊，這將會引領團隊走得更長、更遠。

　　現今社會已經不是單打獨鬥的時代，個人英雄主義已經沒落，團隊合作

正在崛起。有文化的團隊是傳承的開始，這不是個人能夠獨立操作得來的，如果要建立有狼性、有衝勁、懂得統合綜效互相配合的團隊，便需要建立優質團隊文化。

團隊文化是團體的價值觀和行為準則，這中心思想會影響著整個團隊的整體實力。死氣沉沉的劣質文化會令團隊沒有起色，反之朝氣勃勃的優質文化會使團隊有活力。團隊文化會廣泛地影響整個團隊氛圍，而一個優質的文化需要團隊裡的每個參與者共同堆砌，一旦成功建立，將會是團隊的無價之寶，所以有戰鬥力的團隊都會高度重視優質文化的建設。

因此，如果要建立一個具競爭力的企業、執行力的組織、戰鬥力的團隊，就需要檢視團隊的文化，譬如是否守紀律、會感恩、尊重彼此、積極正面等等。由此可見，團隊文化是一個組織的軟實力，賴以運行的團隊文化是團隊能否成功的關鍵因素之一。

領導組織，要有人格魅力

成功學大師博恩・崔西（Brian Tracy）在著作《魅力的力量》中說到：「世上最珍貴的東西不是金銀珠寶，而是魅力。」成為一個有人格魅力的人，比其他任何東西更能為你爭取到機會，因為人們越欣賞你，就更願意跟隨你。

二十一世紀，有人用財力管理，有人用權力管理，有人用能力管理，而真正能留住人才與人心的管理，是用人格魅力去管理。經營人群，最重要的是品德、修養和內涵；人前說你好，沒有分量，人後說你好，才有分量，你的聲譽、你不在場時人們對你的看法，才是最寶貴的個人以及職業財富；它是你與別人在一起時，給對方留下的全部印象的總和，會間接影響他人對你的信任度。

　　成功者的魅力不是天生具備的，而是透過無數次的跌倒、失敗、反省、實踐、總結等精華推砌起來的。

　　「成功不在於賺了多少錢，而在於有多大的影響力。」領導力即是一種特殊的人際影響力，這能力會產生一種力量來有效改變並影響他人的心理和行為；具備該能力的人，無論是陳述觀點、掃除障礙，還是化解矛盾、承擔風險，都會以願景使命或實際行動的方式，激勵他人為實現共同目標而努力。身為優秀的領導者，需要具備引導、授權、人際管理、衝突管理、制定計畫和執行管理、領導創新和組織變革等多項管理能力，以及以身作則、積極主動、樂觀面對困難、珍惜感恩的心態，才能逐漸形成影響力，所以，影響力是真實領導力的開端。

　　國際著名領導力和人際關係學大師，約翰‧麥斯威爾（John C. Maxwell）透過三十多年的研究與實踐分析，把領導力分為五個層次。身為領導者所能達到的層次，取決於領導者對他人的影響力的程度與深度，分別從初步被迫臣服於你，到欣賞你、佩服你，然後自願追隨你，最後到達被人景仰的最高影響力，分類如下：

- **第一層次：賦予權力（角色，職位）**——人們聽你的話，是因為人們不得不聽你的，因為你被賦予某個職位對應的權力。
- **第二層次：人際關係（情感，被認可）**——人們聽你的話，是因為人們喜歡你、認同你，因為人們感覺你的個性好，好相處。
- **第三層次：績效產出（能力，結果論）**——人們聽你的話，是因為人們佩服你，因為在你的領導下取得了出色的業績。
- **第四層次：人才培養（立人，培育）**——人們聽你的話，是因為人們感激你，因為人們得到了你的栽培與指導。
- **第五層次：象徵意義（德行，代表性）**——人們聽你的話，是因為你的人格魅力，因為你的特質、品德和所代表的意義。

　　此外，領導者的形象對於影響力也會有帶來一定的影響，這個形象是由日常的言行舉止、外在衣著、談吐氣質等，所堆砌出的一種感覺。試想，什麼樣的領導者能夠產生吸引力，人們又會願意跟隨怎樣形象的領導者？**優秀的領導者都有一個共通點，就是隨時隨地為成功打扮、做好準備。**身為一個領導者，不妨反問一下自己，如果今天想要成為具有影響力的領導，需要具備什麼樣的專業形象？

「成功之輪：航海家日誌」桌上遊戲

　　「航海家日誌」是專門為成功之輪設計的一款體驗式桌上遊戲培訓，針對團隊運作時可能出現的人員合作、溝通、競爭、壓力及衝突，進行深度挖掘、分析和找到解決方法。*

　　參加者將被分組為各探險船的隊員，每一隊都會得到相同的經費，用於購買物資並組成探險隊遠征，然後從大本營出發，透過偉大航道尋找傳說中的祕寶，途中需要穿越不同海域、島嶼、燈塔、急流、礁島，同時面臨複雜天氣與未知的大海生物的考驗，有的船隊能夠凱旋而歸，有的也許會葬身大海，一切都在於各隊的選擇。

　　透過這體驗引導的遊戲，不僅讓參與者了解目標設定及目標管理的重要性，還能提升計畫能力、領悟計畫的價值、了解風險評估和以效果為導向做計畫及資源合理配置的重要性；透過遊戲的方式，在不知不覺中顯現出問題的本質，並以此來考驗團隊協作力、溝通力、群體決策能力、變化管理能力、危機處理能力，以及組織領導能力等。

*如欲了解更多關於「航海家日誌」的資料，可以瀏覽網址：www. thewheelofsuccess.com

○　　○　　○　　○

實 · 踐 · 練 · 習 13
性格分析

▎金句

如果成功有訣竅的話，這個訣竅就在於洞悉他人的立場，並能夠同時兼顧自己和他人的立場。

──美國著名人際關係學大師，被譽為是二十世紀最偉大的心靈導師和

成功學大師戴爾‧卡耐基（Dale Carnegie）

▎目的

透過學習DISC人格分析法，了解自己的性格特徵的優劣勢，同時了解不同性格之間的差異，以及與不同性格的人的相處之道，進而提高自身的競爭力，成為一個讓別人舒服、自己也舒服的人，以達到吸引他人更願意與你合作，給予資源的機會。

▎練習方式

很多人都希望改善人際關係，卻無從下手、苦無對策，其實最簡單的方法就是從了解自己的性格開始。每種性格都有其弱點，關鍵是要有正確的認識與改進方法，凡事抱有積極的態度，多留意及改善自己的缺點，善用自己性格的優點，那麼，所有機遇將會截然不同。

要了解自己的性格，不妨從人格分析DISC開始。DISC理論認為，每個人的性格都是由四種「基本元素」所組成，以橫軸（內向／被動vs外向／主動），以及縱軸（任務型／以事為主vs關係型／以人為主）來劃分，並透過這四種性格來解釋人的情緒反應和行為風格，進一步了解自己的內在特質，然後學會如何與不同性格的人相處，達到改善人際關係的結果。

DISC四種性格分別代表了：Dominance支配性／力量型，Influence影響性／活潑型，Steadiness穩健性／和平型，以及Conscientiousness謹慎性／完美型。

❶**性格測試問卷**：請回答三十道快答題（請見二二四頁的附件一）來分析自己屬於DISC性格的那一種。請盡量放鬆，以最快的速度在橫向的四個選項中憑「直覺」回答，選出「一個」與最符合自己的詞語。

❷**分析結果**：做完測試問卷後，請分別統計出選擇A、B、C、D的個數。在統計出的數字中，選項得分最多的就是最貼近你的性格，是你的主要人格，次多的則為副向人格，以此類推。如果得分有幾個相似的話，表示你是多重性格的組合。根據測試結果，在二二六頁的附件二中找到你的主要人格對應的解析。

❸**學習差異**：與人交往時，要學會站在對方的立場上，為對方著想。「知彼解己」是交流的原則，「理解他人」與「表達自我」是人際溝通不可缺少的要素。先理解別人，才會得到別人的理解。透過了解四種性格的長短處，能有效改善人際關係，與人相處起來才能更得心應手。為了進一步了解不同性格的特質，請參考二二九頁附件三中關於四種人格在行為表現、思維方式、遇事反應、相處之道的差異。認識不同的性格，學會與不同性格的人相處，就是學會了如何做人。

❹**實踐練習**：首先請指定三位對象，一位是親人，一位是生活上經常有交往的朋友，一位是工作環境中不得不接觸的人。根據上面所學到的

有關不同性格的差異與特徵，判斷出對方所表現的行為屬於四種人格中的那一種。接著，回憶一下你們之間的相處模式是否存在任何的矛盾、摩擦，或者不協調的地方。請思考出三個針對對方性格上的特點和弱點，來改變你們的互動方式，並找出更有利於彼此的發展。

注意事項

・絕大多數人都會擁有超過一種性格，甚至同時擁有四種性格，每個人在不同時期、不同時間、不同場合，都可能表現出不同性格，所以請避免輕易斷言，導致判斷錯誤。

思考

❶在生活中，你是否曾出現四種不同的性格特徵？試著代入你的不同人格到另一個角色中（譬如，朋友圈時的活潑型，取代在工作環境時的力量型），會有什麼感覺和不同的結果？

❷在一個組織中，如何因不同的性格特質，充分發揮他們的優勢，而非彰顯弱勢，從而幫助自己的事業更上一層樓？

❸自己的性格特質中，有哪些問題阻礙著自己的成功？又有哪些優勢可以幫助成功？

❹如何在彰顯性格上優勢的情況下，改善問題？

❺透過此訓練後，你會如何善用DISC人格分析來提升競爭力？

總結

一個具有競爭力的團隊，必然會有四種性格的人才，互相配合、發揮協

同作用。正因為彼此有不同的性格，才能看到不同角度的問題，並能更完整地完成任務。

讓團隊之間學會與其他人格的缺點相處、換位思考，避免不同性格之間潛在的相沖性，便能完美地發揮各種性格長處所帶來的優勢，提升團隊作戰力，應付各種未知的挑戰。

在名著《西遊記》中，唐僧師徒四人正好代表了這四種性格，各有長短。唐僧的完美型讓團隊變得正規；悟空的力量型讓團隊變得有執行力；八戒的活潑型讓團隊變得快樂；沙僧的和平型讓團隊變得冷靜，四人形成了互補。互補的性格在職場團隊中具備相當的重要性，身為管理者應該要懂得如何知人善用，把對的人放到對的位置，事情就能事半功倍。

不妨想像一下，若團隊中的成員清一色都是同樣的特質，會出現什麼樣的結果呢？

若全部都是和平型，組織文化肯定沒有什麼創新；若全部都是力量型，可能一天到晚爭論不休；若全部都是完美型，組織可能會成為一所研究院；若全部都是活潑型，組織每天只顧著吃喝玩樂，卻忘記團隊真正的目標。

一言以蔽之，了解不同性格的特徵，對自己而言，能夠揚長避短；對於團隊成員，能發揮協同作用；對領導者而言，能做到人盡其才。

學會DISC人格分析，改變自己的眼光，你便會發現自己更容易與他人建立堅固的聯繫。

|附件一：性格測試問卷

1	A	勇敢	B	有趣	C	自律	D	體貼
2	A	坦率	B	樂觀	C	遷就	D	井井有條
3	A	執著	B	健談	C	耐性	D	考慮周到
4	A	獨立	B	激勵人心	C	含蓄	D	理想主義

5	A	自立	B	活力充沛	C	情緒穩定	D	細緻
6	A	輕率	B	煩躁	C	膽小	D	挑剔
7	A	不容忍	B	不專注	C	無目標	D	情緒化
8	A	工作狂	B	受歡迎	C	羞澀	D	過於嚴肅
9	A	易怒	B	自我中心	C	拖延	D	多疑
10	A	果斷	B	熱心	C	淡然幽默	D	完美主義
11	A	沒耐性	B	愛插嘴	C	無安全感	D	優柔寡斷
12	A	領導者	B	推動者	C	聆聽者	D	計畫者
13	A	易固執	B	易情緒化	C	較無主見	D	吹毛求疵
14	A	冒險精神	B	活潑生動	C	適應性強	D	邏輯清晰
15	A	善於應變	B	無拘無束	C	團隊合作	D	注意細節
16	A	善於說服	B	善於社交	C	善於傾聽	D	善於分析
17	A	權威風格	B	喜歡表達	C	緩慢	D	有戒心
18	A	喜競爭勝	B	使人振作	C	較少爭辯	D	自我犧牲
19	A	決策快速	B	即興	C	猶豫不決	D	難於取悅
20	A	執行力高	B	健忘	C	懶惰	D	孤僻
21	A	個人主義	B	善變	C	妥協	D	喜歡批評
22	A	直截了當	B	喋喋不休	C	喃喃自語	D	過分敏感
23	A	不善讚美	B	缺乏邏輯	C	怕衝突	D	過度理性
24	A	難以忍受愚昧	B	注意力不持久	C	害怕決定	D	複雜化問題
25	A	追求權力	B	追求舞台	C	追求穩定	D	追求真理
26	A	掌控性高	B	喜歡被認同	C	期望被接納	D	不喜出頭
27	A	喜歡指揮	B	喜歡被肯定	C	喜歡穩定	D	重視細節
28	A	績效導向	B	具想像力	C	配合度高	D	深思熟慮
29	A	重視效率	B	重視形象	C	重視別人感受	D	謹慎務實
30	A	企圖心強	B	天馬行空	C	服從指示	D	不喜變化
Total	A		B		C		D	

附件二：不同性格的解析

◎選A最多

代表主要人格是「Ｄ」支配性，屬於掌控型／力量型，是「外向／主動」與「任務型／以事為主」之集合。

- **特點**：力量型是天生領導者，果斷，思路清晰，喜歡站在主導地位，決策力和行動力強且不達目的不罷休，面對困難時會勇於挑戰，相信實力才是一切。做事充滿自信與活力，很有方向感，重視結果與效率，屬於推動他人行動的角色，在團體中往往位居領導地位。
- **優點**：具行動力，意志堅定，敢於冒險，勇往直前，好競爭，自信，獨斷，善為首領。
- **缺點**：控制欲強，缺少人情味，專橫、叛逆，自負固執，冷酷，一意孤行，易怒和不容忍。
- **建議**：讓力量型的人緩和下來。

◎選B最多

代表主要人格是「Ｉ」影響性，屬於影響型／活潑型，是「外向／主動」與「關係型／以人為主」之集合。

- **特點**：活潑型是社交家，樂觀開朗，活力充沛。這種類型的人快言快語，很外向，表現得很積極，不過，也很情緒化，在四種性格中，可能是這類人流的眼淚最多。絕對的交際型，對人是自來熟，好動不好靜。懂得把工作變得有趣，喜歡分享與表達，而且樂於與人交往。能夠從任何事情中發掘出興奮點，是團隊的活力來源，帶給大家歡樂！他們害怕失去認可，並且渴望成為協助團隊的一分子。
- **優點**：快樂，喜好娛樂，擅長外交，生氣勃勃，無拘無束，感情外露，愛表現，熱愛探索新想法。

・**缺點**：缺少統籌能力，健忘，容易口不擇言，邏輯觀差，缺乏毅力，大嗓門，不專注，常以自我為中心。

・**建議**：讓活潑型的人統籌起來。

◎選C最多

代表主要人格是「S」穩健性，屬於穩定型／和平型，是「內向／被動」與「關係型／以人為主」之集合。

・**特點**：和平型是支持者，適合於「協調」，天生內向、輕聲細語、不愛生氣，給人溫柔親切、和事佬的印象，屬於追隨型人格。忠誠度高並具備同情他人與絕佳的傾聽能力，是情感的緩衝器，提供了穩定和平衡，當他們一旦建立關係後，會非常依賴於維持關係，雖然朋友圈較小但非常緊密。在面對壓力時猶豫不決，惟命是從，害怕失去安全感，拒絕改變。

・**優點**：適應力強，和平順從，友善遷就，做事踏實，按部就班，人緣比較好，很少與人有爭執。

・**缺點**：目標感不強，也不擅長做決定，不振奮，缺乏熱情，優柔寡斷，拖拉懶惰，不太主動，人云亦云。

・**建議**：讓和平型的人振奮起來。

◎選D最多

代表主要人格是「C」謹慎性，屬於分析型／完美型，是「內向／被動」與「任務型／以事為主」之集合。

・**特點**：完美型是思想家，邏輯清晰有條理、善長思考與分析，文靜，隨和，喜歡獨處、安排。對待目標嚴肅認真，做事經過深思熟慮、謹慎務實，強調先後次序和紀律。不喜歡無法預測的事情，也不愛出風頭，凡事要求完美、有條不紊，且重視細節與數字，一絲不苟。這類

型的人通常也是發明家，能給予問題準確有效的解決方案。在面對壓
力時會退縮，害怕被批評，給旁人悲觀消極、情緒化的印象。

- **優點：**統籌力強，喜歡思考，善於規劃，講究細節，多有藝術才能。
- **缺點：**不快樂，太理想化，敏感悲觀，挑剔，拖拉，內向孤僻，有時
  過於吹毛求疵，有點清高。
- **建議：**讓完美型的人快樂起來。

◎各種組合的不同性格特徵

－自然組合

常見的組合，有「I活潑型＋D力量型」和「C完美型＋S和平型」。

- 主D＋次I：典型的「高效型」，直接而獨斷，能領導別人並使其樂
  於工作，既懂得享受其中又能達到目標的個性。
- 主I＋次D：典型的「感染力型」，喜歡說話溝通，工作和玩樂都很
  投入，有推動力但不會為取得成就而強求自己。
- 主S＋次C：典型的「穩健型」，忠誠而有韌性，不擅於應付改變，
  一旦適應了現狀，就很難突破而去適應新的情況。
- 主C＋次S：典型的「敏感型」，對周遭環境變化敏感，但付諸行動
  改變慢緩，常注意到別人所錯過或忽略的細節。

－互補組合

符合取長補短的組合，有「C完美型＋D力量型」以及「I活潑型＋S和
平型」。

- 主C＋次D：典型的「固執型」，果斷、有條理，喜歡以既有的規定
  和程序為架構，來支持他們的意見。
- 主D＋次C：典型的「獨立型」，有強烈的欲望和決心，相信沒什麼
  事是做不來的，會一直堅持至有完美結果為止。

- 主I＋次S：典型的「熱情型」，幽默與隨和的雙重組合，有生命力的作風，熱情和輕鬆的天性很吸引人。
- 主S＋次I：典型的「友善型」，是團隊重要的黏合劑，善於為他人著想而忽略自己。在舒適圈中表現活躍。

－矛盾組合

此類型的組合，有「I活潑型＋C完美型」和「D力量型＋S和平型」。

- 主C＋次I：典型的「精確型」，不喜歡犯錯，會反覆地檢查進度並糾正別人的錯誤，很少願意冒任何風險。
- 主I＋次C：典型的「自信型」，幾乎在任何社交場合都能處之泰然，不怕主動與人接觸，有情緒化的問題。
- 主D＋次S：典型的「自我激勵型」，覺得隨時都需要投入，對於不願或不能跟隨他快速步調的人，會感到不耐煩。
- 主S＋次D：典型的「堅毅不屈型」，作風順從而堅定，會盡心工作，但完成工作後，就會完完全全的放鬆自己。

附件三：行為表現

D 力量型	I 活潑型
・力量型喜歡做事，要做就做。	・活潑型喜歡說事，要做主角。
・自尊心極高，步調快，獨斷，喜歡獨立。	・樂觀且情緒化，直接，外向，喜歡講關係。
・善於做決定，比較我行我素。	・氣氛調節劑，比較感情用事。
・力量型的人認為和平型的人做事不知急。	・活潑型的人認為完美型的人過於認真。
・力量型的人欣賞完美型的人做事很認真。	・活潑型的人欣賞和平型的人做人很厚道。

C 完美型	S 和平型
・完美型喜歡想事，做就做好。 ・高標準、完美主義者，內向，喜歡策劃。 ・善於分析，比較不懂變通。 ・完美型的人認為活潑型的人說話不算話。 ・完美型的人欣賞力量型的人敢作敢當。	・和平型喜歡看事，只做配角。 ・堅守信念、話不多，步調慢，喜歡助人。 ・最佳聆聽者，有選擇恐懼症。 ・和平型的人認為力量型的人過於急躁。 ・和平型的人欣賞活潑型的人天生浪漫。

思維方式引致不同的因果關係的理解

D 力量型的人認為「一果多因」	I 活潑型的人認為「一因多果」
一個結果，可用多種方法，可以這樣做，也可以那樣做；所以他們經常會變，變的是「方法」；明明教你這樣做，過兩天要你那樣做。	做一件事，會有不同結果，有可能這樣，也有可能那樣；明明答應的事卻容易忘記。
C 完美型的人認為「一因一果」	**S 和平型的人認為「無因無果」**
做一件事，只有這一個方法，而且必須按照這個方法去完成，喜歡做計畫，做表格，制定規範，很難接受別人的意見。	任何事情，這樣也好，那樣也好；口頭上應和，心裡覺得不一定；如果大家都這樣，我就這樣，大家都那樣，我就那樣。

遇事反應

	案例一 和同事去餐廳吃飯，要排很長的隊
力量型 （代號D）	D會統籌組織，分配任務，「A君你去排隊；B君你去拿餐單；C君你去旁邊餐廳看看人多不多，我們先來看餐單。」

活潑型 （代號I）	I會去靠關係，「我認識這裡的經理，我去找他，請他為我們安排。」
和平型 （代號S）	S會服從跟大隊，排隊也可以，換餐廳也可以，反正「我沒意見，什麼都行。」（然後繼續排隊。）
完美型 （代號C）	C開始進入思考模式，「哎呀，我們怎麼沒有訂位呢？我有附近幾家不錯的餐廳的電話，都是評分五星的，我現在打去問一下有沒有位置。」
	案例二 有棟住房起火了
力量型 （代號D）	D會立刻行動：關掉電閘，找到滅火器，馬上去滅火！
活潑型 （代號I）	I會大叫，提醒大家：「著火了！各位，著火了！快跑呀！」
和平型 （代號S）	S會在旁觀看：「反正有人會報警，消防隊應該馬上會到，不用那麼急吧！」
完美型 （代號C）	C會開始思考：「是什麼原因起火了，是電線短路還是廚房著火？」
	案例三 朋友聚會
力量型 （代號D）	邀約：D性子太急，說不清楚具體情況。 發言：D會覺得沒什麼好說，除非是我的主場。 發生分歧：D會提出最快的解決辦法，比如舉手表決。
活潑型 （代號I）	邀約：I能勝任這差事，會拖拉抬請人來。 發言：I發言會不著邊際，離題萬里。 發生分歧：I會轉移大家的焦點，想出更多的方案。
和平型 （代號S）	邀約：S容易妥協，別人說不來便接受了，號召力低。 發言：S只會附和別人，不願說出自己的不同觀點。 發生分歧：S會出來平息，要爭論雙方各退一步解決。

完美型 （代號C）	邀約：C可能太過仔細。 發言：C發言很有條理，說完後大家也沒什麼好補充的了。 發生分歧：C會理性分析分歧的利弊，讓數據說話。

相處之道

與 D 力量型相處	與 I 活潑型相處
・盡可能支持他所追求的目標。 ・理解他「我總是對的」的態度。 ・承認他喜歡領導別人。 ・知道他並不想傷害別人。 ・要顧及他的面子，不要冒犯他。 ・若不同意他的看法而提出不同建議，應根據事實引述而非個人感覺。 ・面對他的咄咄逼人，要讓他知道你可以處理事情。 ・不怕主動表明你的需求，迅速切入問題重點與核心。 ・專注於主題，切記要精確、有效率、長話短說。 ・他會希望別人回答直接、掌握狀況、拿出成果。 ・害怕被別人利用。 ・對他而言，結果比過程重要（結果就是一切！） ・要讓力量型的人滿意就是：決定由他，給他建議！	・盡可能支持他的計畫、點子及夢想。 ・理解他說話不會三思，可能會誇大其辭。 ・承認他善於變化，容易分心。 ・保持積極正面的溝通氛圍，讓他能表達自己。 ・保持愉悅、有活力、幽默的言辭來談天，會很有幫助。 ・千萬別想與他討論過度細節的問題，否則你會很挫折。 ・別讓他做他做不到的事情，也別指望他準時。 ・避免與他們爭辯，因為你很少會贏，除非你時間很多。 ・多注意他的感覺，稱讚他，給他小禮物，讓他知道你重視他。 ・他會希望別人給予關注、聲望、掌聲、肯定。 ・害怕失去社會認同。 ・對他而言，過程比結果重要（感覺好就好！） ・要讓活潑型的人滿意就是：多讚美他，給他舞臺！

與 C 完美型相處	與 S 和平型相處
・盡可能支持他有條理、思慮縝密的方法。 ・了解他很敏感和容易受傷害，注意傾聽他的話。 ・讓他知道為何而做，列出計畫的優缺點並作分析，找出關鍵詞，以免離題。 ・溝通前準備所有的相關資訊和細節，要提出明確的證據來回答問題，注意細節、精確性及邏輯性。 ・遵循規範與程序，用行動展現你的承諾，而非只是隨口說說。 ・原諒他的冷靜，他不易帶入私人情緒且理智思考。 ・建議多聽再回應；否則如果衝動發言，請準備好接受他的完美數據分析。 ・明確告知你能做什麼，避免含糊其詞，有困難時直說。 ・他會希望別人提供完整說明的詳細資料。 ・害怕被批評、缺乏標準。 ・對他而言，結果比過程重要（數據要準！） ・要讓完美型的人滿意就是：明確告訴他為何要做！	・表現出真誠友善、耐心傾聽及支持他的感覺。 ・找出他真正的需求，幫助他設定目標，給他動力。 ・不要要求他總是充滿熱情，要知道他喜歡逃避，要有邏輯次序地進行溝通。 ・多用同理心及從朋友的角度關心，讓他知道你重視他，給他時間信任你，要有耐性。 ・多用引導方式了解對方需求，主動告知處理過程，化被動為主動。 ・不要把過錯歸咎於他，鼓勵他擔負起責任。 ・當你們看法不同時，應先處理個人情緒而非討論事實。 ・讓他有家的感覺；當他是自己人。 ・他會希望別人提出保證且盡量不改變。 ・害怕失去保障。 ・對他而言，過程比結果重要（以人為重！） ・要讓和平型的人滿意就是：明確告訴他該怎麼做！

實・踐・練・習 14
如何有效改善人際關係

金句

溝通最大的問題是，我們錯以為我們已經溝通了。

——諾貝爾文學獎得主，西方大文豪，著名劇作家，蕭伯納

（George Bernard Shaw）

目的

　　這個訓練會從審視自己的魅力指數和非語言溝通能力開始，然後透過刻意改變一些互動的習慣，成為一個懂得「說好話」（讚美）和「做對事」（行為）的人，讓自己的周圍營造出一個正向、優質的磁場，成為一個真正親切且討人喜歡的人，從根本上改善你的人際關係，成功獲得魅力。

練習方式

　　溝通的本質是促進和諧、增強理解、化解矛盾、拉近彼此的距離，是一種人性化的基礎，更是人際關係的黏合劑。如果想要改善人際關係，除了要了解不同性格的人的相處方式，還需要審視自己的溝通能力，以及表達方式，包括語言和非語言的表達，是否能有效地、準確地、正當地讓對方感受到你的誠意與態度。

　　事實上，溝通就是把事件／信息／意見／看法，清楚明白地傳達出去，同時要確定對方接收到你所傳遞的內容。

　　但如果對方抗拒接受你的傳達或者不認可你個人本身，即使內容再好，對方也不會想真心與你溝通。

　　慶幸的是，魅力這個能力是可以學習的，透過提升魅力的力量，能有效提高你與別人打交道的效率。

❶當你下定決心要改變人際關係之前，先給自己打個分數，測量自己目前的「魅力指數」，如果一百分為滿分，那麼從一到一百分，你認為自己現在的魅力指數是多少？然後請一個熟人為你打一個分數，那個人給你的分數通常是較為真實的分數。

❷根據以下八項非語言交流項目：臉部表情、能量強度、肢體語言、眼神交流、聲量、語速快慢、聲線變化和談話內容，圈出自己所在的位置。譬如在「臉部表情」中，如果平常比較木訥，便圈出標度中的「2」；如果是非常豐富，便圈「5」；如此類推。

魅力指數測量表		
臉部表情		**聲量**
我　木訥　1　2　3　4　5　豐富		我　微弱　1　2　3　4　5　響亮
他　木訥　1　2　3　4　5　豐富		他　微弱　1　2　3　4　5　響亮
能量強度		**語速**
我　較弱　1　2　3　4　5　較強		我　較慢　1　2　3　4　5　偏快
他　較弱　1　2　3　4　5　較強		他　較慢　1　2　3　4　5　偏快
手勢姿勢和移動		**聲線**
我　內斂　1　2　3　4　5　放開		我　單調　1　2　3　4　5　變化
他　內斂　1　2　3　4　5　放開		他　單調　1　2　3　4　5　變化
眼神交流		**談話內容**
我　避免　1　2　3　4　5　堅定		我　簡短　1　2　3　4　5　豐富
他　避免　1　2　3　4　5　堅定		他　簡短　1　2　3　4　5　豐富

❸回想你所認識的人中最有魅力的人，觀察他的一言一行，試著辨認他迷人的行為有什麼，看看這些行為對別人的影響是什麼。透過你所觀察到的，請評估一下他在上頁的八項非語言交流項目中在什麼位置，請把它圈起來，並對比你和他的差距。

❹以他為學習榜樣，同時在與人交流時，有意識地把自己的非語言交流表現刻意往「右邊」一點靠攏，亦即是：

(1)臉部表情偏豐富而非面無表情；

(2)能量強度偏強；

(3)肢體動作比較放開；

(4)堅定的眼神接觸而非閃爍不定；

(5)聲量要清晰且響亮；

(6)語速偏快；

(7)聲線帶有高低變化；讓人不容易走神；

(8)談話內容豐富有智慧而不累贅。

溝通過程中多聽多問，觀察並把感受記錄下來，是否發現結果與過去有什麼不同？

❺解開溝通大門的密碼：就是「真誠讚美別人」。世上沒有人不喜歡被人讚美。真誠的讚美不僅可以讓對方的心情變好，還可以讓被讚美的人喜歡與你溝通。為了讓讚美發揮最大的效用，應該遵循三個方針：

(1)讚美需要明確，避免敷衍了事；

(2)抓住對的讚美時機，即刻讚美不拖拉；

(3)懂得事無巨細都可以讚美，記住「讚」多人不怪的道理。

為了增加大腦中讚美的詞彙，請在右頁的句例中，選擇至少五個你認為最適合自己使用的句子，並把它們融入到你的日常溝通中；此外，如果在讚美時加上一些正面且肯定的肢體語言，譬如眼神的肯定、點頭、鼓掌、豎起大拇指等動作，能為你的讚美加分。

非常棒！	真好聽／好看／好吃！
非常好！	你非常重要！
非常厲害！	你記性真好！
非常的不錯！	你做事真穩！
非常了不起！	你快要成功了！
非常的完美！	你做事特別好！
非常有道理！	你做事非常認真！
非常好聽／ 好看／ 好吃！	你怎麼這麼厲害！
太棒了！	你一定練習很久了！
太好了！	你真的不斷在進步！
太強了！	你今天的狀態特別好！
太厲害了！	你今天確實做得很好！
太完美了！	你這麼快就領悟了精髓！
太漂亮了！	這主意不錯！
太了不起了！	這個點子真好！
太有道理了！	這件事做得好！
太好聽／好看／好吃了	這問題問得好！
真棒！	這簡直太完美了！
真好！	這件事解決得漂亮！
真厲害！	恭喜你！
真不錯！	幹得漂亮！！
真漂亮！	我以你為榮！
真了不起！	那實在太好了！
真有道理！	哇！看你的了！
真的為你感到驕傲！	進行得很順利嘛！
真高興你有如此表現！	我就知道你能做到！
真高興有你這樣的夥伴！	

❻要改善人際關係，由自己做起。透過刻意訓練以下二十四個簡單的動作，能有效加強你的親切感和人際關係，請根據下頁的清單逐一檢視並挑戰自己，當你成功做到並成為你的行為習慣，便在前面打勾：

□真誠讚美	□選對話題	□關注對方	□傾斜頭部，仔細傾聽
□多說謝謝	□引起共鳴	□鼓勵對方	□善用金句，當頭棒喝
□善意笑容	□分享感受	□用聲調吸引人	□互動交流，有問有答
□正確握手	□充滿活力	□記住對方名字	□讓對方對自己感到好奇
□適當幽默	□點頭肯定	□保持合適距離	□向別人表示欣賞他所做的事
□善用停頓	□避免衝突	□自然的目光接觸	□適合地自我推崇（位置／背景／專業）

▎注意事項

- 在給自己評估時要盡量保持客觀。
- 在肢體語言的演練和語言交流的過程，要有熱情但不要過度；適度地拿捏熱情度，能更有效地表達自己。
- 凡事有度，就像語速太快對方會聽不清，聲量太大則像在菜市場買菜喊價一樣，動作太大也會給人滑稽的感覺。
  但不試過、不經過調整，又怎知如何才能做得好呢？所以不妨勇敢踏出第一步試一試。
- 與人溝通時，語態、眼神、臉部表情、修辭、聲調、身體語言都要表現真心，才能維持長期合作關係
- 與人溝通時，不宜表現得急躁或盛氣凌人，也不要用訓斥指責的口吻，更不能直接反駁對方、插嘴或爭吵，表現穩重自信，建立好感反而可以贏得對方信賴。
  珍惜每一個關係，就等於創造新的機會。

思考

❶你有試過不靠任何理性的語言和行為，單靠自己的一腔熱忱和堅信而影響到身邊的人的決定嗎？這是什麼樣的感覺呢？（不妨把這種感覺記下來，放在你的事業上。）

❷如果你是比較內向的人，為了成功而做改變，你會如何讓自己變得更有能量和熱情？

❸今天你所傳達的訊息，透過你傳遞的方式，是否準確地讓接收者明白你所表達的？

❹在訓練改善人際關係的二十四個行為時，你有什麼啟發？

❺透過這個訓練，你體會到什麼道理？如何把它應用到事業和生活中？

總結

　　有魅力的人常常能引起更多人的注意，因此能得到更多的機會。他們往往能比別人獲得更多的資訊或消息，洞察先機；魅力的力量讓他們很容易被體諒、被諒解，即使偶然有所失誤，人們也總會為他們尋找託辭，心甘情願地幫助他們，盡量讓他們往好處想。所以說，這種力量是無窮的！不管是偉大的政治家、成功的企業家，還是著名的演藝家，都在追逐著培養它。

　　幾乎每個與人打交道的人，都能從魅力中受益，從中獲得良好人際關係。因此，每個想登上成功階梯的人，都必須培養自己的魅力。只需要稍微思考和練習，這些技巧就能夠成為社交生活和職業生涯中的無價之寶。

　　經常肯定地告訴自己：「我是一個魅力十足的人。」每次說出這句話的時候，你都在腦海中創造出自己正在以愉快的心情展現魅力的畫面，讓自己成為一個令人著迷的、有說服力的、令人欽佩的人。一旦你掌握了這魅力的力量，回報也將隨之而來。

寓·言·故·事 13
屢建奇功的驢子和兔子

森林大戰一觸即發，獅子王辛巴已準備好正面迎戰鄰國的攻擊，於是與各族族長召開了戰前會議。

經過多次的討論，獅子王辛巴終於對族長們發號施令，說道：「各族請注意，猴子身手靈敏，負責在戰場中的游擊戰鬥；大象力大無比，專門負責補給運輸；豹族機動性強，負責衝鋒突襲；還有……」如此這般，獅子王對應每個動物的特性，安排了適合牠們的工作。

負責保護皇室的狼將軍看到一直沒被安排任務的兔子和驢子，便調侃地說：「小兔子、驢呆瓜，你們兩族還是快退下去吧，別給大家拖後腿了，回去等我們大王打贏仗回來，為我們歌舞助興就好了。」哄得大廳的各族哈哈大笑。

正當兔子族長和驢子族長尷尬之際，獅子王辛巴大吼一聲，讓大家靜下來後說道：「此言非也！我們可不能少了牠倆族，狡兔三窟，兔子在戰場中能隨時支援有需要的部隊，也能成為傳訊息的跑腿，是在前線成功的關鍵之一。另外，驢子嗓門高亢，當發現敵軍時，可以為我們響警鐘應敵，是防線的重要組成部分，所以都不能少。」大家聽完後都紛紛點頭表示同意。

果然，在這場戰役中，各族都發揮了過人的實力，尤其兔子和驢子更是屢建奇功，最後成功打下一場漂亮的勝仗！

感悟

團隊中，每個人、每個崗位、每個角色都有其相應的價值，管理者要對各個團隊成員進行客觀評價，不可妄下結論。故事中，獅子王辛巴不單做

到知人善任，發揮各族的優勢，更是用機智成功化解團隊之間的矛盾，挽回兔子和驢子的尷尬局面，以達到提升團隊之間的默契與信賴、激發潛能的結果。所謂「天生我才必有用。」世上沒有毫無用處的隊員，只有缺乏慧眼的領導者。所以，在團隊協作中，管理者應好好思考每個團隊成員的優缺點，並搭建發揮其才能的舞臺。

寓·言·故·事 14
大雁南飛

為了躲避寒冬，雁群每年都會朝著溫暖的南方飛行。今年是小雁阿敏第一次與雁媽媽一同跟隨大群南飛。

剛開始時，阿敏就發現到雁群的飛行模式很特別，就像一個箭頭一樣，便飛到雁媽媽身旁問：「媽媽，為什麼阿姨叔叔們這麼愛玩，你看他們的隊形像不像一個人字？」

雁媽媽看著天真的小雁說：「阿敏，阿姨叔叔不是愛玩，這是因為排成人字隊形，我們整體合作飛行的效率，比個別分開飛行提高了快八成的飛升能力，因為其中任何一隻鳥的拍動，都會引起附近的鳥群跟進，進而影響到整個鳥群的動向。所以你千萬要跟著大家一起飛，如果掉隊了，就會看不到媽媽了，知道嗎？」

小雁阿敏點頭示意明白，並緊跟著大家起飛去了。

在這次旅途中，小雁阿敏越來越感受到雁群到處都充滿團隊的精神，譬如雁群中的雁頭承載的壓力和消耗是最大的，大家都會輪流去當，當一隻大雁累了便會由另一隻大雁擔任領頭，其他的雁群也會利用叫聲來傳遞資訊，鼓勵整體飛行；當有受傷或是生病的大雁倒下時，身旁兩側的大雁也會脫隊

主動照顧脫離的隊友，直到牠能再次飛起為止，因為雁群知道，只有透過互助互信才能飛到牠們的目的地。終於，小雁阿敏成功地與雁媽媽飛到溫暖的南方，同時也明白團隊合作的重要性。

|感悟

　　生命中有許多重要時刻，往往需要與別人互相信任、團結合作，才有可能度過困境，享受豐果的成果；相反的，在相互懷疑中，會浪費大量時間和精力，從而造成團隊效率的低下。

　　一根筷子被折斷，十根筷子抱成團。團隊如果沒有互助，就會像一盤散沙，如果再各自為政、互相拆臺的話，這個團隊必然會解散。一個人的力量是有限的，但團隊成員透過高效協作，就可以把有限變成無限，實現團隊力量遠大於個人力量之和的效果。

　　協同精神要求團隊成員表現出「平時和睦相處，戰時密切配合，危時拚死相救」的精神，這是實現高效團隊協作的銳利武器。

8:00
Pain 痛苦

個人經歷分享

創業，怎麼可能會不苦？拓展業務、建立品牌、創造利潤、時間管理、舉辦活動、招聘人才、合約簽訂，哪來天天順利進行？誰又輕易以為自己過去經歷、資歷漂亮，擔任過大公司的專案主管，一路走來順順利利，就認為創業應當會跟著順利？當然不會。

創業很公平，不管是什麼背景，該經歷的每個人都會經歷，如果沒法捱過去，便看不到以後的精彩，正如領英（LinkedIn）創辦人里德·霍夫曼（Reid G. Hoffman）比喻，創業就像把自己從懸崖上丟下來，並在落地前試著組裝一架飛機，一旦踏出那一步，就沒有回頭路，要麼起飛、要麼摔死，所以創業過程中的失敗、不順利、受到委屈，都是會發生之事，沒有意外可言。畢竟世界不是只為你而轉，更多時候即使全力以赴、不遺餘力，結果卻如石沉大海，沒有回報，就算勉強看到一點回饋，也只是微露曙光。

記得當時發展的初期，因為是新移民，在陌生的國度沒有人脈，連唯一的室友也立刻拒絕了我的邀請，所以除非選擇放棄，否則就要全面開拓陌生市場，這對於沒有任何營銷經驗的我，的確需要一點時間摸索。畢竟創業有別於工作，我從不期待過去的資歷能在別人眼中起什麼效力，因為不論過去擁有多大的影響力，在選擇創業的那一刻，我已明白要有歸零的心態，只有勤奮才會有實實在在的進步。

當時我特別加強工作的效率，追求每一分鐘都不浪費，每天準時下班，接著排好跟一個個客戶見面，隨便吃一塊麵包當晚餐，便繼續努力，很多時候會安排到凌晨一點。起步時，我的人脈圈在紐西蘭和香港，而這兩個地方的時差分別比澳洲快和慢兩到三小時，也就是說每當我結束澳洲的業務，差不多十一點時，香港剛好進入當地九點的黃金時段，因此往往都要用電話聊到澳洲凌晨兩、三點才結束，到了第二天早上六點左右，又要趕在紐西蘭客戶當地上班時間八點前聯絡。

　　另外，每隔一段時間，我便會帶著行李箱上班，週五下班時便立刻趕去機場，飛往紐西蘭做培訓、辦活動，週末兩天拜訪幾十位潛在客戶，並趕在週一上班前飛回墨爾本繼續上班，那段期間確實很充實。

　　回想當時，說不辛苦是假的，但問題不是苦不苦，而是值不值得；我認為值得就不會苦，我看懂了而別人看不懂，我也只好放大自己的格局，然後像鴨子划水一般，在湖面下拚盡全力，卻在湖面上表現優雅，自己的辛酸從來不被人所見。

　　創業這條路上，誰未受過委屈呢？要知道，長痛不如短痛，能快就不要慢。我認為，如果必須要跌倒一萬遍才能成功，我寧願每天跌十遍跌三年，也不要苦苦掙扎五十年，最後抱怨運氣不好而放棄。

　　說到創業，我相信今天受的苦、吃的虧、擔的責、扛的罪、忍的痛，到最後都會變成光，照亮我的路。無論遭受什麼樣的逆境，打敗自己的，從來都是自我懷疑，所以對於別人的否定，說我不行，我越要證明我可以。

　　我看到多數成功者都是在苦難之中成長，所以我認為多吃苦不過就是讓自己更貼近真實的人性與世界，讓我變得更真實、更務實，從中找到自己理想的出路。

　　成功總要經歷「煎熬」這一個過程，就像煉鋼必須經歷火燒一般，這時候，正是考驗對目的的熱情的時刻。我曾看到一段很有意思的訪問，那是獲選為《時代》雜誌二〇二一年度風雲人物，身兼電動車特斯拉（Tesla）與SpaceX 執行長的伊隆・馬斯克（Elon Musk）接受一次採訪的影片內容，令我印象深刻，當時的對話是這樣的：

　　主持人說：「你知道有一些太空傳奇人物並不喜歡這個計畫，比如阿波羅號的太空人尼爾・阿姆斯壯、尤金・賽爾南，都對你目前的商業太空航行計畫提出反對，對此，你有什麼想法？」

　　馬斯克回應：「（沉默）……是的，我看到這個消息時感到很傷心，因

為這些人是……對……（再次沉默）……他們是我的英雄，所以我……我覺得特別難過，我希望他們有機會來參觀一下，看看我們的努力，我想他們應該會改變想法吧。」

主持人追問：「是他們啟發你創立這個事業的，對吧？」

馬斯克回應：「是的。」

主持人又補問：「然後，看著他們對你丟石頭……」

馬斯克哽咽著回答：「是的，很不好受。」

此時字幕適合寫出一行字：有時候，你的偶像會讓你失望。

主持人最後問：「你想對他們證明什麼？」

馬斯克語氣堅定地回答：「我們想做的是，在太空航行事業中發揮巨大的影響，希望能讓太空航行普及到幾乎每個人都能參與，我希望能收到更多這方面的鼓勵。」

馬斯克在這六分鐘的影片中略帶感性，接受訪問時眼含淚光、時而哽咽，道出了創業者在創業路上的辛酸和沮喪，最後他說：「我不知道什麼叫放棄，除非我被困住或是死去。」

馬斯克所遭遇的挫折，最終都烘托了他如今有多麼成功。

當我看完這篇訪問後，有很大的感觸、共鳴及鼓舞。在面對拒絕與質疑，尤其當這些質疑是來自景仰的前輩時，仍然對初心與目的保持熱情不變，無疑是艱難的，結果這些卻成為了我的另一種動力。

不管是在追逐個人成功，還是建立系統時，我都曾經受到外界不同程度的否定，很感激家人與團隊一直都以行動支持我，無聲勝有聲。因為我也經歷過馬斯克的經歷，特別能感受到他當時的心情。

每次遇到瓶頸時，我都會看看我的夢想板，幻想著一個個夢想成真的那一天，並細心感受那一刻的興奮感，再把這份熱情帶回來，借未來的成就感取代今天跌倒的挫敗感，來激勵自我，然後跨過每個艱難的時刻。

在人生的道路上，每一個成功的段落都會經歷過痛苦，也正是因為這份痛苦，人才會更珍惜、更感恩。

因為家人患上退化性疾病，讓我重視並珍惜健康，我更意識到維持健康不只是為了自己，也是為了身邊所愛的人和家人；因為了解朝九晚五工作背後的代價，我毅然決然地轉換跑道，追逐夢想；我相信，若沒有過去的痛苦，成功之輪是不完整的，因為有了這份痛苦的體驗，反而讓我體會到痛苦背後的祝福，是神所賜我的磨練，**痛苦不過是更好的結果出現之前的一個轉振點而已。**

很多人問，怎麼很少聽我提起過往痛苦的經歷？我想，我不是沒有痛苦，而是我總能從痛苦中釋放並感恩它。曾經有偉人說過一席話：「苦難是財富，還是屈辱？**當你戰勝了苦難時，它就是你的財富；但當苦難戰勝了你時，就是你的屈辱。**」所有成功者的經歷，都是源自於克服自己的缺陷；我克服了生活的挑戰，所以有能力半工半讀完成學業；我克服了語言的障礙，所以能夠完成榮譽碩士學位，並進入國際享譽盛名的公司工作；我克服了內心的恐懼，所以能夠找到讓父母重拾健康的機會；我更戰勝了昨日的自己，所以我把握住機會在不可能中製造可能、創造我的成功！

成功的道路上常要面臨選擇：是選擇安逸或是苦難？如果選擇安逸，可能從此一生將碌碌無為；如果勇敢面對挑戰並戰勝苦難，人生就此改變，一個笑話也許就此成為一個神話！

何謂「痛苦」

痛苦是一種廣泛而複雜的情感，可以是心靈上或是身體上的，它是身為人類所不可或缺的一種重要情感，若沒有痛苦的經歷，往往也不會有透澈的感受。

孟子的一句話點出了痛苦的意義和道理，子曰：「天將降大任於斯人也，必先苦其心志，勞其筋骨，餓其體膚，空乏其身，行拂亂其所為；所以動心忍性，增益其所不能。」

意思是上天將要降落重大責任在某人身上，一定會先使他的內心痛苦，使他的筋骨勞累，使他經受飢餓，以致肌膚消瘦，使他受貧困之苦，使他做的事顛倒錯亂，總不如意，透過那些痛苦來磨練他的心志，堅韌他的性情，從而增長他不具備的才能，最後成就一番大事。所以，想要成功，如果沒有經過種種苦難和磨煉，是做不到的。只有經歷過磨練的人才會成長，吃得苦中苦，方為人上人，正是此道理。

所謂人生不如意之事十常八九，除了一般磨練時的痛苦，有時也會遇到被誤會、被不公平地對待、受委屈，有一種啞巴吃黃連、有苦說不出等悶憋痛苦的感覺，這時候必須學會忍耐，不斷沉澱，在痛苦中戰勝自己，為以後的成功打下根基。教育家俞敏洪曾多次拿「樹和小草」的故事明喻做人做事的態度和成才標準，他認為：

「人的生活方式有兩種：第一種是像草一樣活著，你儘管活著，每年還在成長，但是你畢竟是一株草，你吸收雨露陽光，但是長不大。人們可以踩過你，但是人們不會因為你的痛苦，而產生痛苦；人們不會因為你被踩了，而來憐憫你，因為人們本身就沒有看到你！所以我們每一個人都應該像樹一樣的成長，即使我們現在什麼都不是，但是只要你有樹的種子，即使你被人踩到泥土中間，你依然能夠吸收泥土的養分，自己成長起來。也許兩年、三年長不大，但是十年、二十年，你一定能長成參天大樹，當你長成參天大樹以後，遙遠的地方，人們就能看到你；走近你，你能給人一片綠色、一片陰涼，你能幫助別人。即使人們離開你以後，回頭一看，你依然是地平線上一道美麗的風景線。樹，活著是美麗的風景，死了依然是棟梁之才，活著死了都有用，這就是我們每一個同學做人的標準和成長的標準。」

在通往成功的道路上，總會遇到挫折，會有低潮、不被人理解，甚至被

踩到泥土裡的時候，也許很痛苦，但這恰恰是人生最關鍵的時候。在這時刻，需要耐心等待，磨練自己，相信生活不會放棄你，命運不會拋棄你。讓別人去笑話吧，只要自己清楚自己的目的是什麼、正在做什麼就行了。

所謂人生，寧願讓自己苦一陣子，也不讓別人笑一輩子，學會苦中作樂，享受過程，學習成長，才能了解成功真正的意義。那些向前衝的人雖然會遍體鱗傷，但他們也掌握了成功的經驗和戰勝逆境的勇氣，進而使得他們能夠戰勝更大的困難，獲得更大的成功。

失敗帶來痛苦不可怕，
因為失敗乃成功之母

常言道「少年得志大不幸，千金難買少年窮」，這是在說，要是年少時輕易取得成功，沒有經歷過人生歷練和沉澱便意氣風發，為人處事就難免會以自我為中心、恃才傲物、缺乏長遠考慮，日後一旦遭逢逆境變異，便容易一蹶不振，信心喪失殆盡，後半生窮困潦倒，所以說，少年得志也是人生三大不幸中之一。

雖然現實中也有例外，不能以偏概全，可是此話想表達的是，假如在成功之前未曾嘗過失敗，也就沒有經驗去面對失敗所帶來的痛苦情緒；得志和成功源於經歷過無數次的失敗與挫折，從中吸取教訓，而不是一味否認自己的缺點和錯誤，繼而活在自己的世界中，原地踏步。

要知道，成功的金磚往往就是在淘洗錯誤的沙礫中誕生的，用心體會失敗的痛苦，將能讓你獲得更踏實的成就。此外，失敗的經驗也有助於往後對事情的判斷，避免因為妄想和錯誤的期待值，而與結果發生嚴重的偏差。

所謂「人無千日好，花無百日紅」，人生又怎能永遠風平浪靜，一帆風順呢？往往成功經驗都是建立在多次失敗下而構成的。也許失敗會讓人沮喪難過，但要知道，失敗越大、痛苦越大，體會就會越深，當你跨過去後，成

功就越發輝煌。俗話說得好：「不經一番寒徹苦，哪得梅花撲鼻香。」梅花如果不經歷一番風霜摧折的苦，哪會有沁人馨香的花朵綻放？自古就有名言勉勵人在痛苦時刻應該克服困難，只有經過這個過程，才會有好的收穫。

成功需要這些故事，需要這些經歷，沒有痛苦就沒有故事，嚐過痛苦、經歷過人生的酸甜苦辣，才會了解快樂的真諦。面對挫折要學會啞忍，因為成功之前談挫折，叫做「吐苦水」；成功之後談挫折，叫做「經驗談」。唯有克服過後，才能將一個人的痛苦反轉成有價值的寶貴經驗。

人生如水，風平浪靜淡而無味，只有波濤洶湧的人生，才會令人回味無窮。失敗乃成功之母，屢敗屢戰終能一勝，如心堅若此，痛苦又有何懼？

痛苦真正的原因是格局太小

格局指的是一個人的眼界、胸襟和膽識。格局越大，胸懷越廣，內心才能越從容。沒格局的人看不清楚，所以糾纏不休，有格局的人看得清楚，才不拘小節。格局不一樣，眼界就會不同，看到的東西也不一樣。

人們常說：「我站在一樓，有人罵我，我很生氣；我站在十樓，有人罵我，我聽不清楚，以為他在和我打招呼；我站在一百樓，有人罵我，我聽不清楚也看不見，眼裡只有萬里山河，全是美景。」

成功的思維是當你站高一點、看遠一點、心寬一點，就能放大格局，問題自然就變小也變少了。很多時候，一個人之所以痛苦，正是因為身處的樓層太低，才會放不開，總會糾結於小處，如果讓自己盡量往上爬，格局放大，才能學會忽略這些惱人的小事。

假如將人生的痛苦比喻為墨水，那麼它的顏色將取決於它的容器大小，把墨水放在一杯清水中，清水馬上變得又暗又濁，但把同量的墨水倒進大海裡，水質則不會受到任何影響。容器的大小好比格局的大小，墨水就像人生

的苦水、淚水，當格局小，問題自然放大，傷痛情緒也會蔓延到身心的全部，但同樣的問題放到像大海一般的大格局中，相比之下只不過是滄海一粟，不值一提。一般人的焦點放在痛苦上面，變得越來越小氣，越來越狹窄；真正有大格局的人，有開闊的心胸、懂得寬仁之道、懂得寬恕別人，不會因環境的不利而妄自菲薄，更不會因為能力的不足而自暴自棄，他們遇事總能處之泰然，鎮定自若。

有時候，自己的理想不被他人所理解和認同，與其盲目聽從他人的意見，不妨提高自己的眼界和格局，所謂「燕雀安知鴻鵠之志」，他人的誤解所帶來的痛苦，也可一笑置之，所以說，格局是一種認知，也是一種修養，一種高明的處世之道。

「痛苦」是因為遇到事情不夠坦然自若，高度不夠，所以影響了眼界。要解脫，就要放大自己的格局，看破問題本質。紅塵看破了不過是浮沉，生命看破了不過是無常，愛情看破了不過是聚散，看破了才能放下。痛苦撐大了心胸，委屈壯大了格局；格局大了，人生的路才能寬廣、順暢，因為高度影響你的眼界，格局決定你的結局。

超越痛苦可以從轉移焦點開始

許多有成就的人都是透過聚焦而成功的，這裡提出的「聚焦」除了表達專心一致地做事，還包括了在某件事情發生時所看到的角度，以及類似條件反射的正面邏輯思維。好比在生活上，人們總會遇到兩種聲音，有認可你的，也有否定你的，任何人被讚美時固然會開心，可是一般人更會把焦點注意力放在否定與批評上，徹夜難眠，不斷想著為何事情會發生，對方也許都已經忘記此事了，只有自己抓著不放，並受其影響，導致情緒低落與痛苦。

反觀成功人士，當碰到一樣的否定與批評時，他們會習慣性地把它轉

化為刺激自己的動能，不單不生氣，還會把握這個力量，鞭策自己、加速修正，甚至會感激這些事情讓自己找到進步的突破口，而充滿期待和快樂。

所謂苦口良藥利於病，忠言逆耳利於行，同樣是否定的聲音，有人會感到難受痛苦，有人則認為這是發現盲點的最佳時機，所以說，痛苦並非源自於事實，而是感知事實的方式。問題可以存在，可是卻沒有痛苦的理由，因為事實與問題的本質並不包含痛苦，當你換一個角度去了解、覺醒，就可以全然接納生命中的情況，無論發生什麼樣的事，都能以快樂取代痛苦，差別只在於觀點與角度不同而已。

關於聚焦，有一句英文諺語是：What You Focus On Expands.（你所聚焦的會擴展。）你所關注的事往往會不斷地放大、時常會被看到；不難發現，當人們專注於髒亂貧窮，不管走到哪裡，都會感覺渾身不對勁，什麼都嫌棄；反之，專注在美好事物時，不管看到什麼，都能以正面思維去解讀事情而感到一切很美好。人們的外在世界其實就是內在世界的反映，所看到的外在和所感覺到的情緒，其實就像一面鏡子一樣，照映出內心的想法。

成功的人會記住經驗、忘記痛苦，所以勇往直前；失敗的人卻記住痛苦、忘掉經驗，所以裹足不前。許多人在痛苦面前選擇退縮或逃避，結果再次面對時只會更加煎熬，何不換一個方式去思考問題，直接在痛苦產生前將之換成興奮與期待？

無意識的情況下，大腦中的自我保護機制便會特別聚焦在過去經歷的挫折或危險，或未來未知的恐懼上，久久不能自拔，我們就會慢慢成為被大腦控制的奴隸而不敢行動。所以，真正的解決方法就是有意識地對大腦下達指令，要記住是經驗而不是痛苦，這是因為時間不會倒流，未來還沒來臨，當下才是關鍵所在，將焦點放到現在能做的事，就沒有人和事可以引發你的情緒，讓你陷入負面和痛苦。

物理學上有一種基本定律叫能量守恆定律，一般表述為：能量既不會憑空產生，也不會憑空消失，它只會從一種形式轉化為另一種形式，或者從一

個物體轉移到其他物體，而能量的總量保持不變。如果能將身體的痛和內心的苦轉化為更真實、更有意義的生命，痛苦就能產生深刻且巨大的力量。

逆境智商是成功的關鍵

　　面對問題並尋求解決之道是一個痛苦的過程，也是成長必備條件之一，而這種讓人在困境中直視問題，並擁有力量突破黑暗走向陽光的素質，就是逆境商數（Adversity Quotient，簡稱AQ）。AQ和情緒商數（Emotion Quotient，簡稱EQ）、智力商數（Intelligence Quotient，簡稱IQ），被現代人稱為成功必備的3Q。IQ 是智力高低的指標，EQ是衡量管理自己情緒和處理人際關係的指標，而AQ則是從EQ衍生出來的一種商數，代表在逆境下處理壓力，或者面臨挫折時的反應能力，是一種不敗於任何惡劣環境的生活態度和思考方式。在當今這個瞬息萬變的多元化時代，失敗和逆境出現的頻率更高，人們很容易就會陷入困境，因此，學會面對失敗、克服逆境，是時代變遷的迫切需要，甚至有專家斷言，100%的成功來自20%的IQ，以及80%的EQ和AQ，因此成功者不一定有高IQ，但肯定需要有高EQ，尤其是高AQ，也就是面對逆境時的心理抵抗力高於常人。

　　一般而言，高AQ的人能夠彈性處理問題、在痛苦中不迷失自己、勇敢面對，能夠視當下的「不幸」為以後的「幸運」，所謂風箏會飛是因為逆風，人會成長是因為逆境。面對逆境時，掌握AQ的人總能保持好的心態，相信問題等待的是解決方法而不是情緒，在潛意識裡會自我暗示，相信自己最會打「逆境牌」，同時能瞬間調整狀態，越是在挫折面前，越是不放棄，在絕望中尋找希望，逆境中努力成長，困境中找到出路。

　　高AQ的人無論面對何種惡意或困難，都能做到喜怒不形於色，遇到困境也會先保持沉默，一副氣定神閒的樣子，讓別人分辨不出他的想法，也不

會把壞情緒表現出來傳染別人；那淡定的氣勢與態度，總能為身邊的人帶來安心的感覺，讓焦點集中到解決問題上。人格心理學教授威利巴爾德‧魯赫（Willibald Ruch）表示，心理抵抗力從小就能被磨練成形，很多出身貧苦的小孩，從小培養出堅強的生存力和韌性，即使以後人生中出現了巨大的難題或壓力，仍能開創一番成就，而許多出生在衣食無憂家庭的小孩，卻連守業都極為困難，甚至在面對逆境的挑戰時，在急劇變動的社會環境中倒了下去。事實上，AQ 並不需要天分，是可以後天培養的，但大多數人在沒有嘗試達到極限，或沒有完全發揮能力的情況下，就選擇停止磨練自己。

提高AQ並成為強者的幾個關鍵點如下：

‧在不穩定的情況下，要相信自己必然有可控的地方，並從專注於這些地方開始執行。

‧在逆境中，要有不退反進的態度，勇敢面對，少抱怨多行動，主動承擔責任。

‧當逆境出現，有意識地減少其影響範圍，不讓壞事情進一步擴散，並縮短其持續的時間。

‧學會多帶笑容、培養幽默感、原諒他人多包容、接受不完美。

‧確認、接受和學習如何處理個人的弱點，把別人的批評當成禮物。

‧適當地參與社交和公益活動，勇於和陌生人交流，從別人身上獲得學習、開闊視野。

‧適當地平衡生活與工作，避免鑽牛角尖，並時刻關注健康狀態。

告別過往痛苦的最佳方法是感恩

痛苦是一種選擇，而選擇是沒有對錯的，重要的是知道自己要什麼。這

世界上，大部分的人都會用兩種方式對待痛苦：第一種是被動式對抗痛苦，身體和靈魂不斷回憶痛苦帶來的傷痛，所以越加痛苦，可是對抗就意味著持續，這樣的人在生活中總是會陷入痛苦的深淵、失落迷茫、顧影自憐；第二種是不遺餘力地打壓痛苦，並從傷痛的感受中跳脫出來，找到方法讓自己平靜下來，不被攪擾，繼續前進，這樣的人能克制、隱忍，但畢竟傷痛只是被淡化，壓抑久了，總有一天會忍無可忍，到無需再忍時情緒終會爆發。

許多情緒管理的書，都在強調不要做第一種人，要找到方法讓傷痛離開，但其實，忍只會憋出內傷！對於痛苦，與其對抗它、逃避它、抱怨它、忍耐它，不如擁抱它、面對它、感恩它，然後駕馭它，讓它成為你的力量，引領你走出痛苦，重新而生！

真正的療癒是當你看到類似的場景或回憶往事時，心中不再有傷痛，能平靜地觀賞曾經的經歷。所以有大智慧的人，會發現第三個選項，就是能夠領會傷痛背後深藏的美意，真心感恩這些磨難，試著學習接納每個時刻的不如意，學會感恩痛苦，讓所有的傷痛成為人生的導師，你會發現感恩的心態會使痛苦悄然減輕，甚至消失。所以當痛苦來臨時，要感恩痛苦的提醒，靜下來，細細體味其中的感受，包含身體的、情緒的、思想的，然後把它們變成前行的智慧和力量。

當你走到一個交叉口或死胡同的時候，不妨「感恩」你所擁有的，用感謝的心情來回應！唯有透過感恩，才不會被困難打倒。感恩的重要性超出人們的想像，如果想要找回自我，走出痛苦，一定要學會感恩。也許會有所謂難以承受的事，但過後回頭再看時，往往都變得可以承受，這些都是上天給我們的試煉。

其實，「難以承受的磨難」與「喚醒潛能的機會」永遠是同行的，透過挫折與磨難，自己內心深處的力量才會被一層層激活，我們的智慧、力量和財富有時就是在應對生命的挫敗中產生，所以碰到坎坷和磨難時，你該興奮地說：「哇，一切都是最好的安排，又是一個獲得財富的機遇！」你會發現

當你感恩了，就學會放下了！當你感恩了，就懂得回饋了！當你感恩了，就願意接受了！當你感恩了，就有勇氣去克服它了！

從細節到大事，只要細心回想，你會發現值得感恩的人事物就像天空中的星星一樣數不盡。釋懷能讓人成長、原諒能讓人放下、愛能讓人包容，挫折和磨難開啟了智慧和創造力；使人痛苦的人事物，是不斷修練內心的力量；正是因為傷痛，才知道如何珍惜。自己的生命自己負責，任何時候都不要怨天尤人，不做受害者，善用所有的境遇，創建更好的自己，如此正確定位自己，才會使人生更加豐盛、美滿，邁向成功的目標。

遇到痛苦是走向成功的轉捩點

人類的行為動機有兩個：逃避痛苦與追求快樂，這是心理的自然現象。許多人背著過去的傷痛走今天的路，進而對未來產生恐懼，親手斷送了通往幸福的大門。

要知道，過去不等於未來，但是現在可以改變未來。事實上，逃避痛苦是大腦對自身的保護機制，要避免受傷害，它是以「保護」為基礎而不是為了「進步」而設計，所以要讓這力量從阻力變成助力，就得清楚了解被「保護」的對象是誰：是「當下的自己」，還是「未來的自己」？以及希望「逃避」的痛苦是什麼：是「現在的苦修」，還是「明天的失敗」？

對大多數的人來說，對比模糊的未來，更為關注當下，以眼前發生的事情為行動的依據，所以大腦的保護機制就會順其自然地選擇「保護當下的自己，逃避現在的苦修」；可是，成功都是被逼出來的，成功人士之所以能越挫越勇、直面痛苦、樂此不疲地苦修學習，正是因為他們選擇的是「保護未來的自己，避免明天的失敗」而行動。因此，每次痛苦出現即是一個轉捩點，只要認清逃避和保護的對象，就能撥開雲霧見青天。

　　每當遇到困境時，一般人都會找藉口，而成功人士則會不斷找方法，因為失敗可以有千萬個藉口，成功只需要一個理由，找到藉口或許是短暫逃離痛苦的方法，但絕對達不到成功的彼岸。

　　成功需要四種人：「名師指路，貴人相助，親人支持，小人刺激。」其實小人刺激帶來的痛苦，正是其中一種動力來源。

　　艱難困苦是幸福的泉源，安逸享受是苦難的開始，你要相信，不管今天怎麼低落，總會看見明天的朝陽；不管昨天怎麼困苦，總會擁有明天的希望。生活中絕大部分的快樂都是從痛苦中得來，假如你全然拒絕痛苦，也就全然否決快樂！

　　我們都需要學會苦中作樂，享受過程、學習成長，才能了解成功真正的意義。在逆境時刻，要相信生活不會放棄你，人生沒有過不去的坎，痛苦是信號，是一個轉捩點，將讓你達到新境界。

實·踐·練·習 15

蛻變成長

▌金句

　　在鍛鍊中掙扎，力量才會增長，當你克服困難並且不想放棄時，這就是力量。

——榮獲七屆奧林匹亞先生（IFBB），贏得宇宙先生、世界先生等榮銜，

阿諾·史瓦辛格（Arnold Schwarzenegger）

┃目的

透過高強度間歇式訓練（High Intensity Interval Training, HIIT）的增肌減脂運動，讓人體會到任何成長必然會經歷「痛」或不舒服的過程。當成功熬過這種成長所伴隨的「痛」，人便會成長。做事會變成更有自信，態度也會隨之變得更有毅力和堅定。

┃練習方式

高強度間歇式訓練近年來在健身和減肥界非常熱門，是強度較高且具爆發力的運動模式，關鍵是「在短時間內，竭盡所有的力氣和努力」，它能促進新陳代謝、強化心肺功能，最大心跳率能達到80%～100%之間，而不是中等耐力活動的50%～70%，在相同時間的運動量裡，這種訓練方式所消耗的熱量，比跑步多二至三倍。透過這種高強度的運動，能讓身體中的肌肉感受到疲勞，進而開始大量消耗氧氣，啟動「後燃效應」（After-burn Effect），可以讓身體在停止運動後，還繼續消耗氧氣，因此達到持續消耗熱量、減脂增肌的效果。

請根據以下步驟，開始你的高強度間歇式訓練：

❶初步了解高強度間歇式訓練的邏輯

這種訓練的彈性很大，不管是時間長度、運動組合、難易度、進行場地、室內或室外、團隊或個人，都可以根據自己的體能和身體情況，做出適當的自由組合，而達到預期效果。

一般而言，訓練的持續時間為十至三十分鐘，訓練與休息時間進行交叉設計，例如：運動三分鐘→休息一分鐘→運動三分鐘→休息一分鐘，或者高強度→低強度→高強度→低強度運動各三分鐘。

同時，利用不同運動來進行設計，自由組合各種輕、中、高難度的動作，例如短跑、騎飛輪、跳繩、開合跳、波比跳（Burpee）、登山者（Mountain Climber）、高抬腿、深蹲跳（Squat Jumps）等，結合成一套循環訓練。

❷尋找高強度間歇式訓練影片

透過多媒體搜尋引擎，如Youtube、Bilibili、抖音／TikTok、小紅書、百度、Google 等，找出適合自己的訓練影片，開始前做好伸展熱身，然後跟著影片的流程進行。

過程中，如有不適，應暫停稍作休息，再繼續下去。

❸經歷「延遲性肌肉痠痛症」的過程

不管是專業或業餘運動愛好者，都有可能在運動的一到兩天後，出現肌肉痠痛的情況，並持續幾天後才逐漸緩解。

「延遲性肌肉痠痛症」（DOMS）的出現，與運動強度、運動形式和習慣程度有關；像是有訓練基礎的人做不習慣的動作，因使用的肌肉部位不同，鍛鍊後也會有延遲性肌肉痠痛症；而在訓練時，如果增強鍛鍊強度，延遲性肌肉痠痛症同樣會出現。

所以，從事不熟悉、不常做的運動或強度超過平時的訓練時，延遲性肌肉痠痛症便會容易發生，這就是成長過程的必經之路。

❹減輕肌肉痠痛，加速肌肉恢復情況的方式

　　a.交替活動：透過改換不同活動方式，比如體力與腦力交替進行，上肢與下肢輪流鍛鍊，左側與右側輪換活動等，給予痠痛的部位適當休息時間，慢慢促進血液循環，加速代謝產物排除，協助使痠痛部位恢復正常。

b.靜態伸展：訓練會造成肌肉縮短、僵硬、失去彈性等問題，好比洗滌後的羽絨外套黏成一塊，而伸展運動能將緊繃的肌肉鬆開，方便血液中的營養物質進入肌肉組織進行修復，並能恢復運動後骨骼肌超微細構造的變化，促進其功能恢復作用。

c.按摩：透過按摩方式來改善血液循環，並且加速代謝產物的排除，且能有效放鬆肌肉，使得延遲性肌肉痠痛的症狀能獲得減緩。

d.熱敷：透過熱敷的作用，加速肌肉痠痛部位的血液循環並促進代謝，尤其是配合輕微的伸展運動或按摩，更能加速消除延遲性肌肉痠痛，促其恢復正常。

e.肌筋膜放鬆：利用肌內效貼紮並配合網球或泡棉滾筒，以自身重量壓迫痛點，來放鬆緊張肌肉，非常適合自我訓練後放鬆筋肉之用。

❺休息兩天後再進行高強度間歇式訓練

大部分的專家都認為，保持規律的運動習慣對於精神和身體的健康都有好處，建議每週安排訓練三到四次，養成習慣後，對身體健康可以帶來更多的好處。

┃注意事項

- 高強度間歇式訓練屬於激烈運動，對於高齡者，以及有心臟、代謝、肺部等疾病的人，勿冒然嘗試，最好先詢問醫師。

- 體重過重或是平常完全沒有運動習慣的人，則建議找專業教練一起進行，比較安全。

- 剛開始，建議以基礎做起，循序漸進、量力而為，先做到姿勢正確，再提高難度。訓練的過程中，時刻注意自己的體能狀況，千萬不可過於勉強而導致運動傷害。

‧流汗所排出體外的不只是水分，血液中的電解質也會隨著水分而流失，所以不要忘記在休息及運動前後，適當地補充水分和電解質（即鈉、鉀、鎂和鈣等礦物質）來幫助優化補水過程。電解質也有助於對抗精神疲憊，同時支持大腦的功能。

‧運動後會使人大量流失鈣質，也會使肌肉痠痛，建議適當補充鈣／鎂／維生素D3等營養補充劑，能有效補充身體必需元素。

思考

❶訓練時，每次做到最後幾下，也許會感到很累，喘不過氣，你是否有撐過去？如果有，當時的心情如何？

❷是什麼讓你堅持下去的？你會如何把它運用到成功之路上？

❸為了自己最重視的人，還有為了自己的夢想，你願意承受這些必經的痛苦嗎？

❹你認為還有什麼其他方式能正面激勵自己完成這些訓練？

❺除了鍛鍊身體以外，你在此訓練中，還學到了什麼？

總結

所謂No Pain No Gain（沒有痛苦，就無法獲得）。運動如此，生活如此，成功也是如此。很多時候，逃避不一定躲得過，面對不一定很難過。成功的人之所以成功，並不是因為從未跌倒，只是他們每次跌倒後都能重新站起來，重新開始。因為他們知道重點不在於「難不難」、「痛不痛」，而是結果「值不值」、「好不好」，當他們認為某件事或某個目標值得做，就算很難，也能保持平常心，想方法跨過去。突破了，便能進入下一個層次，挑戰新的高度。

實・踐・練・習 16
拋開枷鎖

▎金句

在人生的大風浪中，我們常常要學習船長，在狂風暴雨之下把笨重的貨物扔掉，以減輕船的重量。

——法國十九世紀著名作家，法國現實主義文學成就最高者之一，

歐諾黑・巴爾扎克（Honoré Balzac）

▎目的

放下，是一種生活的智慧；放下，是一門心靈的學問。在成功路上，總有捨不得、放不下、看不開的事，本訓練會提供四種方法，讓你以自我暗示的方式，放下心中的枷鎖，增強成功者不告訴你的「健忘力」，進而提高「專注力」，避開不必要的干擾，加速往目標邁進。

▎練習方式

事實上，成功的實業家都很健忘，更準確的說，他們都會選擇性地「記住」與「忘記」。不是他們在工作或人際關係上從未遭遇過失敗，只是他們懂得選擇與放棄的智慧，即使遇到委屈、挫折、不快、猶豫或憤怒，也會讓這些經歷消化成為經驗，放下不必要的情緒，把對自己有利的部分保留下來，並有意識地運用到下一次。

與其說這些人的鬥志很強韌，不如說是因為他們善於整理過去的記憶，

將失敗的記憶轉變成實用的助力，並具備「不將這些經驗當作痛苦的事來回憶」的能力，也就是所謂的「健忘力」，這是成功路上一項重要的能力。

在現今資訊發達的社會裡，必須記住的事多不勝數，可是大腦記憶體是有限的資源，想要有效地使用它，不被負能量所困，就要學會三個方法，第一是藉著不斷創造新的記憶，多嘗試與學習新知識來沖淡不愉快的回憶；第二是學會把痛苦的回憶轉換為正向的記憶，多思考「幸好……」的地方；第三即是學會早點遺忘或放下，立即重新站起來。

話雖如此，要抹去在大腦中已留下的深刻痕跡並非易事，心裡創傷之所以痛苦難解，就是因為它難以捉摸及其無形的本質。至於什麼是放下？**放下是：縱使傷口仍在，它沒有消失，我也沒有忘記它仍然存在的事實，但它已經影響不到我！**

本訓練將教你如何放下對成功而言不必要的情緒與干擾，讓自己放開舊事的捆綁，幫助自己度過難關，然後繼續向前走！

請選擇以下任何一個方法，幫助自己解開枷鎖：

❶扔石頭

到一處空曠的地方，首選海邊，次選山頂，或其他地方如草原、公園等；並隨意撿起一塊小石頭，握在手中。

→閉上眼睛回憶這段日子裡，自己所遭遇的委屈、挫折、不快、猶豫或憤怒。

→想像著把這些情緒和傷痛打包起來，注入在石頭裡面（就像把垃圾放到垃圾袋一般）。

→張開眼睛，用力把它丟到遠方。

❷消除法

在安全條件許可的環境裡，在桶子裡生火。

→閉上眼睛回憶這段日子裡，自己所遭遇的委屈、挫折、不快、猶豫或憤怒。

→把這些情緒和傷痛寫在一張白紙上。

→將白紙丟進火堆裡，看著它燒毀為止（如無法生火，可以用碎紙機絞碎或撕掉）。

❸爆氣球

準備好一顆氣球。

→閉上眼睛回憶這段日子裡，自己所遭遇的委屈、挫折、不快、猶豫或憤怒。

→深吸一口氣，想像著這些情緒和傷痛，連同空氣吹進氣球裡。

→把氣球吹滿，彷彿身體所有的廢氣都吹出來，然後把氣球打個結。

→鼓起勇氣，用手擠爆氣球。

❹冥想法

放鬆地坐著，閉上眼睛，在腦海中建立一個垃圾桶圖標的檔案（像電腦桌面上的一樣）。

→回憶這段日子裡，自己所遭遇的委屈、挫折、不快、猶豫或憤怒。

→在腦海裡，想像用滑鼠點住這個情緒和傷痛的檔案，並把它們丟進代表垃圾桶的圖標裡。

→然後想像自己點擊刪除鍵，將垃圾桶裡的廢物永久刪除。

注意事項

· 扔石頭時，要注意安全，避免造成意外。

· 回憶的過程中，可配合讓人放鬆的背景音樂。

思考

❶為什麼過去自己不願意放下那些糾結、情緒、憂傷？擁抱著這些枷鎖，對人生帶來什麼樣的負面影響？

❷試想一下，對於放不下的痛、看不開的事，如果能放下了、看開了，將會為你帶來怎樣的新局面？

❸放下心中的糾結與憂傷，對成功而言，會有什麼意義？

❹在不如人意的往事中，有哪些部分對未來是有價值的？

❺對於「原諒別人就是放過自己」這句話，你會發現其中的奧妙到底是什麼呢？

總結

　　遇事能做到平常心看待、處變不驚，是一種態度，更是一種智慧。學會拋開枷鎖，人生就能夠活得更加通透，更有意義。成功路上，許多事情並非想像中那樣順利，總會遇到難以釋懷、無法忘記的事，這時是放下還是背負，取決於自己的意志。

　　很多時候，讓人步履沉重的，往往不是前途的坎坷，而是內心的退縮；讓人意志消沉的，不是挫折的打擊，而是自信的喪失。

　　過去的痛苦加上現在的煩惱，對任何人來說都是一場心靈上的折磨，所以做人要學會取捨，有些人，該放就放；有些事，該忘就忘，自然能活得心胸豁達、樂觀開朗。生活過得好不好，活得累不累，全在於自己的選擇，對於可以改變的就去改變，不可改變的就去改善，不能改善的就去承擔，不能承擔的就學會放下，那麼即使是廝殺的戰場，也能成為你展示自我的舞臺。

　　在人生賽場上真正的對手，只有自己！懂得捨，才能有所得；放得下，才能拿得起；看得開，才能解放自己、笑看人生。

下棋對弈尚且如此，人生態度也該如此。

寓・言・故・事 15
驢子與枯井

有一天，農夫牽著一頭驢子從村子離開到城鎮去，在經過一口枯井時，驢子一不小心踏錯腳，便掉進枯井中，農夫絞盡腦汁想辦法救出驢子，可是好幾個小時過去了，驢子還在井裡痛苦地哀嚎著。

時間一分一秒的過去，最後，農夫實在沒有辦法，他想到這頭驢子的年紀這麼大了，也許不值得大費周章去把牠救出來，便決定放棄驢子了。農夫又想，無論如何，這口井這麼危險，還是把它填了吧，也希望給驢子一個痛快，以免除牠在井中受苦，於是便動手，開始將泥土鏟進枯井中。

當這頭驢子了解到自己的處境時，便感到傷心欲絕，哭得很悽慘，隨著農夫把一堆堆泥土鏟入井中，一陣子之後，便再沒有聽到驢子的叫喊聲，正當農夫為自己親手埋葬驢子而感到惋惜時，突然井中再次傳來驢子的聲音，農夫好奇地往井底一看，那熟悉的身影已經出現在眼前。

原來，每當泥土落在驢子身上時，驢子便抖動身體，讓這些砸到身上的泥土散落身旁，將之變成自己的墊腳石，如此一來一回，竟慢慢地藉著抖落的泥土緩緩上升，很快的，驢子在接近洞口時一腳躍出枯井，在農夫驚訝的表情中興奮地跑走，從此獲得了自由！

▌感悟

就如驢子的情況，在生命的旅程中，有時候我們難免會陷入絕境中，就

像故事中的「枯井」，甚至會被各式各樣的髒水、泥沙潑到自己的身上，非常狼狽。如果想要從這些「枯井」脫困，祕訣就是把「泥沙」抖落掉，然後站到上面去！

本來看似要活埋驢子的舉動，由於驢子處理厄境的態度改變，命運也隨之改變，最終讓自己救活了自己。

如果我們以感恩的態度面對困境，就能把阻力變成自己的助力，一切決定都在於自己的心態。學習放下一些得失，保持一份平靜，目標鎖定，並勇往直前邁向理想，就能幫助自己從生命中的枯井脫困，並找到自己的工具。

寓・言・故・事 16
幹活的驢子

今年冬季，農夫買了一隻落魄的驢子回到漂亮的農場，打算讓牠好好幫忙工作。在嚴寒的冬天裡，驢子總會抱怨每天只能吃一些乾草裹腹，牠日夜期盼春天能快些到來，這樣牠就不用忍受冬夜裡的飢餓與寒風的折磨。

驢子每晚在睡前都會想，如果能重新到綠草如茵的田野裡逍遙散步的話，那該有多好！

可是，當冬天一過，主人便把驢子趕去農場幹活，牠每天都有搬不完的泥土或肥料，不單每天累到不能好好的吃上一頓飯，反倒挨揍的情況每天都在上演。這時，驢子每晚在睡前又再抱怨，並希望夏天快點來，這樣主人忙於農作收割，一定沒有時間管自己，這樣自己總能輕鬆地吃個飽飯了吧！

終於夏天到來了，可是這才是真正惡夢的開始，因為收割季節到了，驢子這下真的要吃苦頭了，牠每天被主人鞭策著搬動一袋袋沉甸甸的麥子，一天來回好幾趟，幾乎要壓垮驢子。這時，驢子別說要抱怨，每天帶著疲累的

身體回家吃飯後，便昏睡過去了，只能在心裡盼望夏天快點過去，希望秋季
可以鬆一口氣，再好好的休息吧！

　　誰知，一到秋天，驢子簡直不敢相信眼前的風景，原來這座農場在秋天
才是真正大收成的日子，什麼洋蔥、芹菜、葡萄等全部都熟了，各種收成簡
直是堆積如山、連綿不絕！驢子看到後連眼淚都流出來了，天天起早摸黑，
不是在幹活，就是在去幹活的路上。驢子就這樣艱難地過著日子，每天活在
痛苦與抱怨中，只好又開始期盼冬天的到來。年復一年，驢子就這樣每天過
著抱怨與痛苦的生活。

▍感悟

　　驢子不知道真正聰明的人會懂得珍惜當下，假如牠能在冬天享受輕鬆的
生活，在春天感受處處生機的味道，在夏天欣賞晴天萬里的天空，在秋天看
看那美麗的農地收成，勢必會有不一樣的體會，而不是一味只看到自己所遇
到的壞事，虛度日子。

　　很多時候，不是你所面對的事讓你感到痛苦難過，而是你自己的選擇。
看事情總能兩面看，甚至多面角度去看待的，如果凡事只用自己的角度去判
斷，可能就會忽略了來到身邊的機會與幸福。

9:00

Play 玩

個人經歷分享

　　「玩」是一種娛樂，也是一種學習；對我而言，「玩」更是潛能開發的一個重要媒介。記得初中時，在全校運動會中，只要贏得三項綜合田徑項目冠軍，便能獲得全場總冠軍，而我在首日賽事中，已贏得一項三級跳遠和一項兩百公尺短跑冠軍，這是我在中學生涯中最接近全場總冠軍的成績，所以對於第二天的比賽格外期待。但問題是，最後的項目是一千五百公尺賽跑，是我最弱的一項，平常練習時從未成功在五分半鐘內完成，但我知道如果跑超過五分鐘，也許連前三名都進不了。

　　因為有了從未想過的目標，心裡有著無法抵擋的衝動，當天結束後便立刻到圖書館看看理論，還致電給有經驗的學長取經，哪怕只是臨時抱佛腳也好。到了第二天，我做好充足的準備，早到、充足時間的拉筋、控制水分、飲食、在腦中模擬比賽等等；終於到了比賽場上，當時眼前三十多個選手的臉孔已變得模糊，腦中只有三個字——我要贏。

　　「砰！」隨著起跑槍聲一響，我顧不得分配體力，衝到前頭當了領跑者，四分之三圈（300公尺）跑完，「Nice!比目標快了五秒，繼續加速。」我時刻提醒自己加大步長、加深呼吸、加強擺臂、咬牙堅持，成功跑完第二圈（700公尺）、第三圈（1100公尺），時間跟計畫同步，「Nice! Nice!」直到進入最後一圈時，問題終於出現了，我的體力在前面已嚴重透支，大腦瞬間變得空白，耳朵已聽不到吵雜的歡呼聲，只剩下那一踏又一踏的腳步聲和快要跳出身體似的心跳聲。我記得很清楚，當時我每走一步都想放棄，但卻一次次地踏出下一步，眼前出現的是站到頒獎臺上領獎的一幕，不斷引領我跑完全程，結果成績是五分鐘左右，跑出了個人成績最快，得到第三名，沒有得到全場總冠軍。

　　雖然很可惜，但這次的運動會讓我體會很深，也對我未來的人生埋下一顆重要的種子，我發現，原來競賽、遊戲、「玩」能有效激發潛能！

　　在「玩」的過程中，當人有了想贏的決心時，這驅動力會促使人們更認真地對待學習進而提升自己，並更積極地面對挑戰，甚至視困難於無形，跨越難關。

　　遊戲帶來的經驗，會創造出在日常生活中無法實踐的感覺，將人帶到一個新的現實去，到達一個夢想與現實交接的世界，自我的經驗得到擴張，由簡單變成複雜，使身心、情緒都可以健康均衡地成長。

　　從大學至社會，我一直都是組織活動的積極分子，小至朋友聚會、生日派對、宿舍活動，大至社團活動、商會籌劃、教會的福音營等，我發現，注入遊戲的元素對於任何團體組織實在太重要了。遊戲是快速破冰的方式，亦是最快拆掉假面具的手段，更是發現內在自我的最佳方法。

　　根據過去的經驗，我成功把這套「遊戲理論」順利融入到團隊、組織、系統中，讓每個人不會有任何一刻鐘「活在」沒有遊戲或競賽的環境中。我曾經創造多種不同的遊戲或競賽，去解決所面對的問題，譬如，增加勇氣的遊戲、增添工作樂趣的遊戲、提升演講力的比賽、提高團隊活力的比賽、增強邏輯總結力的比賽、營造競爭氣氛的遊戲、創造銷售佳績的競賽，等等；總而言之，針對各種人事上的問題，我便會自然地把事情遊戲化來解決，讓組織中的每個人能寓工作於娛樂、寓遊戲於學習。

　　關於「解決問題遊戲化」最經典的設計，莫過於我為團隊量身訂做的拓展培訓營，也稱為 Global Galaxy's OutBound Training（簡稱GXY-OBT）。一般傳統的教學或培訓模式是以課堂的方式，老師講、學生學，抄筆記、死記硬背，缺乏靈活性，是填鴨式或講授式的教學模式；正因為我在成長的過程中，接受到中西教育和文化的熏陶，加上後來在社會上跑遍北美澳紐亞太地區，參與過各種各樣的培訓，深刻感受到傳統講授方式的弊端，也許當下聽完會感到很受用、很振奮、很感動，但回去降溫以後，就沒有然後了！

　　顯而易見，傳統以講師為中心、以聽眾為對象的單向知識傳遞方式，是屬於被動學習，對比以聽眾為中心，注重參與體驗和團體互動、強調吸收內

化的主動學習方式，更能提升學習成效和培訓效果；GXY-OBT正是以一種全新的、高效的、個性化的教育模式，透過體驗式、啟發式、遊戲化等等的主動式學習，取代傳統單方面的聆聽、記憶、做題的被動式學習；有助提高合作性、增強團隊之間的黏合性、突破個人心理障礙的關卡、提升領導力，以及個人潛能的啟發。

　　在這個過程中，不同背景的人會組成一隊，透過互相協調，一起為了共同的目標而付諸努力，而遊戲的過程會讓隊友間加強溝通與合作，各自分享不同觀點和情感，認識不同人之間的優勢與劣勢，同時透過彼此了解和培養出信任感來突破重圍，當遇到挫折和困難時也會共度難關。

　　我發現，很多時候那些一開始並不被看好的隊伍，在各種不利的條件之下反而能勝出，究竟為何他們能贏？是運氣？還是戰略？根據多年的觀察，我發現，當我施加適當的壓力時，總能看到一些隊伍爆發潛能，做到平常做不到的事，甚至遠遠超過很多人對自己的認知與理解，把不可能的任務變成可能；在這些隊伍中，隱約能感受到有一種無形的力量支撐著他們團結一心、互相扶持，他們之間有一種「努力不是為了自己，也絕非為了打敗對手，而是為了不拋棄需要幫助的隊友」、「對自己所犯的錯誤會主動負起責任」的精神。

　　至今，所有曾參與 GXY-OBT的人的回饋都是一致好評，讓本來因為自我設限而導致社交溝通出現問題的人產生質的變化、有憂鬱狀況的人參加過後得到改善，甚至有專門設計遊戲的專家來參加，在參與GXY-OBT過後，對它的層次和深度感到非常震撼。

　　當時，這位專家在培訓結束後，給出了這樣的評價：「我很負責任地說，在座各位朋友都是幸福的，我從事相關行業三十多年，參加過也舉辦過海內外超過三百多場的拓展培訓，過去我們會以個別項目，譬如尋寶、徒步、露營、漂流等一系列運動和遊戲為單位，進行訓練及領悟，但從來沒有跳出框框思考突破，我原本帶著過去的驕傲來參加，現在卻懷著謙卑學習的

心情離開，我對 Global Galaxy 有了更深的認識和信心，我很榮幸加入成為其中的一分子。」

我相信遊戲是最好的老師，如果遊戲能使人專注一個事物的話，那麼遊戲也能應用於學習和成長上，這正是我對「玩」的態度。

只會工作不玩耍，再聰明的人也變傻

常聽到有人說：「還玩？你是不是不想及格了！」「不行！辦完正事後才可以玩！」「賺錢都沒時間，哪有空去玩？」……從小到大，這些苦口婆心的教誨從未間斷，彷彿「玩」是大逆不道的事、是做正經事的敵人。

在傳統上也有：「業精於勤，荒於嬉」、「勤有功，戲無益」的觀念，對於「玩」多半採取貶抑、負面的態度，可是時以至今，越來越多研究發現「玩」對於各方面能力的培養、人格發展、身心健康、知識學習上，都會帶來正面的影響。事實上，有研究發現，會玩的人在工作或學習上也會比別人更厲害，所以說越會玩的人反而越容易成功。

當然，在這裡並不是鼓勵沉迷於「玩」至「玩物喪志」的地步，可是相較於一味沉醉在枯燥乏味的工作而變得盲目、不懂變通，適時離開一下埋頭苦幹的崗位，可以讓人找到新的創作靈感和學習新的技能，善用潛意識的力量，讓大腦和身心有適當的放鬆，自然能產生更好的效果；畢竟，愛玩是人的天性。

「玩」在人類的發展過程中有著很重要的作用，不僅是能把焦點從痛苦轉移的管道，也是使人獲得快樂及愉悅的最簡單和最直接的方法。現今世界各地對「玩」已經變得更為重視。許多心理學研究都顯示，有較多機會玩耍的人，在體能和智力表現上都更靈活、更健康，在解決問題的能力上也會更優秀。

　　醫學院副教授福圖納托・巴達格利亞（Fortunato Battaglia）指出，參與帶來愉悅的活動，能有效刺激大腦分泌「腦衍生神經生長因子」（BDNF），促進神經連結得以增長；同時也有益於在大腦負責控制情緒神經細胞的「杏仁核」（Amygdala），以及負責執掌執行功能的「前額葉皮質」（Prefrontal cortex），它的執行範圍包括：計畫、組織、決策、安排行程、預測、承擔責任，以及分析判斷；簡單來說，這些都是在成功路上必備的能力。

　　西方社會中亦有一句諺語：All work and no play makes Jack a dull boy.（只做而不玩會使人變成呆子。）雖然玩的能力有強弱之分，但玩幾乎是不需要經過任何訓練便能得到的能力，是與生俱來的，每個人都能在自由探索與想像的小天地中，玩出精彩。玩不僅有助於小孩和銀髮族的腦部健康，更有助於成功路上的人，從困境變向順境，所以說未來是屬於會玩的人，會玩才是致勝的關鍵。

為什麼會「玩」的人容易成功？

❶會「玩」的人善於溝通表達

　　會「玩」的人對勝利的追求和超越自己的渴望是無止境的，而溝通表達的能力正是致勝的關鍵之一；溝通不僅能讓彼此加深認識、發揮協同效應；對個人而言，良好的溝通能加速了解當下的現況，並獲得更多完成任務所需的重要資訊，例如：現有資源的配置、資源缺乏的地方、優劣勢的分析、不同角度的看法、其他相關人士的感受和情緒、打破人們之間的隔閡、學習到新的知識、發現潛在的危機等等。在不同領域中，都能觀察到溝通的優勢，就像以下幾個典型的例子：

- **職場環境**：職場精英都知道，溝通有助於打破彼此的隔閡、透過同理心了解他人的想法，並能聚集良好的人脈關係網，而人脈即錢脈，有助於推個人事業發展；這也就是「溝通能獲得人脈，加速融入」。

- **運動賽事**：團隊競賽選手知道，與隊友保持溝通能逐步建立默契與和諧，透過了解每個人的優勢和不足、取長補短、合理布局，有助於增加比賽的勝算，這也就是「溝通能獲得共識，出奇制勝」。

- **競爭博弈**：企圖心強的人除了做好內部的溝通，更會主動與競爭對手交流，透過多方面揣摩看出自己的問題，做到知己知彼，所謂「沒有對手就不會成為高手」，往往世界上最了解你的人就是你的對手；這也就是「溝通能學習成長，發現盲點」。

- **電子世界**：角色扮演遊戲（RPG）的高級玩家會知道，大部分提示都可以從非玩家角色（NPC）身上得到，全城問一遍就會發現破關的資訊及條件；這也就是「溝通能獲得資訊，掌握全局」。

- **桌上遊戲「狼人殺」**：假如沒辦法清晰表達自己的立場，有效地說服他人，也許沒等到黑夜來臨，你已被村民投票放逐淘汰了；這也就是「溝通能獲得信任，說服他人」。

- **人氣漫畫《海賊王》（One Piece）**：革命軍東軍軍長貝洛・貝蒂的懸賞金是四位軍隊長中最高的，她是惡魔果實超人系「鼓舞果實」的能力者，能在揮舞旗幟吶喊的同時，激發指定對象的精神與肉體的潛在力量。在一本熱血漫畫中，出現一位個人戰力不高卻擁有如此高的懸賞金，是非常特別的，這也側面帶出，有效溝通所產生的鼓舞作用、發揮隊員的能力，是一項重要的領導能力；這也就是「溝通能鼓舞人心，增強士氣」。

不難發現，在任何的遊戲、活動和競賽中，善於溝通的人都會直接或間接地為成功鋪路，反過來說，**遊戲本身就是一種溝通，如果能進一步透過遊**

戲的設計來提高溝通表達能力，將會有效增加成功的機率。人們通常比較容易在友善有趣的環境裡成長，透過遊戲學習，可以令人在一個輕鬆不受壓力的環境下交流溝通，同時也促進換位思考、面對事情以同理心對待，也可以促進個人成長，強化團隊之間的互動。

❷會「玩」的人擁有高情緒智商

會玩的人，不僅僅適應力強，有清晰的邏輯和說服力，更懂得在重要關頭能穩住心志，抗壓力強，情商高，所以總能化危為機。為了獲得勝利，他們會激勵隊友朝向整體的願景努力，在過程中會致力發揮團隊成員最大的本領，從而帶領團隊走出困境。

情緒商數（簡稱EQ）的高低會直接影響個人核心的競爭力，誰的EQ高，就更容易獲得他人的信任和認可，所以能掌握更好的優質人脈資源，也更容易發掘潛在機遇。

追逐目的的過程中，背負的責任與壓力必然會更多、更大，他們可能被壓力打垮而情緒失控，或者是懂得寓工作於娛樂來釋放壓力，並享受其中，藉此舒緩與排解自己的各種情緒，迎接更大的成就。

會玩的人善於觀察周遭人的情緒變化，懂得以高EQ來面對挑戰，能夠掌握細節並做出未雨綢繆的行動，然後快樂地完成任務，所以比一般人更容易成功。

總的來說，適當的玩不僅能促進情感抒發、釋放壓力，還能讓人培養出高EQ，讓很多問題迎刃而解。

❸會「玩」的人善用潛意識的力量

會玩的人懂得善用潛意識為自己工作；當意識卡住，與其情緒波動，不

如先放下對意識「一定要怎樣」的執著，讓「潛意識」用它的方式去消化、總結，讓自己休息一、兩天後再來想這件事，也許會帶來意想不到的驚喜，這就是潛意識的力量！

即使是沮喪或憤怒時，會玩的人也會自知到情緒的發生，適時地放鬆自己、宣洩情緒，同時借用潛意識的力量繼續完成手頭上的工作，不影響任務的進度。

同樣的，在團隊遇到瓶頸時，不妨讓大家「玩一場」、「吃一餐」、「睡一覺」，在做這些事的時候，本來分散在大家腦中的那些東西，會突然連結起來，讓人靈感乍現、茅塞頓開，有一種「原來如此」的感覺，然後把危機變轉機、從轉機變商機，這也是屢見不鮮的事。

透過「玩」或短暫的放鬆來重整思緒，也是一個寬闊視野的機會，在《思考致富》和《祕密》這兩本書中，分別都提到了潛意識的力量正是致富的關鍵。

❹會「玩」的人懂得3D思維、框外思考

當遇到困難而無法做出抉擇時，會玩的人往往能夠看破眼前的框框，不被限制於其中，因為他們知道，很多時候答案不只是所看到的是與非、對與錯、黑與白，而是存在著兩者以外或兩全其美的解決方案，這便是所謂的3D思維。

會玩的人智商不一定很高，但頭腦一定很靈活，並且懂得換位站在「框外」思考。這也是為何很多心靈雞湯、黑色幽默、脫口秀能發人深省，它們運用的正是透過 3D 思維來讓人看到「盲點」而受到啟發，然後會心一笑，藉由不同角度，去意識到需要改善的地方。

世界名人蘋果公司創辦人史蒂夫·賈伯斯（Steven P. Jobs）曾說：「創造力就是將事件連結起來的能力；利用跳脫思考的方式，將表面上看起來互

不關聯的東西連結起來，從而產生新的局面。」人生只有創造才能前進；只有適應才能生存。

會玩的人通常更具有豐富的創意，創意的泉源來自「做陌生的事」，會玩的人對於新事物的接受度比較高、適應新環境的能力強、好奇心也很大，因此，在遭遇嚴酷考驗時不會被困住腳步，會奮起抗爭，在這個過程中還會經常學習到不同的知識；玩得越多，越可以跳脫思考的框框，甚至激發出更多的嶄新創意，將不可能轉換成機會。

譬如近年風靡全球的密室逃脫遊戲，當玩家被困在遊戲當中逃脫不出時，如果懂得3D思維，打破自我設限，往往都能夠激發創意，帶來出其不意的結果！常言道，思路決定出路，觀念一改變，市場一大片。

凡事跳出框框思考，用更開闊、更全面的3D思維去解決問題；當接觸的人和事多了，見識也多了，想法和思維自然就會不一樣，眼光和格局也會跟著完全不一樣，成功的機率就更大了。

❺會「玩」的人，工作更有衝勁與動力

會玩的人在通關以後，往往會有希望繼續挑戰下一個關卡的衝動，這是因為有想贏的心，希望能到達更高的等級、有更大的舞臺，贏得更多的掌聲、更多的獎勵，甚至會為了獲得更大的成就感，不斷往上爬，對這件事情樂此不疲，這就是「榮譽感」的力量。

因為會玩的人有著不服輸的精神，他們會把失敗當成一種經驗，就算是輸了，必定會重新再來一次，唯有透過練習、調整，方可離成功更進一步。所以會玩的人將玩樂當成是過程中的一種心態，而想要成功，一定要有不服輸且必勝的動力與決心！

在一個組織裡，也可以透過一些有趣的遊戲，來闡述管理中的大道理，透過將目標分段，並由遊戲的方式來增加趣味性，進而引發獨立思考的能力

和落實執行的衝勁，使棘手的問題迎刃而解、使精神低靡的人重振士氣、使整體的氛圍更為積極。如果在過程中懂得將快樂的元素混進其中，不僅能夠使團隊氣氛更有衝勁，成員也會因為獲得樂趣而更有動力去達到目標。當大家都樂在其中，做事便有效率，積極的結果可以強化所有行為，不管在遇到挫折或挑戰時都能夠怡然自得。以遊戲帶動團隊的氣氛，使人做事更加充滿動力，是至關重要的成功元素。

永遠別讓工作環境「沒遊戲或競賽」

Play在英語中的意思是指為了消遣和娛樂而進行身體的或精神的活動，即「玩」、「玩耍」，同時也可指與他人進行「遊戲」、「比賽」或「表演」等意思。

心理學家西格蒙德・佛洛伊德（Sigismund S. Freud）在上一個世紀已經提出，享樂原則（Pleasure Principle）是人類成功的重要因素，是一種極大的推動力。

在生活中，人們常會受到精神與物質的雙重束縛而感到壓抑，這些束縛讓人失去奔向目的和理想的動力，於是人們利用剩餘的精神創造一個自由的世界，它就是遊戲。佛洛伊德認為，玩遊戲（或競賽）能解放在日常生活中被壓抑的情緒，遊戲最開始是以娛樂為目的，助人調節身心、促進愉快感覺、抒發情緒。

隨著時代的發展，遊戲已廣泛被用作教育工具、團隊建設、營銷管理、心理治療、領導管理、潛能開發等多方領域上。在玩遊戲（或競賽）的過程中，很容易讓人參與互動、投入團隊，進而產生體驗感，得到個人成長及發揮潛能。

遊戲能讓人學習到新的知識與技巧，透過心理或身體上的刺激，強化

大腦運作或提高反應的速度，並有效培養其他多項個人能力，如：判斷、執行、觀察、分析、記憶、專注、自信、注意、應變、溝通、學習、忍耐、意志、領導、決策、抗壓、創造、冒險、團隊合作、解決問題、語言表達等等，這些能力正是面對當前世界最需要的能力。

在二十一世紀，單打獨鬥的時代已經過去，無論個人力量有多麼厲害，一己之力都是渺小的，很難獲得成功，只有透過協同作用和團體合作，才是成功的唯一方式。

團隊所能產生的動力是非常驚人的；如果團隊是一盤散沙，團員之間互不信任，互不溝通，甚至互相排擠，沒辦法做到一群人、一件事、一條心往共同的目標奮鬥邁進，也絕對是一場災難。

玩遊戲是小組生活和團體發展不可缺少的一部分，適當地進行遊戲活動，可以給組員帶來歡樂，消除彼此的隔閡，促進友誼的建立，刺激對學習的熱情，發揮組員的潛能，尤其在自我引導的過程中，讓參加者感受到自己的能力並產生自信心。

近年來，已經有不少大學的企業管理學院引進了「商業遊戲」或「管理遊戲」成為正規的科目，目的是提供動態的學習環境，透過學中做、做中學的方式，將現實生活中繁雜的事情排除、簡化，把實際情境轉化為遊戲，讓人暫時放下慣常的邏輯和現實瑣碎的包袱，跳出框框思考，站在不一樣的角度去經歷問題，從而產生新的體驗和啟發，甚至進入心流（Flow）的心理狀態。

遊戲也經常被用作思維訓練的工具，中國的象棋和圍棋就是最好的代表，透過棋局模擬戰爭的攻略運用，在一個棋盤當中呈現戰爭或兩軍對立的形勢，目的是鍛鍊參與者的思維反應，提升縱觀全局的智慧，運籌帷幄，方能勝利在望。

在現在的社會，最後決勝負的是領袖魅力，而領袖力必須在團體中才培養得出來，遊戲體驗正能給予一個絕佳的鍛鍊機會。

　　所以，玩在過去是「想要」，在未來卻是「需要」；如果想提高個人或團隊戰鬥力，就玩起來吧！千萬別讓工作環境變得太乏味。

玩出最佳狀態的「心流」

　　「心流」是由匈牙利裔美籍心理學家米哈里・契克森米哈伊首度提出，定義為一個人全神貫注在某件事而渾然忘我的狀態；面對一項任務或挑戰的時候，人們對所需技能的掌握程度和挑戰本身的難易程度，共同決定了這個人的心理狀態。假如挑戰的難度遠超於個人能力時，將會出現挫敗感，反之，如果挑戰難度太低而個人能力很強，則會讓人覺得無聊，而當所面對的挑戰與自身所具備的能力達到大致平衡的狀態時，人們的內心就會激發出「心流」。

　　「心流」會帶來高度的興奮感及充實感等正向情緒，注意力也會因完全集中而把與活動本身不相干的事物自動排除，包括許多憂慮或擔心等負面情緒，甚至會令人廢寢忘食、忘記「不可能」，將身體或心智能力發揮至極限，以至工作效率和創造力大大提高，即使在沒有利益的誘因下，也會令人嚮往著要重複這種快樂的經驗。好比兩隊旗鼓相當的隊伍在足球場上比賽，即使下著傾盆大雨、體力透支，也會為了爭奪場上的球而樂此不疲，這就是典型進入的心流狀態。

　　米哈里教授指出，透過具結構性的活動、遊戲、比賽，能有效誘導心流的發生，因此，假如能成功把任務或工作「遊戲化」，做到有挑戰性，難度稍微超過當下能力的10%，有明確的目標和計畫，以及階段性的回饋和獎勵，便能夠更容易進入心流狀態，讓人做事的時候，能專注在做事本身的樂趣，讓枯燥的工作在愉悅的心情下完成任務，甚至超額完成任務，這是因為大部分的人天生就喜歡挑戰，渴望成功，盼望勝出，這就是最佳狀態。

遊戲化是什麼？

　　近年來，越來越多個人或組織對遊戲化的應用產生濃厚的興趣。所謂遊戲化，就是把遊戲的元素應用在非遊戲的活動或環境中，藉由人們愛玩遊戲的心理傾向，讓原本乏味的工作或任務變得更有趣的過程。「遊戲化」聽起來輕鬆容易，事實上，要策劃出具有功能性的遊戲並使之成功融入其中，並不容易；以下是設計遊戲時需關注的要點：

- 需要有書面聲明，把主題、遊戲、目標、流程、規則、獎勵等內容清楚列出，避免任何可能讓人產生誤解或表達不清的情況發生。
- 必須階段性追蹤結果，不斷提醒參賽者正在比賽。使用海報、標語、橫幅、進度條、計分板等，讓參賽者意識到現在正在比賽，因而產生競爭意識，人們都會關注數字和分數，渴望了解過去和現在的成績。
- 需要具代表性的配置或設計，彰顯儀式感和榮譽感，讓活動更真實、更權威，例如：徽章、指揮棒、吉祥物。
- 需要有適當的獎勵，帶來鼓舞作用。獎勵是多樣化的，可以是實質的東西，也可以是表揚的性質，重點在於成就感和認同感。
- 需要讓所有參與者都有獲勝的機會，避免只有經驗豐富和優秀的人才能獲勝，可以創造一些變數，加入運氣的元素，添加不可預測性。
- 需要有組織性結構、領導要以身作則，活動要有始有終，即便結果已出來，仍然要堅持到底，不能半途而廢。如果想要做點什麼，那就加大承諾的力度，讓人們看到領導者一直在支持，以點燃人們的熱情。
- 需要階段性表揚優異表現者，表揚可以令人產生被認可的感覺和想繼續贏的動力，在形式上可以是金錢、事物、證書、獎牌、名人榜等；反之，如果沒有任何「榮譽感」和「表揚」，參與者就會變得散漫和消極，不想要展向自我，也不會有存在感。

　　遊戲如人生，人生如遊戲，成功之路往往是披荊斬棘的路，不管選擇面對還是逃避，時間總是會無情地流逝，闖過關是一種經驗，闖不過也是一種經驗。

　　要成功的人需要經驗，所以面對每次挑戰，不管會成功還是失敗，都應該嘗試挑戰，透過「玩」的能力，突破難關，不屈於命運，只要有一口氣、永不妥協、堅持善念，人生怎麼會沒有光明的一天呢？

實・踐・練・習 17
個人挑戰小遊戲

|金句

挑戰讓生命充滿樂趣；克服挑戰讓生命充滿意義。

——知名作家，約書亞・馬里恩（Joshua J. Marine）

|目的

　　枯燥乏味的工作往往會讓人無法感受到奮鬥的樂趣、失去對理想追求的動力，若能注入一些遊戲的元素和獎勵，將會讓工作變得更有趣。

　　本訓練將會介紹四個小遊戲，讓自己與時間、目標進行競賽，進而令工作多添一分樂趣。

練習方式

人類的特別之處，在於我們擁有強大的改造能力，只要你願意，就可以把任何事情轉換成能讓自己覺得快樂且有趣的結果。因此，只有人類能夠改變腦中的神經鏈，使痛苦轉化為快樂。

任何的成功都會經歷一些乏味的基礎工作，假如我們刻意增加一些有趣的小遊戲，不單可以提高工作效率和積極性，也會讓頭腦變得更靈活，意志變得更堅強。當我們靠自己的力量解決問題後，便會獲得成就感，這時如果再給自己適當的獎勵，譬如給自己買一份小禮物、衣服或鞋子、看一場電影、與朋友聚餐、去想去的地方等，任何能讓自己放鬆的事情，這份透過自己努力所爭取回來的獎勵，將會為你帶來更多喜悅快樂，並產生更多前進的動力，進而克服困難。請參考以下四個小遊戲，與自己、與時間、與目標競爭一番，讓工作多添一分樂趣：

❶德州撲克牌

準備一張簡單的願望清單，寫下想要做的事。

→把手上的工作設定為幾個小目標／關卡。

→拿出一副撲克牌，每當完成一個小目標／關卡後，抽一張牌，直到手上有兩張牌，即成局。

→發兩張底牌給對家（假想敵）和五張牌到桌上，然後攤牌。對家與自己的牌分別與桌上任意三張牌組合，依組合牌的大小決定勝負。

→如果贏了得一分，在時限中得三分，可以在願望清單中選出一個小願望來獎勵自己。

❷俄羅斯輪盤

準備一張簡單的願望清單，寫下想要做的事。

→把手上的工作設定為幾個小目標／關卡。

→在手機上找一個輪盤的應用程式，把願望清單以空三格的方式寫在輪盤的空格上。

→在中間隔空的三個空格中，寫上各種需要做的瑣碎工作事情，譬如：整理書桌、跟進頭痛的人等。

→每次達成小目標時，便轉動一次輪盤。如果轉中了工作任務就要完成它；如果轉中了願望清單，則是獎勵自己。

❸抽乒乓球

準備一張簡單的願望清單，寫下想要做的事。

→把手上的工作設定為幾個小目標／關卡。

→準備一個箱子和乒乓球，把願望清單的項目以號碼標記，並寫在乒乓球上。

→按一比三的比例，每一個有願望清單記號的乒乓球，便配上有瑣碎工作事項記號的乒乓球。譬如：整理書桌、跟進頭痛的人等。

→每次達成小目標時，即抽出一個乒乓球。如果抽中了工作任務就要完成它；如果抽中了願望清單，則是獎勵自己。

❹擲飛鏢

準備一張簡單的願望清單，寫下想要做的事。

→把手上的工作設定為幾個小目標／關卡。

→準備一組飛鏢和鏢盤，以紅心離地面173公分的高度掛在牆上，直線距離鏢盤244公分的地上畫投擲線。基本分數設為「101分」。

→每次達成小目標時，可以到投擲線上投射三支飛鏢，遊戲玩法是由基本分數（101）開始倒扣所射中的得分，當基本分數歸零，即可在願望清單中選出一個小願望來獎勵自己。

・小提醒：初級者可以自行調整難易度，如距離、基本分數或取消
「BUST」等設定。

注意事項

・擲飛鏢時，請確保周圍環境安全。

思考

❶提前思考願望清單，如何讓你提高對完成小目標的積極性？

❷當加入小遊戲於工作之中，會帶來什麼不一樣的感受？

❸遊戲中的勝負，如何成功讓你更有效率地完成需要做又不願做的事？

❹努力過後所獲得的獎勵，無論大小，總會讓人更加珍惜與回味，試想
一下，如何讓這些喜悅取代工作的煩惱？

❺按照本訓練的邏輯去思考，你會如何設計適合自己的小遊戲？

總結

很多人會認為遊戲在忙碌的生活中是多餘的，與其浪費時間在玩樂，不
如用心工作，事實上，當你在工作中注入遊戲的元素，包括適當的獎勵做為
鼓勵，反而能提高積極性，進而提高工作效率。

在現今高速發展的社會裡，競爭是無處不在的，要以正確的心態參與這
些競爭遊戲，可以在日常生活中多訓練自己的「致勝心態」。透過這些小遊
戲不斷與自己競賽，逐步培養出Play to Win（為勝利而戰）的精神，而改變
Play not to lose（不輸就好）的態度，加強對自身能力和工作進度的評估力
與掌握力，最後戰勝自己的惰性與拖拉的陋習。

人只要參與在遊戲中，就會覺得很喜樂，假如能把整個人生都變成一個遊戲，可以想像這會多麼讓人期待。立即著手加入遊戲思維，把枯燥乏味的工作／生活變得更有趣吧！

實·踐·練·習 18
DIY設計團隊競賽遊戲

▌金句

藉著遊戲，狼群可以建立族群秩序，並學習各種生存技能。一個善於遊戲的團隊就是一個有希望的團隊。

——《狼道管理思維》原作者，哈佛大學著名學者，諮詢心理學博士，
組織管理學專家，特曼·托爾瑞（Twyman Towery）教授

▌目的

本訓練會初步了解如何設計競賽遊戲，以及策劃團隊競賽時的關鍵要素，透過明確了解團隊的需要，進而構思遊戲內容，並充分發揮遊戲功能，確保遊戲取得理想的效果。

▌練習方式

經常參與團隊活動或遊戲的人，都能在其中認識到自身的優勢和不足。而成功的團隊都會善用這個原理，精心設計各種競賽活動或遊戲，有意識地

引導和啟發人際交往，並激發出參賽者的動機和對工作的熱情。要設計一個好玩又適合團隊需求的競賽遊戲，可以依據以下四個步驟進行思考：

❶**遊戲初步階段的構思**

　　a.**競賽目的：**了解團隊與競賽對象的需要，訂定目的和主題，才能篩選出適合的競賽遊戲。

　　b.**競賽對象：**了解競賽對象的背景、年齡、性別、人數、特性、熟悉程度和遊戲的經驗等資料。

　　c.**競賽條件：**了解競賽場地（室內／室外／雲端）、集會性質、時間長短、時空限制及資源設備等資料。

　　d.**競賽構想：**思考競賽所帶出的訊息，以及此訊息與活動之間的關係，另外，在編排時，應思考競賽是動態的還是靜態的，是簡單的還是複雜的，是鬥力的還是鬥智的。

　　e.**競賽遊戲：**按小組發展等因素而對該競賽做出有目的的編排，由淺入深地串連不同的遊戲，策劃者可以從經驗或遊戲書籍中找尋合適的遊戲，如找不到適合的遊戲，可以嘗試憑想像力和創造力去設計新的遊戲。

　　f.**競賽發揮：**競賽效果會直接受規則和角色分配所影響。
　　因此，在選定競賽內容之後，策劃者應該分析並掌握其三者之間的關係（即角色或工作分配＋規則＝結果），才能有效發揮競賽遊戲的功能。

　　g.**競賽分組：**分組是非常重要的一環，需要花點心思調配。在一個小隊裡，可配置不同性格的人，這樣會產生意想不到的效果。

　　h.**競賽開展：**活動最初的展開及結尾的氣氛非常重要，需要仔細計畫。競賽可以指定報名時間，善用票務制度，營造緊張氣氛，一股作氣把競賽的氛圍帶動起來。

❷遊戲主體設計的原則

　　a.**競賽流向**：因應活動的主題、場景和小組的發展，靈活地調節遊戲的規則、設定、難度及帶領手法，進而達到預設的目的。

　　b.**競賽介紹**：競賽活動內容、賽程、目的與規則，需要簡潔、清晰及有步驟，並應該要有書面介紹，而且要從參賽者的角度出發來說明，盡量避免可能產生誤解的情況。

　　假如參賽者對整個活動都稀里糊塗、不明不白，會嚴重影響他們的積極性與投入度。

　　c.**競賽目標**：競賽要有明確目標，一個值得去實現的目標。目標應符合SMART的原則，既有挑戰性，亦能透過努力而實現為最佳，如能成功引導參賽者進入心流的狀態，即是最大的成功。

　　d.**競賽章程**：競賽要有明確的時間表，何時開始、何時結束，過程中是否有檢查點、報告點等。每個競賽活動都是獨立的，並沒有最理想的時長，需要透過經驗與實質情況去判斷。

　　e.**競賽規則**：競賽要有規則，開賽前應對遊戲規則進行清晰的闡述，並提供公平競爭的機會，參賽者必須在規則所限定的範圍內開展活動，不符規則就是無效。策劃時，應特別注意競賽可能發生的特殊情況，導致競賽出現結構性破壞而無法進行，譬如某參賽者的進程遠超出預設的破關情況。由於沒有人願意參加那種竭盡全力也無法獲勝的比賽，假如這種情況真的發生，應適度調整，讓賽事得以繼續完成。

　　f.**競賽氛圍**：競賽過程中應不斷提醒參賽者比賽「正在進行中」這件事，可以使用海報、標語、橫額、記分板等方式，不斷讓人有置身其中的感覺。同時應對戰況做即時追蹤，定時宣布比賽進展情況，製造競爭氛圍、激發創造力，還能不斷產生動力。

　　g.**競賽代表物**：競賽要有代表性的用具，這會讓比賽更真實、更可

靠、更權威，一般情況可使用與競賽主題或遊戲相關的東西，甚至特意設計具代表性的「吉祥物」亦可。

❸確保遊戲後取得效果

a.**競賽獎勵**：競賽要有適當的獎勵，獎勵方式可分為三類：現金獎勵、獎品獎勵和具意義性的獎勵，如證書、獎章、一個長期釘在牆上的板子上，刻著獲勝者的名字。

獎勵能產生認可感，是競賽最重要的環節之一，即使只是一場簡單而隆重的表揚，也必不可缺。

b.**競賽慶祝會**：如競賽活動後有安排慶祝會，必須遵守HEART（心）的原則，即真心（Heartfelt）、 熱情 （Enthusiastic）、全方位（All-inclusive）、表揚（Recognition）、及時（Timely）

c.**競賽平衡**：競賽要讓所有參賽者都有獲勝的機會，甚至有時需要刻意降低／增加某些族群的優勢或條件，或刻意創造一些機運的元素至競賽中，來維持競賽的平衡性和趣味性。

d.**競賽組織**：競賽需要有組織性，如工作組、主持、有經驗的帶領者，這是確保一個競賽活動能否有條理地進行的關鍵。組織性的策劃能讓參賽者對競賽本身更有信心，他們才會更投入競賽之中。

e.**競賽解說**：競賽結束後要重視解說的部分，目的有兩個：一是解讀競賽的設計理念和意義；二是引導參與該競賽的所有人，分享在競賽活動中的學習、見證和感受。

f.**競賽結尾**：解說的長度和深度可視遊戲具體過程的經歷、團隊與參賽者的需求而決定。若能從參賽者的需求出發，一趟看似平凡無奇的活動經歷，也可以構成一次不一樣的解說，進而達到啟發性的結果。需要注意避免累贅，「見好就收」，否則只會讓大家失去耐性「昏昏欲睡」。

❹策劃者遊戲後的檢討

　　a.**檢討方向**

　　　Ⅰ 對於不足的地方，進行追蹤並思考如何能有效改善。

　　　Ⅱ 歸納總結好的經驗，應用到日後的競賽活動中。

　　b.**競賽效益**：競賽要評估投報率，每個人的時間很寶貴，推動團隊參與競賽也是一種投入，要非常注重在設計和競賽中所產生的效果。

注意事項

- 不強迫參加競賽活動，否則會使人產生對抗情緒。應尊重個人意願，再適時鼓勵他們參加，使其從旁觀者變成參賽者。
- 過分強調勝負會引致爭拗，忽略競賽本意及目的。適當處理遊戲所產生的競爭，引導參賽者以正確的態度面對遊戲中的競爭及得失，明白「勝利是得到，失敗也會學到」的道理，避免盲目追求勝利的行為。
- 任何比賽形式或出於何種動機，都要確保運動精神、職業素養，不要為求競賽勝利而破壞職業操守，此外，安全第一，在介紹比賽內容時，要不斷提醒參與者。

思考

❶競賽遊戲能解決什麼問題？是要促進、建立、深化還是評估關係？是加強合作還是建立信任？是提高業績還是提升團隊競爭力？

❷當參賽者能夠全心投入競賽遊戲當中，會發揮什麼效果？

❸你會如何組合一些簡單的遊戲，成為一個有層次感的競賽？

❹你會如何因應活動的主題、場景和小組的發展，調節並改變一些遊戲規則、設定、難度及帶領手法等，來達到預設的目的？

❺當參賽者了解競賽遊戲每個設定背後的意義時，會有什麼感受？

┃總結

　　一個有競爭力的團隊，會經常展開各種形式的競賽活動。在公平、公開、公正的比賽規則下，能有效發揮激勵的作用，讓人們積極地以競爭的姿態挑戰自我，激發主動解決問題的意識。就像在球場上，許多選手在準備比賽時都會感到興奮激動，想知道自己會有怎樣的表現，期待著結果。不管是專業選手還是業餘愛好者，都希望自己能創造出更好的成績，彰顯自己的進步，並取得勝利。同樣的，團隊也可以用競賽的方式創造競爭的氛圍，讓參與者帶著期待的心情面對挑戰並跨越困難，以達到理想的回報。

　　每次開展比賽，最好是團體賽，一群原本可能不是朋友的人組成團隊後，就會自然形成一種榮辱與共的關係，為了共同的目標而奮鬥，在這過程中，會積極與組員進行交流，認識各自的優勢和不足，並竭盡全力共度難關。假如再加上適當的壓力，便能讓彼此間更加團結──那就是榮譽典章。一個擁有榮譽典章的團隊，會產生強烈的信任度、凝聚力及活力。這力量非常強大，是建立團隊文化根基的重要元素。透過這訓練的流程，構思出一個適合你發展領域的團隊活動，一步步建立打造屬於你的必勝團隊吧！

寓・言・故・事 17
灰太狼學數學

　　灰太狼是灰狼家族中最小的孩子，他很好動也很頑皮，經常在學校與好朋友喜羊羊鬧出很多笑話。

喜羊羊個子矮小，可是讀書成績卻很好，相反的，灰太狼卻是典型的四肢發達、頭腦簡單的類型，尤其對邏輯和數字都特別不靈敏，常常因此鬧了許多笑話。狼媽媽為他找了好多老師，讓他寫了好多練習題，但效果都不盡理想。

有一天晚上，狼媽媽滿懷心事地告訴狼爸爸說：「狼爸爸，你看我們家太狼該怎麼辦，他的數學再不及格，恐怕以後升學都會有困難。」

狼爸爸聽到後想了一下，便說：「別擔心，把這孩子交給我吧！」

第二天早上，狼爸爸對灰太狼說：「灰太狼，你的狼叔叔昨天受傷了，需要修養一陣子，店裡剛好缺人手，這幾天你和喜羊羊一起來幫忙吧！表現好的話，我會帶你們去迪迪樂園玩一整天！」

本來灰太狼一聽到狼爸爸的叫聲，正想快步溜出門，一聽到可以去夢寐以求的迪迪樂園，便遙著尾巴笑嘻嘻地跑回來。

炸雞店裡，狼爸爸讓灰太狼和喜羊羊一同負責算帳，幫忙計算顧客買了什麼，總共要收多少錢。灰太郎一開始手忙腳亂，平常看著叔叔瞄一眼那盤子上的炸雞、薯條、飲料，馬上就知道要收多少錢，怎麼到他手裡卻亂成一團？灰太狼不斷算錯金額，還好喜羊羊一直在旁邊提醒，不然不知道會虧損多少錢！為了能去迪迪公園，灰太狼只好硬著頭皮，一筆一筆算。

慢慢的，灰太狼感覺越來越得心應手，對加減乘除運算不單沒有了恐懼，更因為在工作中不斷與喜洋洋比賽計算速度，偶爾能贏過喜羊羊而感到無比興奮與樂趣。

終於，灰太狼與喜羊羊完成了狼爸爸交辦的任務，並且實現了去迪迪樂園的願望。

感悟

當一個任務被賦予目標、規則、獎勵，便已經具備遊戲的基本元素，在

這個基礎上，如果加上旗鼓相當的對手，更會帶來正面的影響，迎來突破自己的機會。

故事中，狼爸爸知道，數學是生活中不可缺少的一項，當他把灰太狼放到現實生活中體驗數學，並預先讓他知道完成任務後可得到的獎勵，便能讓他短暫模糊「對數字恐懼」的焦點，成功轉移到對旅遊的期待感上，即使過程中遇到困難，也不會選擇逃避。此外，也因為有喜羊羊這位好朋友一起參與其中，產生了好的激勵效果，合作的同時互相切磋、互相成長，這就是遊戲的力量。

寓·言·故·事 18
畢業考題

每年瘋狂動物學院在畢業前，都會舉辦一個盛大的畢業營，今年也不例外。可是，今年烏龜大師希望讓學生在離開學校前留下不一樣的回憶，教給學生最後的一堂課，所以想了很特別的一道考題。

畢業營中，烏龜大師在開幕典禮時說道：「各位優秀的同學，恭喜你們已經成功完成了所有課程，接下來在畢業營中，你們將接受最後一道考題，而且今年只有最後獲勝的一隊能成功畢業，其他人都不會領到畢業證書。」在片刻的寧靜後，瞬間全場的動物都沸騰了，老虎在咆哮著、大象在巴巴叫喊、猴子不斷翻跟斗、鳥兒盤旋著飛，場面十分熱鬧。

烏龜大師接著說：「你們每一隊都會領到一些地圖碎片，裡面有真的，也有假的，接下來幾天，你們將要在遊戲競賽中獲勝，每次勝利便能從別的隊伍手中拿到一張碎片地圖，最後能拼出完整地圖的一隊並來到終點的，就是本屆僅有的一隊畢業生，大家加油！」

各隊為了要拿到更多的碎片，都紛紛使出看家本領，努力認真對待每一場遊戲比賽。三天的時間轉眼即逝，動物們都拚盡全力，可惜各隊互有輸贏，即使是一馬當先贏得最多比賽的兔子隊拿到最多的碎片，也無法拼湊出完整的地圖。

正當動物們一籌莫展之際，熊貓阿波突然提出：「反正大家都沒有拼合完整，要不大家都把碎片拿出來拼湊一下，再去找烏龜大師吧！」大家聽了覺得有道理，便紛紛把自己的碎片放到大桌子上，眾動物東拼一塊西湊一片，終於地圖出來了！

眾動物垂頭喪氣地走到烏龜大師的所在地時，烏龜大師卻笑而不語地看向大家。當大家以為全都沒能畢業時，烏龜大師卻開口說道：「為了獲取勝利，各位在三天裡爆發出驚人的能量，同時在競賽中一直保持遊戲精神，這正是我們學院的精神。關鍵是，最後各位能拋開個人得失，團結一致地完成任務，正是這次考題的答案，你們全都是能夠畢業的『一隊』。永遠記得，大合作才能大成功，團結才能突破重圍，你們正式畢業了！」

自此以後，所有動物出了社會，都成為各界的菁英人才，他們都不曾忘記在這次畢業營中的遊戲競賽學習到的，以及烏龜大師教給他們的「團結就是力量」的道理。

感悟

遊戲是一種放鬆，但不只是放鬆，它是一項必備的訓練，一項嚴肅的專業，一種必有的精神。遊戲不單能激發團隊中每個人的潛能，也能透過親身參與來體會到箇中的道理。正如故事中，烏龜大師透過遊戲規則讓眾動物投入比賽的氛圍之中，卻在最後引出團結的重要性，把他想傳遞的精神深深地打進每隻動物的心裡，從而達到所期待的結果，這正是遊戲的智慧所在。

第四象限
大道篇 Path

> 10:00　　Practice 練習

> 11:00　　Perseverance 堅毅

> 12:00　　Pinnacle 巔峰

10:00
Practice 練習

個人經歷分享

「小伙子又來了！今天又要唸哪一則世界大新聞呢？還好上次聽你說快快放掉原油，不然現在才賣就虧大了！」說話的是一位每天都穿著名牌運動服來公園晨跑的大叔，大家都叫他陳伯，聽說他退休來到墨爾本以前是上海某上市公司的大老闆。

我剛做完熱身運動，準備開始每天早上的演講訓練，便回應說：「陳伯好，今天這麼早呀？五點沒到就來了？我能幫上忙就好，要謝就謝那位路透社的財經專家吧！我就只是看著唸而已，今天我會唸這本書《富爸爸提高你的財商》，等會兒經過來當我觀眾吧。」

「年輕真好，可以的，我回來後聽聽看吧！」黑暗中，老當益壯的陳伯感慨地留下一句話便跑步去了，而我也正式開始演講訓練。

有人說，臺上一分鐘，臺下十年功。記得我第一次上臺演講，臺下不過二、三十人左右，自以為讀大學研究所時常常在教授和同學面前報告進度，就一定能勝任上臺演講，結果我還沒講到一半，臺下的人睡了一半，而另一半不是在為我尷尬，就是在玩手機，真是一次糟透了的體驗，假如當時有一個洞，我想我應該會把自己的頭塞進去吧。

有了這次經歷過後，迫使我認真思考，我的語言能力本來就沒有很強，中文普通話和英語都不是我的母語，加上我本身就是典型的理科男，數理邏輯強而語言能力弱也是情理之中，可是不懂可以學、不會也可以練，如果這是達到目標的一項重要能力，那就練吧！

有了一個專注的方向、挑戰的目標，我就能全神貫注地做到刻意練習，從不會到掌握也只是時間的問題；接下來的日子，我不單每天早上五點趕在跟進紐西蘭市場業務前到附近的公園站著朗讀報紙半小時，以致到後來練著「沒有觀眾」的主題演講，更會錄下來反覆聆聽以察覺錯誤，與其等別人回饋，不如自我監督，把自己的咬字發音的問題一個個修正。不得不說，這個

過程無疑是痛苦的，有人說這世上最好聽的是自己的名字，最難聽的是自己的聲音，確實在剛開始聽到自己的演講錯漏百出加上自己陌生的聲音，確實用了好一陣子才能適應。

　　我發現，在演講練習中，需要從練膽量開始，先克服恐懼心理，接著就是練技巧提高語言能力，最後則是回到內在的練修養，假如說話能恰如其分、有分寸、有文化，同時能讓對方產生共鳴，才是說話的理想境界。

　　隨著一天天的刻意練習，不斷重複演講、聆聽、修正這三個步驟，我的演講能力也隨即提升，甚至後來，我能明顯感受到自己從過去「語言走在思維前面」的詞不達意，進化到「思維走在語言前面」的言之有物，讓自己做到一邊演講，一邊觀察現場的氣氛，進而到站在萬人舞臺也能輕鬆駕馭的場控能力。我相信，這都離不開當時每天早起的「苦修練習」。

　　在我掌握演講精髓的同時，業績也在快速上升，接踵而來的邀請讓我獲得更多走進國際舞臺的機會，其中包括香港灣仔會議展覽中心、新加坡新達城國際會議展覽中心、臺北圓山大飯店、澳洲雪梨國際會議展覽中心、泰國曼谷國際貿易展覽中心、美國鹽湖城鹽宮會議中心、澳洲皇家墨爾本科技大學、香港大學等等盛大的會議擔任講師，小則百人、多則萬人的舞臺，實在是一段寶貴的經歷。

　　曾經聽過一個故事，猶太人媽媽對孩子說：「如果有一天，我們家的房子著火了，你將帶著什麼逃命呢？有一種東西沒有形狀、沒有顏色，也沒有氣味，卻是最珍貴的寶貝，你知道那是什麼嗎？……孩子，你要永遠隨身攜帶的不是錢，也不是鑽石，而是智慧。智慧是任何人都搶不走的，只要你活著，智慧就永遠跟著你。」在精明的猶太人眼裡，所有一切都是有價的，都能失而復得，只有智慧才是永遠相伴相隨的無價之寶，擁有了它，也就擁有了一切。

　　智慧又該如何提升呢？其實智慧也是可以透過練習而得來的。宋朝的〈勸學文〉已說：「書中自有黃金屋，書中自有顏如玉。」培養閱讀的習慣

正是尋獲智慧的開端。每次我搬家時，都會把家中物品分門別類，以「斷捨離」的方式整理，訂定該留與該捨的東西，但是唯一一類我從來不考慮就直接打包的便是「書」。

在我看來，我有今天的成就離不開書櫃上這麼多「老師」的智慧。記得創業初期，每當我碰到什麼不懂的地方，便會找來大量的相關書籍來研究學習，並立即試用上，邊學邊做。可是我遇到的最大挑戰，就是看書太慢了，理科生解方程式容易、讀文章記載難，我看一本書籍往往需要一個月以上的時間，每次不是讀不進去，需要反覆翻閱，便是在睡前看書，從坐著看接著躺著看，手累了便側身看，然後沒看幾行就睡著了。

正所謂沒有對比就沒有傷害，每次看到Karen在閱讀時就像用眼睛照相一般十行俱下，我看完一小半的書，她已經看完整本了，不禁讓我又羨慕又佩服。不過，練習總能帶來驚喜，當閱讀數量達到一定程度時，我明顯發現自己的閱讀能力產生質的變化，甚至能做到一目十行，並快速抓到作者的思路，這是以前沒有過的經驗。十五年過去了，最近一次搬家時，我才發現自己閱讀並收藏的書籍已經突破八百多本，粗略計算平均每年閱讀圖書已超過五十本，真是令人感慨萬千！

在很多領域裡，我們可能都會有老師或教練給予指導，但如果自己不多加練習，便難以駕馭那些不熟悉的技能。所謂「師父領進門，修行看個人」，在課堂上，為何同一個班級的學生，教材一樣、老師一樣，但成績卻有上下之分？是天分還是努力？曾經有一種說法：「天分確實很重要，但到底是誰制定那些衡量天分的標準呢？」多年的經驗下來，我發覺，很多人失敗是因為他們寧願以沒有天分為藉口，而放棄訓練。事實上，我認識的所有優秀人才，其能力都是透過努力而成就的，他們之所以年輕時就獲得成就，只因為努力得比別人早、練習量比別人大。

人生有兩條路，一條用來實踐，一條用來遺憾。**舞臺再大，如果不上臺，永遠是個觀眾；平臺再好，如果不參與，永遠是局外人；能力再大，如**

果不行動，只能看別人成功。只有參與、實幹、拚搏的人才會有收穫！天上不會掉餡餅，努力奮鬥才能夢想成真。正如我的親身經歷，從小因興趣而不斷做練習題，導致後來成為數理科的資優生，因追逐夢想而磨練出演講的能力，因渴望知識而鍛鍊出閱讀的能力，所有都離不開後天的努力、不斷學習精進、將所學內容實踐，才能獲得的。

經由練習產生技能，再從磨練技能中產生慣性，只有經過不斷練習、訓練、磨練、鍛鍊，才會熟能生巧，然後看到奇蹟的出現！

經驗、財富、成功都是累積的過程，經由練習，會更容易發現自己的才能，不妨用心體會並珍惜這個過程，智慧和能力便是在這些累積的小事當中所累積出來的。

成功的人都是經由不斷練習而讓思路越來越清晰，企業家郭台銘就曾說過：「大家都在談學習，往往只注意到學，其實習比學更重要。」成功人士之所以成功，正是因為他們正視練習所帶來的效果；在成功的路上，不只要看準目標、做好準備，更要努力練習，花更多精力與時間將不熟練的事練到駕輕就熟，才是成功的關鍵所在！

何謂「練習」

《說文解字》解釋「習」是由兩個意形字合併而成的會意字，上邊是「羽」，表示鳥的翅膀，下邊是「日」，表示太陽，合起來就是「鳥在陽光下不斷拍打翅膀練習飛翔能力」的意思。

現代人習慣把「學習」當作一個詞組來看，實際上，學是學，習是習，是完全不同的。「學」是透過自學或有人教導而獲得知識或技能的過程，是大腦的記憶，偏重於思想意識的理論領域；而「習」則是鞏固知識或技能的過程，是身體的記憶，偏重於行動的實踐而成為習慣的過程。

關於「學」與「習」，在儒家經典《論語》的開篇第一句話已說：「子曰：學而時習之，不亦說乎？」意思是：孔子說，學到知識後時常練習、複習、實習它，使它變為習慣，不是一件很喜悅的事嗎？

如果比喻「學」為成功的起點，是從零到一的過程，那重複實踐的「習」則是走向成功從一到一百的過程；不學而習，就像零乘以數字，結果還是零；學而後習，則是一乘以數字，習越多數字越大，結果更為豐碩。

在生活中不難發現，對於處理同一件事情，有的人做起來總能游刃有餘，但有的人則會力不從心，其背後的原因就在「習」字，學而不習等於沒學。因此，要是想真正得到真本領，就要達到熟能生巧的地步，學要學到滾瓜爛熟，習要習到運用自如的境界，才是學習的真義；正如中國清朝政治家曾國藩先生說過：「人生之敗非傲即惰，二者必居其一，所以，勤則百弊皆除。」也就是說，人生失敗的原因不是驕傲就是懶惰，而勤奮則能解決大部分的問題。

透過成功之輪前面的三個象限、九個關鍵點、十八個任務，相信你已經更進一步靠近你的目的。第四象限是「大道篇」，是通往成功的最後一里路。此刻，你應該已經掌握了清晰的目標、正面的積極思維、周詳的計畫和行動，以及對人際關係的處理和人性的認知也越發駕輕就熟，可是儘管如此，障礙仍然存在。

這時，你不用懷疑，要相信過去的準備都是為了成功的到來，接下來，唯有透過不斷「練習」，累積自己的厚度與經驗，就可找出突破重圍的道路和方法！

不斷練習、不斷學習、不斷修正、不斷重複，方可朝向所制定的目標持續邁進。

練習是一個重要的過程，我將會在本章的「實踐練習」中介紹兩個可以協助體會和認識練習的方法，以實質、簡單的方式帶領你走向成功，了解你為何而做（觀念）以及如何做（方法），那麼成功將離你越來越近！

「一萬小時法則」，從平凡變成超凡

「一萬小時法則」由作家麥爾坎・葛拉威爾（Malcolm Gladwell）所提出，他在二○○八年出版的暢銷著作《異數》中說到：「人們眼中的天才之所以卓越非凡，並非天資超人一等，而是付出了持續不斷的努力。只要經過一萬個小時的錘鍊，任何人都能從平凡變成超凡。」他透過心理學與社會學知識，分析多位非凡者的成功因素，並探討後天的努力、環境、時機對於成功有多大的影響，最終使這些人得到了截然不同的命運。

葛拉威爾聲稱，「非凡人才」之所以「非凡」，不在於天賦異稟，而是經歷了至少一萬個小時的反覆練習，以每天平均練習三小時、一週七天，大約十年的時間即可達到一萬個小時，從細節入手、逐漸熟練技巧、每天進步一點點，將會掌握基本要領，成為該領域的專家。這恰巧跟唐朝詩人賈島作品〈劍客〉的首句「十年磨一劍」中對於時間的描述不謀而合，僅僅簡單五個字便道出劍客流了多少汗水、度過多少寒冬、經歷多少磨練，才能夠鑄造出一把寶劍，也道出一個人為成功而付出的決心與毅力。

生活中，你也會發現「一萬個小時法則」的例子，只要稍微搜尋關於退休後的第二人生，就會發現許多人在退休後學習從未接觸過的興趣，透過一萬個小時來磨練興趣後，把興趣變成了專業，讓人生更精彩圓滿。偶然會聽到一些勵志故事，像是六十歲取得博士後學位、七十歲開首場音樂會、八十歲的登峰者、九十歲還能參加極限運動等，在退休後依然能在興趣上獲得成就，其關鍵都離不開持續練習。

「一萬小時法則」被推翻了？

佛羅里達州立大學心理學教授安德斯・艾瑞克森（Anders Ericsson），

在《刻意練習》一書中，以原創者的身分解析麥爾坎・葛拉威爾引用他當年的研究報告一事，表明葛拉威爾所提出的「一萬小時法則」過分簡化了當初的研究。他指出，決定個人成就高低的真正關鍵所在，光有練習的「量」是不夠的，還必須兼具練習的「質」。艾瑞克森強調，練習時間的長度只是必要條件之一，盲目的重複並不能帶來成功，還需要考慮其他項目，包括有明確的練習目標、有結構性與策略性的計畫、調整練習難度讓目標永遠稍微高出能力範圍（「玩」篇章中所提及的心流狀態）、練習期間適時收到有效的回饋、保持專注並有足夠的重複次數和練習週期、在這個過程中不斷改正錯誤，還要找出維持動機的方法，這就是所謂「刻意練習」的要領。

從《異數》與《刻意練習》兩本書的見解中得出一個結論，就是高手是可以練出來的，在專業上所投入的練習「量」和「質」，是決定人們能否傑出的關鍵之一。透過不斷練習，身體和大腦會逐漸適應訓練的內容，然後產生肌肉記憶和心理記憶，接著當熟悉度越高，便越能夠快速處理大量信息，理解及消化新資訊的能力也會變得越強，艾瑞克森稱它為「心智表徵」。

所謂外行看熱鬧，內行人看門道，舉例來說，一般人看到圍棋對弈也許只會看到棋盤上黑棋白棋的數量，而圍棋大師卻可以輕易了解哪一方占優勢，以及接下來棋局可能的發展。常言道，高手之間的對決，往往在大腦中已經能模擬出對戰的招式與結果，大概就是這意思了。所以，非凡的人和一般人之間的差異，就是練習的強度和質量。經過年復一年的練習和修正，會一步步改變大腦中的神經迴路，得以創建高度專業化的心智表徵，從而達到預測未來、增強判斷和識別的能力、加速對信息的分析和組織的結果，也使得往後能夠培養和發展各種高級的能力打好基礎，以便在特定的專業領域中表現卓越。

此外，在大量練習的過程中，必須要確保能夠獲得有效的回饋，像在健身房做重量訓練時，除了反覆推拉練習，如果能在過程中獲得教練的回饋指正，然後專注於改進缺失，再次投入練習，不僅會更快看到效果，更會大幅

減少潛在受傷的風險。同樣的，正如在第六篇「準備」中提及關於導師、教練的重要性，成功路上，找到一位你有興趣投入之領域的行業專家，邀請這位專家做為你的良師，協助改進不足、修正缺點，將是非常重要的。練習過程中反覆地獲取建議再調整，能夠讓表現有所成長，進而突破瓶頸，讓這一萬個小時更具威力，更容易在對的方向上達成所設定的目標。

成功無神功，只有基本功

　　各行各業，皆有其專業，而專業之所以獲得認可與肯定，離不開它扎實和厚實的基礎。許多組織在經營一段時間後，都會發現很多的問題都能透過回到基本功（基礎）這個原點上找到答案。從最根本的地方重來一遍，雖然很枯燥乏味，甚至會讓人覺得無聊、沒有意思，可是當不斷重複一而再、再而三的刻意練習，慢慢地基礎會越來越扎實，從「量」生「質」，然後如果持續把它完全學透、學精，更會從「質」變「藝」。

　　「熟能生巧」這個亙古不變的道理，在資訊與知識飛快的數位時代中，更顯得重要。如今，掌握靜態的知識已不再是競爭優勢，將知識轉化成行動力的「練習」，才是成功的必要條件。

　　基本功是一個學習的過程、一項隨身攜帶的工具、一種烙印在身體上的記憶反射，所謂投資在自身能力上只賺不賠，只要真正有下苦功、練好基本功，永遠抱持「第一次學習的新鮮感，以及最後一次學習機會般地珍惜」的態度，努力掌握扎實的實務技能，它會一直陪伴著你度過重重難關，甚至幫助你事半功倍或是東山再起。

　　成功哲學大師吉姆‧羅恩（Jim Rohn）說過：「成功，就是不斷地練習基本動作。」所謂簡單的事情重複做，你就是專家；重複的事情用心做，你就是贏家。成功並不是贏過別人，而是超越自己，透過重複刻意練習，確定

每天比昨天的自己更熟練、更有動力、反應更好、更多解決方法，方向就對了！很多武功高強的人，都要從基本功學起，基本功練得越扎實，加上自己不斷地苦練，功夫自然能高人一等。

既然練習基本功這麼重要，為什麼很多人不願意下苦功去鍛鍊呢？事實上，除了個人的原因，大環境的影響也是導致人們對於刻意練習欠缺積極性的原因。

隨著時代的進步，「快餐文化」已經變成一種常態，許多人耐不住練習根基的苦悶，想在短時間內看到成果，直接進入精彩的部分，因此選擇簡化基本功的訓練；其次，科技的發達讓生活變得更方便舒適，也讓現代人的耐苦程度降低了許多，對於刻意練習枯燥乏味的基本功，也就敬而遠之；還有，關於分享文化的熱忱，人們為了吸引別人的關注和點讚，往往會希望在公眾平臺發布更多亮眼的東西，對於耗時又死板的基本功便會興趣缺缺，提不起精神。

因此，在成功路上，為了不被大環境的變化動搖心志，明確的目標和規劃是非常重要的。善用信念的力量，當別人鼓噪起鬨時，仍能保持初心，不好高騖遠，也不投機取巧，而是不斷往下扎根，才能打下良好的基礎；在大環境的影響下，仍做該做的事，假以時日定能邁向成功的道路，無往不利。

正如古人稱為花中四君子之一，被喻為清雅澹泊、謙謙君子的「竹」子，在剛長出來時，用四年時間不斷往下扎根生長，地面上看到的只有僅僅三公分，而從第五年開始，它將以每天三十公分的速度快速生長，僅僅用六週的時間就長到了十五公尺，這正好表現出根深柢固的力量。

比你優秀的人比你更努力

常聽到有人說：「我已經很努力了！」可是，你是否想過自己把時間和

焦點都放在什麼地方？是否靠近你的目的而前進，還是只為了他人的夢想而努力，當個「上班族」？

被人譽為現代管理學之父的彼得・杜拉克（Peter F. Drucker）曾說一句廣為流行且深入人心的話：「做對的事情是效能，把事情做對是效率，而『做對的事情』比『把事情做對』更為重要。」他還提醒道：「任何人處於領導地位時，最重要的事就是問問自己需要做什麼；並將需要做的事情銘記在心。為什麼這麼多人的領導力都失敗了，有兩個原因：一是他們按照自己『想要』的去做，而不是按照『需要』去做；其次是花費大量的時間和精力去讓別人理解自己。」

歸根究底，優秀的人之所以優秀，是因為懂得把精力投放在正確的事情上，哪怕看起來是費時之事，譬如刻意練習，只要是對目標的達成帶來正面貢獻，便會勇往直前。

刻意練習的過程中，有許多人會浪費唇舌去解釋，希望得到別人的認同，但優秀的人早已把焦點放到修正和提高自己水準的練習上，在堅持不懈地努力過後，最終呈現出來的結果很明顯；接著，當體驗過這種成長的喜悅後，就會更加樂此不疲，也會比別人更努力前進。

對於領導者該如何確定自己知道需要做什麼，杜拉克只說了一句總結：「多問多聽。」承接上文提到的，讓人在刻意練習中能保持動機的關鍵，正是需要有意義的正面回饋，多問多聽的建議正與此不謀而合。這個時代的競爭非常激烈，因為到處都可以取得知識，線上的、線下的，所以人再也沒有偷懶的藉口，努力，是不夠的，刻意練習，才能成功。

另外，有一個在苦練基本功時派上用場的小提醒。每當大腦浮現出：「唉，我已經……」這幾個字時，立刻停住，試著轉念為：「好，我再試一下……」然後再次投入到基本功的練習中，將會收到奇效。英語有句諺語是：Don't let the good life stop you having a great life.（千萬不要讓好生活阻止你擁有更美好的生活。）人們往往以過去的經驗來拒絕或否定學習新

事物，若要克服這個問題，唯一的辦法就是學習如何忘掉所學，敢於從零開始、推倒重練，才能發現過去沒注意到的盲點，再透過知識的獲得來學習，而不是只靠曾經的經驗來學習。

就像在著名武俠小說家古龍在《絕代雙驕》一書中提到的，天下第一劍燕南天的絕世內功「嫁衣神功」，因太過猛烈，當練到六、七成時，就要將練成的功力全數毀去，再從頭練過，毀去後體內猶有餘根，使再練時可事半功倍、增強提純；這與推翻重來的意境可謂相似之極。人生不怕重來，就怕沒有未來，學會選擇和放棄之間的藝術，也許能迎來下一次的高峰。

成功是一個累積的過程，細節決定成敗

常言道：「細節決定成敗。」許多人都希望闖出一番事業，想的都是風光面、排場或派頭，卻又不願意從細節做起，甚至不屑於做瑣碎的小事，最終只空有想法而不落實執行。要知道，凡事都是從小事情開始的，想要有健康體魄，先從運動開始；想要帶動人才，先從言行做起；想要博學多才，先從基礎學起。

老子《道德經》第六十三章中有言：「圖難於其易，為大於其細。天下難事，必作於易；天下大事，必作於細。」意思是說，處理問題要從容易的地方著手，實現遠大理想則要從細微的地方做起，而成就大事的人往往是那些注重細微之處的人。

人們很容易低估每天做出微小進步所能造成的巨大變化，譬如每天進步1%，持續一年365天（$1.01^{365}=37.8$）結果會達到驚人的三十七倍成長的效果，這就是「複利」效應！

如今世界聞名的英國職業自行車隊，在歷史上也曾經有過長達一百一十年的黑暗期，在自行車界中最大的環法自行車賽中從沒奪冠，後來透過新教

練戴夫・布萊爾斯福德（Dave Brailsford）投入的訓練哲學：「微小增長的總和」，即是在任何事情中找到微小提升的空間，加以練習、逐一改善，結果在短短十年間，英國的選手共計拿下一百七十八座世界冠軍，創下多項世界紀錄，以及五次環法自行車賽的勝利，這是自行車運動史上有名的一段輝煌紀錄。

小事小細節雖然看起來很簡單、很平凡，可是說不定哪件小事在關鍵時刻卻是開啟扭轉大局的鑰匙；一點點積累，看起來雖然慢，但是扎實穩健，實際的速度並不比那些求速成的人來得慢。夢想畢竟是夢想，再遠大高尚，要是沒有從小事做起的決心，它也只能停留在幻想而已。

《道德經》第六十四章接著說到：「合抱之木，生於毫末，九層之臺，起於累土；千里之行，始於足下。」意思是說，用雙臂才能合抱的大樹，是生於細小的幼枝；九層高的亭臺，是從第一筐土壘起的；千里遠的路程，是從腳下第一步開始走出來的。

所謂萬丈高樓平地起，許多人都希望找一條讓自己更快走向成功的捷徑，他們不斷尋找、探索，幾乎用盡所有時間在研究方法，可惜的是，在成功的道路上，最佳的捷徑叫作累積經驗，因為知識是累積的、經驗是累積的、財富是累積的、成功也是累積的。

成功不是要贏過別人，而是比昨天的自己更優秀。世上沒有速成的成功，只有累積練習的自己。在發現時機不對的時候，要學會把自己的厚度給積累起來，等到時機來臨的時候，才能發揮力量衝破障礙、奔騰入海，成就自己的生命。

習慣性成功是一種能力

壞習慣是生命的負債，會導致失敗；而好的習慣是生命的資產，是成

功者所追逐的，也是開啟成功與財富的鑰匙，一旦養成，便可終身受益。壞習慣不必刻意營造，因為它是自然而然便能形成的，例如：拖延、抱怨、遲到、逃避、藉口、懶惰……等等；而好的習慣卻需要堅持練習，才能培養起來的。

　　所有成功者都會有改變壞習慣和養成良好習慣的主觀意願，不管是在日常生活、個人操守、待人處事、思維方式、工作態度等方面；這些良好習慣正是導致他們做事總能逢凶化吉、事半功倍的原因。被譽為西方哲學創始人的亞里斯多德（Aristotle）曾說到：「卓越是一門透過訓練和習慣贏得的藝術。」這是古希臘哲學家在兩千多年前就已經悟出的道理，習慣並不是天生的，而是可以後天刻意培養或是被環境影響的。

　　透過反覆練習，把行為變成習慣，再把習慣變成自然反應，讓刻意訓練的內容慢慢融入到潛意識之中，藉由潛意識的力量，使一切美夢逐步成為事實。正如拿破崙・希爾在《思考致富》一書中提到：「向潛意識思維反覆確認或重複指令，最終都會被潛意識思維接受並貫徹執行。潛意識思維能透過現有的最實用手段，將這些指令轉變成與其對等的客觀現實。」因此，可以總結為，當人們透過反覆練習某件事情，它會變成一種習慣，習慣會逐漸強化相關的潛意識，最終潛意識能有效發揮作用，把事情做好。

　　試想一下，如果正面熱情、積極主動、寬以待人、越挫越勇、處變不驚的行為（即成功之輪中的各項重點）能成為一種常態、一種習慣，那麼實現成功的夢想就指日可待了。就像在拳擊比賽中，久經訓練的選手在體力透支、意識模糊的情況下，依然能夠揮出那致命的一拳，反敗為勝，靠的就是身體的自然反應！這一下反擊正是潛意識的操控，是身體透過日久訓練所累積的習慣性動作。

　　如果決心要成功，便立刻開始研究、模仿並練習成功的習慣，善用潛意識的威力，讓身體的每一分每一寸做到即時反應，最後把成功也變成一種習慣，這意謂著你已經擁有「習慣性成功」的能力了！

實·踐·練·習 19
重複的力量

|金句

　　每次重複的能量，不是相加，而是相乘，水滴石穿不是水的力量，而是重複的力量。

——佚名

|目的

　　在進入第四象限大道篇時，必須反覆確認自己是否已經掌握了成功之輪的前三個象限中所指導的各個實踐練習的精髓，本訓練會針對前面的實踐練習，講述當該訓練成功獲得重複的力量時，所表現的狀態與結果。

|練習方式

　　一個懂得重複練習的人會擁有決定性的優勢，而一個人能掌握重複的力量，必將會更加卓越。

　　生活中，常聽到有人說：「太難了」、「我學不會」、「我不是很熟悉」、「快看那強人，好厲害！」事實上，很多時候，我們與強者之間的差距，只差在「重複」這兩個字，一個刻意的「重複」而已。

其實為什麼會難呢？難就難在不熟練，難在你缺乏重複的刻意練習，難在沒有熟悉到變成一種條件反射、信手捏來、融會貫通的境界。就像運動員，他們反覆練習那些基礎動作，到最後做到身體產生記憶，在不知不覺中掌握其知識和技能，這種情況在認知心理學裡稱為「自動化」。如果一個人被自動化越多，能學習更多技能的潛力就越大，事實上，所有潛能開發都是來自於「重複」的練習。

重複的力量是這個世界上最神奇的力量！當你把一種新學的技巧不斷地重複練習，把複雜的事情簡單做，簡單的事情重複做，結果將是驚人的！

請把從「正面」到「玩」的九個篇章中提及的所有實踐練習重新做一遍，直至達到「自動化」模式：

- **Positive 正面**
    - a.**啟動正面思維：**不斷進行有效而正向的自我暗示，刻意把正面思維轉化成生活的一部分，逐漸讓正面思維變成習慣，進而獲得正向潛意識的力量。
    - b.**不抱怨的世界：**持續地中斷抱怨的傾向，逐步減少負面的影響，為自己設立樂觀的典範並打造更美好的自己。

- **Passion 熱情**
    - a.**製作夢想板：**透過反覆觀看或更新，甚至升級夢想板的內容，進而推動自己對夢想有更強烈的追求。
    - b.**來自未來的一封信：**透過反覆閱讀這一封信，激勵自己，為自己帶來能量，不斷提醒當時寫下這封信的感覺，並持續強化對自己的肯定。

- **Proactive 主動**
    - a.**自我評估：**根據該訓練中所提到的判定方式，持續檢視自己對於生活

中不同情境所產生的反應，看看自己是以積極主動還是消極被動的態度，來面對這些情境，進而提醒自己時刻保持積極主動的態度。

b.**踏出第一步：**根據該訓練中所提到的主動學習方式，不斷重複找書（Read）、搜尋（Search）、請教（Ask）這三個關鍵步驟，來發現自己的盲點，進而提升自己的知識面。

- Plan **計畫**

  a.**形勢分析：**重複做SWOT分析法，持續分析自己的優劣勢，提升對事物的敏銳度，把握每次潛在商機、避免危機，進而發揮自己的優勢、扭轉劣勢。

  b.**制定目標：**重複制定SMART目標訓練，可以讓自己更加熟練制定目標與計畫的技巧，進而更有把握地實現目標。

- Preparation **準備**

  a.**成功形象：**透過持續檢視專屬形象的需求來調整個人形象、了解他人對自己的客觀觀點、向適合自己形象的模仿對象學習，進而逐步塑造出符合個人的風格與樹立專屬於自己的個人品味，讓人耳目一新。

  b.**尋找我的導師：**持續主動跟進你的導師，以長期互助為目標，替自己與導師創造雙贏局面。
  不要只貪圖自己的利益，還要同時讓感恩成為一種習慣，才能夠從不同的角度發現自己的盲點，甚至突破瓶頸。

- People **人**

  a.**性格分析：**持續了解自己性格特徵的優劣勢，發掘不同性格之間的差異與不同性格的人的相處之道，不斷提高自身的競爭力，成為一個人際關係的高手，進而獲得更多機會與資源。

b.**如何有效改善人際關係**：透過「說好話」、「做對事」，成功營造出一個正向、優質磁場的氛圍，讓自己成為一個親切且討人喜歡的人，從根本上改善人際關係，並發揮魅力的力量。

• Pain 痛苦

a.**蛻變成長**：持續進行高強度間歇式訓練，將有效提升身體代謝功能，進而增強體能、改善健康，達到身心平衡的結果。

b.**拋開枷鎖**：持續練習參考訓練的方法，掌握隨時拋下煩惱與情緒的能力，走出心靈的陰霾，擺脫負面情緒的捆綁，放下包袱，加速往目標邁進。

• Play 玩

a.**個人挑戰小遊戲**：持續在生活和工作中注入遊戲的元素與獎勵，將會讓每件事情都變得更有趣。學會無時無刻在玩樂中學習、在挑戰中成長，對每個任務都能以愉快的心情完成。

b.**DIY設計團隊競賽遊戲**：透過不間斷地設計不同競賽遊戲，將會持續提升團隊的熱度和凝聚力。

注意事項

• 不要放棄。

思考

❶持續做到以上的練習，對你的心靈上有什麼提升？

❷重複這些訓練，你有什麼新的發現？

❸重複這些訓練，你有什麼樣的感受？

❹你認為完成這些訓練後的下一步，還需要做什麼？

❺你願意為成功付出什麼樣的努力？

總結

　　重複也許不是一個最聰明的學習方法，但這是一個很有效的學習方法，因為重複的過程可以加深印象，使自己對知識點更加鞏固。重複也會累積能量，增強敏銳的辨別力及創造力，淬鍊更強的適應力與應變力。當複習到一定程度時，不妨回頭看以前的知識點，因為這時你的認知可能已經不一樣，過去的點不再是一個單純的知識點，而是一個融會貫通的知識面。

　　因此，雖然重複的過程比較乏味，但重複的力量卻是你通往成功最有效的助力。古人謂水滴石穿、鐵棒成針、賣油翁唯手熟爾，無一不是點出重複的力量，事實上，創業賺錢無不如此！當確定了方向，學會思考和分析，重複便是助你一路披荊斬棘的利劍，所以千萬不要小覷了重複的力量。

實 · 踐 · 練 · 習 20
成功的習慣

金句

　　習慣形成性格，性格決定命運。

　　　　　　　　——現代西方經濟學最有影響的經濟學家之一，

　　　　　　　　約翰·凱恩斯（John M Keynes）

▌目的

　　好習慣會使人受益終身，壞習慣會使人一事無成。本訓練選用十個成功人士必備的習慣為目標，透過不斷練習，逐步養成成功的習慣，就能為未來打下良好的基礎。

▌練習方式

　　生活中常常看到，有些人就像被上天眷顧一般，不管做什麼，總是比別人更容易成功，難道這就是「命運」嗎？

　　事實上，「成也習慣，敗也習慣」，習慣才是決定命運的關鍵。透過刻意培養好的習慣，久了就會成為一個人的修養，也可以說是一種修為，它能彌補與生俱來的習性上的缺失，譬如從小就養成禮讓的習慣，就可以抑止衝動的習性，換句話說就是改變命運。

　　俗話說，好習慣能結善緣，壞習慣則結惡緣。世上幾乎所有成功人士都有一個共通點，那就是他們會將良好習慣融入到日常行為中，直至形成一種生活規律。

　　其實，好習慣並不難養成，過程中也許需要一些耐性，但一旦養成，它必將是你終身的財富。

　　本訓練中，選用了十個成功人士必備的習慣為目標，請透過不斷練習，逐步養成這些良好的習慣。

　　每當你做到一次列表中的「成功習慣」，請在對應的「正」字的虛線上畫一筆。

　　如前文提到，「學」是零到一的過程，「習」是一到一百的過程。當下列的習慣能順利完成一百次，相信你已初步養成該習慣，接著只要繼續持之以恆，積蓄力量，相信你離成功就更近一步了。

❶懂得尊重他人，發現他人優點，發揮合作精神，如：	正	正	正	正	正
・察顏觀色，用心聆聽，懂得挖掘對方的亮點。	正	正	正	正	正
・誠實待人，懂得放下，選擇原諒與包容。	正	正	正	正	正
・保持共贏精神，懂得大合作大成功的道理。	正	正	正	正	正
・常運用腦力激盪，發揮統合綜效（Synergy）的力量。	正	正	正	正	正
❷注重自身品德修養，凡事謹言慎行，如：	正	正	正	正	正
・不顛倒是非，不隨意造謠或毀謗他人。	正	正	正	正	正
・不口出惡言，為自己的言論負責。	正	正	正	正	正
・說好話，做好事，存好心，找對人。	正	正	正	正	正
	正	正	正	正	正
❸擁有正確的理財觀念，做好財務規劃，如：	正	正	正	正	正
・清晰的消費觀念，分清想要還是需要。	正	正	正	正	正
・不亂涉及金錢來往，避免超出能力的花費。	正	正	正	正	正
・重視正現金流，建立管道，創造被動收入。	正	正	正	正	正
	正	正	正	正	正
❹注重家庭關係，關注健康養生，如：	正	正	正	正	正
・尊重兩性關係，思想純正，做到君子禮儀。	正	正	正	正	正
・花時間在重要的人身上；積極與父母談話，孝行就是陪伴。	正	正	正	正	正
・每天堅持運動，健康的體魄是家人的幸福。	正	正	正	正	正
❺做好時間管理，積極參與活動，擴大影響圈，如：	正	正	正	正	正
・守時：早到是準時，準時是遲到。	正	正	正	正	正
・要事第一，做有利於效益的事情。	正	正	正	正	正
・養成主動的習慣，每天多做一件「分外事」。	正	正	正	正	正
・主動與初次見面的人說話，多結識不同領域中有成就的人。	正	正	正	正	正
❻具備解決問題的能力，如：	正	正	正	正	正
・凡事第一反應是找方法，而不是找藉口。	正	正	正	正	正
・不說消極的話，不傳遞負面情緒；問題一出現，立刻正面處理；今日事今日畢，不拖延。	正	正	正	正	正

・積極尋找不同角度的解決方案，懂得和逆境相處，不輕言放棄，在最後關頭不畏懼推倒重練。	
❼付出，珍惜與感恩，如： ・先付出後傑出：明白努力不一定成功，但不努力一定不會獲得真正意義上的成功。 ・做一個有良心、重情義、知珍惜、懂感恩的人。 ・給予，但不求回報：在家裡準備存錢筒，每天投一個硬幣，滿了就捐出去，做到日行一善。	
❽以身作則，言行一致，如： ・做到「說你所做，做你所說」，用心做事。 ・遵守承諾，踏實做人。 ・勇於承擔，不推卸責任。	
❾成功人士的裝扮，打造您的專屬形象，如： ・抬頭挺胸，走路比平時快，說話要有感染力。 ・穿著打扮符合個人風格，展現專業形象。 ・每天出門照鏡子，給自己一個自信的微笑。	
❿堅持自我提升與成長，如： ・記錄重要時刻及靈感，養成總結重點的習慣。 ・學習新知識，培養閱讀習慣，每天看半小時的書。 ・聽取建議，接受批評，勇於承認，不斷改進。 ・永遠保持好奇心，踏出舒適圈，勇於接受挑戰。	

注意事項

・懂得「先完成，後完美」的道理，先從簡單的項目開始，初步養成習慣以後，再提高標準。

・養成習慣的過程中要記錄執行的情況，總結優缺點，優點能幫你提升自信心，缺點能助你加以改進。

・在執行的過程中給予適當的獎勵。

┃思考

❶有什麼陋習是你一直希望改變，卻沒有改變的？

❷在過程中，怎樣才能克服你想放棄的念頭？

❸養成習慣的過程中，有何領悟與啟發？

❹當新的習慣養成後，對你的成功之路有何幫助？

❺你願意付出什麼來養成這些好的成功習慣？

┃總結

　　日常生活中，有四成的行為並不需要多假思索便能自然而成，這就是所謂的習慣。

　　好的習慣不僅能省去很多思考和判斷的時間，讓做事更有效率，省下來的時間和精力還能拿去做其他有意義的事。

　　成功人士做事之所以有效率，是因為他們已經養成了多種好習慣，從個人修養、學習態度、生活方式、理財觀念，以至與人相處、處事方式等，都在刻意地持續培養著。

　　隨著你養成了越來越多的好習慣，這些習慣的力量就會不斷放大、累積，它們彼此之間更會產生互相加乘的效果，你的時間運用效率自然會變得越來越高。

　　第一天跑五公里，會全身痠痛，連續一週跑五公里，會身心疲累，連續一個月跑五公里，精神會變好。

　　很多時候感覺很辛苦，只是因為不習慣而已，當習慣養成為習性，這些都是順理成章的事。重點是，你要開始了嗎？

寓·言·故·事 19
斑鳩逃生

　　有一天，正當斑鳩媽媽咬著幾條小蟲回巢，要給幾隻幼鳥餵食時，不巧掉進獵人的陷阱中，斑鳩媽媽與幼鳥都被獵人捉回去，關在一個籠子裡。斑鳩媽媽非常惱怒，牠急得像熱鍋上的螞蟻，奈何籠子太堅固了，根本不可能偷偷飛走，斑鳩媽媽便轉身告訴幼鳥：「沒事，你們一定要加緊練習，快掌握飛行的技巧！我們一定會離開這裡的！」幼鳥不解地問：「但是這個籠子這麼堅固，我們怎麼可能逃得出去啊？」

　　這時，一直在角落默不作聲的一隻胖斑鳩有氣無力的說：「沒用的，我已經試過很多次了，飛不出去的。」

　　幼鳥有點不安地看著斑鳩媽媽說：「媽媽，我們就算天天練習，但真的有用嗎？」

　　斑鳩媽媽說：「傻孩子，會飛是我們的天性，雖然我們被關起來無處可逃，但我們隨時要做好充足的準備，磨練好自己，只要機會一來，我們肯定用得上的！」

　　於是，斑鳩媽媽每天都帶著幼鳥堅持練習展翅，把牠們的一雙翅膀練得強而有力。胖斑鳩卻很不屑，每天吃飽喝足，倒頭便睡，結果越來越胖。

　　終於有一次，調皮的貓咪不小心把籠子的門打開了，斑鳩媽媽帶著斑鳩幼鳥，用穩健的翅膀衝出籠子，飛往山林，重新回到溫暖的大自然中，而那隻胖斑鳩卻因為太胖了而被卡在門口飛不出去，後悔莫及。

┃感悟

　　謹慎和勤奮總能帶來好運，持續練習遲早會在適當的時候發揮用處。故

事中的斑鳩媽媽沒有因為環境的緣故，而讓斑鳩幼鳥放棄進步、停止學習，相反的，在逆境中，她更加鼓勵幼鳥快快學起來，因為只有持續學習、快速掌握更多的技能，才能應對千變萬化的世界，抓住稍縱即逝的微小機會，取得最終的成功。

寓・言・故・事 20
詩人李白

　　唐朝詩人李白，小時候非常貪玩、不愛學習，是個喜歡搗蛋的小孩。李白的父親為了讓他好好學習，督促他去學堂上讀書，但這些史學、諸子百家、經書非常厚，李白常常讀到一半就覺得特別難懂，所以小時候的他並不愛學習，常常趁人不注意時溜出去玩。

　　有一天，李白像往常一樣偷溜出門，在離家門不遠處的溪邊上，遇到一位白髮蒼蒼的老太太，蹲在溪邊不停地在一塊磨石上磨東西。李白好奇地往前一看，發現老奶奶正在磨一根鐵棍。

　　李白問道：「老奶奶，您在做什麼啊？」

　　奶奶一邊磨一邊回應：「我正在把這根鐵棍慢慢地磨成繡花針啊！」

　　「什麼？要把這根鐵棍磨成又細又小的繡花針？那得要耗費多少時間和精力啊？」李白問道。

　　老奶奶停下手邊的工作，抬起頭微笑地看著李白，對他說：「孩子啊，雖然這根鐵棍很粗，但只要我每天不斷地磨，難道還害怕它不能被我磨成一根針？」

　　李白聽完後恍然大悟，心想：「是啊，只要我天天練習、肯下苦工，再困難的事也能夠克服，做出成績，讀書不也是這樣嗎？」

　　於是李白轉身跑回家，撿起之前被荒廢的書本，開始刻苦自勵地讀書、專心致志地練習，終於成為了著名的浪漫主義詩人。

|感悟

　　熟能生巧，一旦熟練，再困難的事都會變得相對容易。無論做任何事，沒嘗試之前不要一開始就告訴自己「不適合」。之所以覺得很難，往往是因為自己的了解不夠深，花的功夫不夠多，以及不夠熟練而已；很多時候，實際的困難要比想像中的困難小得多。

　　在學習的過程中，更要記得這個概念，不要只是聽過或知道就以為會了、懂了，重點在於「刻意練習」，別人能成功，我們一定也可以，當然這需要一個磨練和學習的過程，練習越多就會越熟悉，熟悉後才能確實地應用，接著才能產生實際的成績。用心學習還有一點更可貴的是，可以讓自己訓練成一個成熟、自信、有技巧，又經得起風浪的人。

11:00
Perseverance 堅毅

個人經歷分享

　　曾有兩位工商管理學碩士學生為了「青年創業成功」的論文題目，前來採訪我。當時，我被問到：「Anthony 老師，是什麼讓您堅持走到最後，成就今天的成功？」

　　當時看到這兩位代表新生代的人才，我回應道：「**如果說練習是通往成功道路的實質行動，堅毅便是通往成功道路的態度**，我相信很多人對於堅毅的理解是既抽象又模糊的。我們不妨看看寶寶學走路，剛開始時經常跌倒，但無論怎樣跌倒，他們都會想辦法爬起來，過程儘管冗長，他們也不會放棄，這是為什麼呢？其實很簡單，因為他們從來不會考慮自己做不做得到、丟不丟臉、能不能成。但成年以後，許多人卻因為別人的一個否定或批評，跌倒了、受委屈了，便忘了初心而選擇放棄，連第一關考驗都過不了。事實上，堅毅地熬過三個考驗：噪音、誘惑、寂靜，就能到達成功的彼岸。」

　　這兩位學生點頭同意並追問道：「能否具體說明這三個考驗的差異？」

　　我回道：「當然可以。不管是創業還是追逐夢想，起步階段總會聽到別人質疑或否定的聲音，我把它稱為『噪音階段』。當別人告訴你『你不行』並質疑你的決定時，一般會有三種可能，第一種是因為他們沒有經驗，不知道要告訴你怎麼做，所以就說一個萬用的建議，提出『多一事不如少一事』，做自己就好的建議，然後他們就可以避免因為給了建議而幫倒忙的風險，就算出了問題也是你的問題，他們也不需要負責。」

　　說到這裡，其中一位帶著黑框眼鏡的學生立即氣憤地說：「是的老師，每次我有好的想法，總有人會叫我不要痴心妄想，做好本分就好，結果當我真的決定放棄，過一陣子他又會說我不思進取，真是氣死我了。」

　　我微笑點頭表示理解，接著說：「當然，也許對方只是無意識的回應，純粹以一個事不關己的角度去隨意評論，像條件反射似的否定別人，但說者無心聽者有意，有一大部分的人卻受到這些話影響而放棄理想。」

　　「至於第二種噪音就是當你的表現與平常不太一樣的時候，別人心中便產生一種違和感與反差感，因為大部分的人對於不對稱和不平衡的狀態都很敏感，當你變得與他們心目中的形象、行為、預期有所不同的時候，便會下意識地認定你失控了，所以為了糾正你的行為，讓你回到他們認同的秩序裡面，便會出於自以為很懂的見解去否定你，可惜很多時候這些人對你要做的事只是一知半解，這種情況又會導致一部分的人因這些錯判分析而對未知產生恐懼，然後選擇放棄；第三種情況是最棘手的，因為這是打著保護你的旗號，出於『為了你好』，免於跌倒受傷或遭受失敗所給出的溺愛建議，這類情況又會導致有部分人為了不讓親友擔心，不得不選擇妥協而放棄。以上都是產生噪音的典型情況。事實上，還有更多來自不同地方的噪音，可能是一則新聞報導，也可以是一檔綜藝節目；在這個階段，夢想就像是一株小幼苗在萌芽的狀態，特別容易受到外界影響而被打倒。」

　　這時一直比較安靜的女學生說：「老師，你讓我想起我爸媽，我知道他們很愛我，什麼都為我著想、幫我決定，所以為了讓他們放心，每次我都不敢跟他們說出真正的想法，其實我一直希望當電競選手，但他們一定不會同意的，我大概已經想像到他們否定我的樣子。老師你一直這麼成功，也會有噪音嗎？」

　　我說：「如果這真的是你的夢想，我建議你主動跟父母說出你的真實想法吧。是的，我當然也會有噪音，而且還很多。當我開始投身到網絡行銷事業時，身邊的朋友也會覺得很不可思議，反差感也很大，都開始懷疑我是否被裁員、沒有工作，才會另覓出路呢？但事實上，當時我在工程領域上正處於高峰期，屢創佳績，還幫公司賺到很多錢，怎麼會被裁員？只是我知道工字不出頭，光靠工作是不會達到我的夢想的。透過學習和研究，我相信網絡行銷正是一個絕佳機會，而我很幸運地選擇了一個安全、穩健，又公平、合法的平臺，是真正可以透過合作共贏的制度來獲得成功的平臺，因此，我能專心一致，不受噪音影響。」

　　黑框眼鏡同學問：「老師，你建議我們如何抵抗這些噪音？我們也很想成功。」

　　「其實不難，**不管是任何質疑還是嘲諷，對抗『噪音』的最佳方法，莫過於『做出成績，用結果說話』**，而對於結果的解讀，我認為即使再小的事，只要有前進就是成長，而這些經驗就是結果，成功也好，失敗也罷，都應該為自己喝采，自我肯定，保持毅力，這正是突破噪音的方法！」

　　這時，女學生已經迫不及待地說：「老師，誘惑考驗是在噪音考驗之後，是否代表漸漸變得更有成就以後，耐不住其他人事物的誘惑，導致放棄自己的初衷呢？」

　　我點頭回應說：「是的，正是如此，很多人當小有成就以後，就自我感覺良好，自認為是大材小用，忘了初衷，一心想著如何能快速賺錢或走向大舞臺，便急著轉換跑道，幻想能夠彎道超車，但其實根基還沒有站穩，就算成功做到了也會搖搖欲墜，操之過急反而適得其反，甚至最後被其他人以合作之名所吞併。還有另一種可怕的誘惑，叫安逸的誘惑！」

　　女學生立即回應說：「這個我知道，如果貪圖安逸，大概就不會想為夢想奮鬥了吧？」

　　我回道：「對的，到了一定的程度，心裡很容易萌生一種『我已經夠好了』的想法，然後妥協於較低的成就而停止前進，這就是誘惑。記得有一年，我獲邀到香港會展中心進行一場演講，因為這是以英語演講，也是我的故鄉，我為了讓這次演講萬無一失，忙碌了整整一星期，當一切準備就緒後，就只等著在這個有近千個座位的禮堂裡大展身手。然而，到了這天的會議我才發現，原來主辦方還安排了一位行業的泰山北斗，同一時間在另一個會議室以中文進行演講，由於參加者大都是習慣聽中文的，因此，來參加我的演講的聽眾只有十多位，而且其中六位是我自己的家人！當時我看著空空的房間，聽著工作人員不斷催促的聲音，已經不是失望，簡直要崩潰了。我一直希望能把光榮時刻送給家人，結果卻變成這種尷尬場面。」

　　我頓了頓又說：「你可曾有過這種經歷？在一個設有八百個座位的大廳裡，對著僅有的十多名聽眾，激情演說，講得口乾舌燥，還得在結束後用積極的態度回應父母那無條件支持的眼神，在這種情境下，那一夜，我反問自己，我明明有能力也有自己的影響圈，甚至已經有風險投資公司向我伸出橄欖枝邀請合作，我是應該繼續還是轉型呢？當時，我有兩種選擇，要麼放棄，要麼堅持，最後我耐住誘惑，決定堅持下去，正是因為當時選擇了堅持自己的路，今天才能徹底改變自己的命運，從平凡走向卓越，成功讓我的生命正面影響更多的生命。」

　　此時，我看著兩位年輕人的眼神中散發著對未來期待的光芒，有一種摩拳擦掌，想要闖出自己一片天的感覺，便繼續說：「你們現在的眼神特別棒，成功就是需要這種眼神，但別忘了，還有最後一關──寂靜。這是最簡單也是最難的一步。簡單在行動、難在心境，日復一日的行動也許會很枯燥，但你就是要面對，這時，你只能靠自己的雙腿堅毅地朝著目的所在的方向走下去，因為世上沒有任何人能代替你完成你的目的，父母不能、同伴不能、老師也不能，這是屬於個人的榮耀；在過程中，你會度過無數個寧靜的夜，酸甜苦辣樣樣俱全，總的來說，這種寂寞、沉靜的感覺有時候也滿折磨人的，你做的事情可能還沒看到成果，但不用害怕，你不是沒有成長，而是在扎根。」

　　我提醒道：「俗話說得好，**一杯水，再燙、再難忍，也不要輕易放手，因為鬆手的那一刻，你失去的不只是水，還有那杯子；一份事業，再難、再有挑戰，也不要輕言放手，因為鬆手的那一刻，你失去的不只是事業，還有你的夢想和尊嚴！**耐心等待成功的到來，正是這段路的關鍵，其實寂靜也可以是一種浪漫，一種享受。」

　　結束時，我看到兩位學生充滿希望和自信的感覺，相信這次採訪除了能做為他們論文的題材，也許已經為他們未來埋下一顆走向成功的種子，我衷心的為他們祝福。

何謂「堅毅」

　　曾經有位教育家針對一群小孩的克制力做了一個簡單的實驗，他送了一堆好吃的糖果給小孩，並告誡在他離開的幾天中，不能偷吃，直到他回來。可是，這位教育家走後沒多久，有些小孩子忍不住就動手吃了，接著其他一些小孩也被帶動開始吃了，只有少數的小孩忍耐到他回來為止。這位教育家過後做了一個追蹤調查，凡是當初有毅力克制自己，沒有在他回來前吃糖的孩子，長大以後的發展前途都比較成功，有的成為法官、有的成為醫生，有的成為行業中的佼佼者，甚至有的成為商界的領袖。同樣的，研製蓄電池整整十年的愛迪生，經過了五萬次以上的失敗仍然堅持下來，最後終於成功發明蓄電池，被人們授與「發明大王」的美稱。

　　所以說，成功都會經歷兩個考驗：堅持和毅力。意志力不夠堅定的人，容易被擊敗、被打垮、失去耐心，而堅毅是一切希望之母，是有助實現理想的橋樑。

　　Perseverance（堅毅），源自於拉丁文perseverantia，原意為嚴格遵守某事，其後引申為個性上的不屈不撓、堅持不懈、毅力、恆心、果決。堅毅是一種永不言敗的精神，儘管遇到障礙、挫折，或是挑戰性高到讓人覺得難受的事，仍可以繼續保持堅定的信念並努力勇往直前，堅持到底。俗話說：「繩鋸能使木斷，滴水可讓石穿，愚公能使山移。」只要有恆心、毅力，再大的困難與阻礙，都能一一突破！

　　堅毅，也常被理解為意志力或持久力，是人們為了達到目的而自覺地克服各種困難與挑戰、努力堅持有耐心地實現的特質。堅毅的人，普遍會有自信、專注力高、自制力強、抗打能力強，不論遇到多少困難都不會輕易放棄目標，反而會繼續嘗試，因此往往會一次次跨過困境，屢創新高，就如英國著名作家狄更斯所說：「頑強的毅力可以征服世界上任何一座高峰。」正是如此。

成功企業家吉姆‧蘭德爾（Jim Randel）透過長達三十多年對成功者的研究，整合了許多成功者的心得；他在《成功：為何不是你？》一書中總結，從古至今，有許多成功事業的成就、經驗、教訓，呈現出種種不一的情況或途徑；如果要推究成功者的關鍵，祕密就是欲望、勤奮、鑽研、決心和堅持，而這些都需要毅力才能做到的；反之，對於失敗者來說，缺乏毅力幾乎是他們的通病。

所以說，如果沒有咬牙撐過的堅毅，就無法跨越成功前的黑暗期，也就實現不了自己的理想。

學會與堅毅並肩作戰，它會幫助你戰勝恐懼、沮喪和冷漠，不斷地增加解決各種問題的能力，把機遇轉變為現實，當你在跌倒後再爬起來時，必然能使人變得更強壯，正如西方著名現代哲學的尼采所言：「殺不死我的，只能讓我更強。」用毅力跨過一個個難關，讓自己成長，成功必定指日可待。

為什麼絕大多數人堅持不下去

有一句英文諺語是：Only through challenge will make you grow.（只有通過考驗，才會讓人成長。）人生都會經過難熬的歷程，它會讓人痛苦甚至崩潰，但熬過了痛苦才會成長。生活總會不定時地往身上掉石頭，又會在不經意的時候讓人看到彩虹，順境逆境不斷交替著輪班出現在生命中。你要相信，走過了痛苦、快樂，經歷了風雨洗禮、歲月磨煉，只要活在希望中，就能看到光明。

無論事情是大是小，阻力必然會源源不斷出現，就像小樹苗在成長的過程中必須學習對抗地心引力的力量一樣，人亦如此，總而言之，是福不是禍，是禍躲不過。

與其抱怨生活缺少光明，總是半途而廢，不如努力爭取每次機會、學習

成長、累積厚度。那些意志力薄弱的人，常會出現「雷聲大、雨點小」的情況，說的時候缺乏思考，做的時候缺乏行動，一旦碰上阻力就頹然喪失了信心；至於意志力稍好的人，則會憑著一鼓作氣衝過難關，可是當三番四次遇到挫折後，也會退縮。

意志力堅強的人，對於「挫折」這兩字本身的定義就不盡相同，挫折對於別人是阻礙、不甘、失望，但堅毅的人卻會視挫折為養分及成功的墊腳石，是走出谷底、逆風翻盤的關鍵因素。

因此，很多人選擇放棄，其主要原因在於意志力的強度；幸運的是，意志力如同肌肉，是可以被鍛鍊出來的；它是一種生理機制，可以透過冥想、運動等等的方式來改善的。

既然堅毅是駛往成功的渡船，是攀上成功的階梯，但為什麼許多人知其然，卻沒有毅力堅持下去呢？根據十多年來培訓精英人才的經歷，我發現那些沒有堅毅走到巔峰的人都會有以下的共同點：

｜・不專心者，難有堅毅

《孟子》說：「成大事者，專注比天分更重要！」成功者往往不是那些天分極高的人，反而屬於那些從一而終，專注細節並全心投入的人。成功路上沒有如果，只有後果和結果，不要懊惱一些已經過去的往事或木已成舟的定局。要專注在你能改變的事情上。

所謂，**不怕事難為，就怕心不專；只要人有恆，萬事都能成。**英文單字FOCUS（焦點），也常被當作 Follow One Course Until Successful的縮寫來使用，即「堅持一個路程直到成功為止」。

可是許多人卻做不到專注，這類人會失敗，是因為凡事三心兩意，略懂皮毛便自以為什麼都懂了，一個目標沒達成，便已經轉移視線到另一個目標上，抱持著坐此山望那山的心態，做事總是虎頭蛇尾，看似很努力，卻像是

竹籃打水一場空，最後也很容易失去耐心、恆心和毅力，結果什麼事情都辦不好。

給這類人的建議是：如果你很容易分心，就請不斷提醒自己最終目的是什麼，想想不專注的話會失去什麼，以及凡事運用清單寫下來，加強專注力。另外，不妨嘗試生理上的配合，例如改吃低升糖食物、做些有氧運動和冥想，透過生理與心理的調整雙管齊下，都是有效提高專注力的好竅門。

｜·不自信者，難有堅毅

被美國公認為最偉大的成功勵志導師、《成功》（ *Success* ）雜誌的創辦人奧里森·馬登（Orison S Marden）在《怕，就會輸一輩子》一書中提到：「如果你不甘平庸，就要擺脫自卑和自我懷疑的心理，這樣你就能漸漸擺脫容易自責和抱怨的習慣。」

馬登又說：「很多人不敢追求成功，不是因為他們追求不到成功，而是因為他們默認了一個『限度』。這個限度會不斷暗示自己，『成功是不可能的』、『這是沒辦法做到的』。」

沒有自信的人容易消極，有負面情緒，還會因為恐懼而不斷將失敗合理化來安慰自己。

總的來說，這類人的失敗，是因為自我設限、把自己框定在舒適圈範圍內，變得墨守成規，總把成功歸功於運氣，往往事情還沒有開始便已預先假設失敗的結果，進而變得患得患失，甚至過分憂鬱。他們也有一個共通點，便是習慣性地放大自己的弱勢、忽略自己的優勢，甚至會因為羨慕而做出無知的模仿、無謂的妒忌，結果樣樣事都不敢放手一搏，就更談不上會有毅力堅持下去了。

給這類人的建議是：如果自信不足，請多學習多鍛鍊，不要看著別人的成功而焦急，要為超越昨天的自己而興奮，一步步建立自己的信心。

|‧不果斷者，難有堅毅

　　人生有三悔，遇良師不學、遇良友不交、遇良機不握。不果斷的人，往往遇事舉棋不定，當機遇來臨時卻猶豫不決，然後喪失成功的機會，就算遇到良師益友或難逢機會，也會因為優柔寡斷徘徊不定而與之擦肩而過。

　　不果斷的人，往往不敢下決定，獨立性差，沒有主見，做事缺乏方法和創意，決策時總是船頭慌鬼、船尾怕賊，對選擇的結果缺乏預判的能力，也無法分析選擇後的利弊，選擇之後又會因有任何不順而後悔，總有說不清的顧慮，經常擔心這個或那個。不像堅毅的人會專注解決問題，他們會選擇後悔當初的決定，希望能有再來一次的機會。事實上，後悔是一種耗費精神的情緒，是比損失更大的損失，比錯誤更大的錯誤。

　　這類人的失敗，是因為常常徘徊在堅持和放棄之間導致心累，他們依賴性強，容易接受外來的人事物的暗示和影響，因而經常改變自己的初衷，把自己搞得心神不定，也把事情搞得不倫不類，結果導致不敢行動，甚至沒有毅力執行當初選擇的任何決定，所以不會成功。

　　給這類人的建議是：如果分析不了，就請跟著自己的內心走，不要有後悔的心態，要相信好事多磨，繼續把事情做好，比站在原地打轉讓機會稍縱即逝更好。

|‧不能自制者，難有堅毅

　　古希臘哲學家柏拉圖（Plato）曾經說過：「所有的勝利，與征服自己的勝利比起來，都是微不足道。征服自己需要更大的勇氣，其勝利也是最光榮的。」

　　這句話說明了，自我控制的能力是可貴的，也是成功人士必備的能力。自制力主要表現在兩個方面：一是心理上，善於克服不利於自己的恐懼、猶

豫、懶惰等；二是實際行動上，善於抑制衝動的行為。自制力也包含了一個人的專注程度、復原能力，以及在情緒方面的掌控。

無論做什麼事，都會有誘惑存在，這個時候，考驗的就是一個人的自制力和定力。有自制力的人往往能夠更好地掌控生活步調、分配時間等等，而沒有足夠自制力的人，則容易被周圍五光十色的東西轉移注意力。

這類人的失敗，是因為不能有效控制欲望，一直做自己想做而不是應做的事，隨心所欲地放縱自己，無法適當約束自己的言行舉止，情緒化且較為衝動，不能順從理性，也不知道如何克制自己，結果把時間浪費在不利於達成目標的地方，不斷被干擾，也就失去了發揮毅力的焦點。

給這類人的建議是：如果自制力差，請先靜下來思考，重新認識自己的優缺點。自制力並不是「強迫」自己做不喜歡的事情，而是讓自己在心理和行為上，與想達成的目的調成同頻後所產生的能力。

▎・無法忍受挫折者，難有堅毅

所有成功人士背後都經歷過無數次的挫折與失敗，而這些挫折正是他們生命中最好的回憶、最寶貴的經驗，往往讓人回味的不是那些順境回憶，反而是那些跨過逆境的回憶，才會讓人有種品嚐陳年老酒一般的滋味。

法國軍事家拿破崙・波拿巴（Napoléon Bonaparte）也說過：「人生的光榮，不在永不失敗，而在於能夠屢敗屢戰。」如果把成功比喻為一朵盛開的玫瑰花，挫折就像是遍布在周圍的荊棘一般，伴隨著成功一同出現，雖然採摘的過程也許會被刺痛，但如果忍受得住挫折的考驗，便能嘗到成功的芬芳。對於一個失敗者來說，挫折就像一座高聳的山峰，但其實坎坷也好，挫折也罷，面對它時只需要擁有一份坦然的心態和一份拚搏的勇氣。

這類人的失敗，是因為不願意面對自己的缺點，逃避現實，愛面子，太過在意別人的目光，忍受不了別人的否定所帶來的挫敗感，甚至對友好的建

議也會產生莫名的抗拒心理，不加以消化便迅即反駁，結果一旦失意便站不起來，導致失去堅持的毅力。

給這類人的建議是：如果沒法忍受挫折所帶來的恐懼，不妨換一個方式想，「吃虧是福，吃苦也是甜」，沒有體驗過不幸的人，反而更不幸，如果今天不忍受挫折，明天將會出現更大的挫折。對比一下利害關係，你會發現挫折與否並不是重點，真正的重點在於對待挫折的態度和處理方式，學會感恩苦難，戰勝苦難，很快就會迎來柳暗花明的一天。

▌‧缺乏企圖心者，難有堅毅

歷史上的第一位億萬富豪與全球首富約翰‧洛克菲勒（John D Rockefeller）有句名言：「沒有『野心』的人不會成就大事，而大部分創業者缺乏的正是野心。」這裡的野心即是企圖心，是一個人達成既定目標或事情的意願。企圖心的強烈程度，取決於意願的大小。意願越強，企圖心就越大，成功的機會就越高。

現代人常會說自己做事很「佛系」，意思大概是：有也行，沒有也行，不求輸贏，一切隨緣。事實上，他們所表達的並非真正佛家之中「緣起性空」的大智慧，而是一種逃避的心態，以為什麼都沒做就是佛系發展，於是沒抱負、沒想法，過一天算一天。

這類人的失敗，是因為面對競爭和壓力時，容易出現怠惰和消極的狀態，老是關注一些與目的不相關的事，然後大發議論，生活中也很容易滿足於那些微小的幸福感，俗稱「小確幸」的低欲望態度，結果導致短暫燃起夢想之後，接著一句「很難」或「算了」就輕易放棄，回到那不滿意的生活方式，完全沒有毅力可言。

給這類人的建議是：如果對企圖心存在抗拒感，不妨轉念想一想佛系其實是一種態度，不是做法，是你拚命做事後，佛系看待結果的平常心，「勝

固欣然，敗亦可喜」，這才是健康的佛系；此外，千萬不要否定金錢的力量，有了錢，你就擁有了重新分配它的權利和資格，不管目的是想拯救誰、幫助誰、回報誰，都能由自己決定，每一分錢都可以讓你離目標更進一步。所以說，有了企圖心，就會有動力和毅力。

選擇放棄前必須要思考的幾件事

著名幽默作家馬克·吐溫（Mark Twain）曾留下這樣的名言：「做過的事，就算失敗了，二十年後還能把它當成笑話。如果連做都沒做的話，二十年後只剩下後悔。」可惜的是，千金難買早知道，萬兩買不了後悔藥，雖然沒必要有勇無謀地挑戰，但生活既然不能回頭，與其中途放棄，為何不試著多踏出一小步，也許前面是絕路，希望在轉角。

你是否曾聽過「最快的腳步不是跨越，而是繼續；最慢的步伐不是小步，而是徘徊？」無論是誰，都會有覺得自己快要堅持不下去的時候，可是，你是否想過放棄代表失去了什麼？又會為之付出多少代價？堅毅又能為人生帶來什麼意義？當你達到極限，想要放棄的時候，不妨先想想以下這幾項，再決定放棄：

- 想想一直信任你、期望你、愛你的人。
- 想想曾經看不起你、恥笑你、否定你的人。
- 想想曾經的自己，如今不是已經成長了嗎？為什麼不給自己多一次的機會呢？
- 想想已經完成了多少事，現在放棄值得嗎？
- 想想繼續做下去的價值。
- 想想你的初衷，選擇放棄的話，你能甘心嗎？

- 其實你沒有失敗，只是在縮減與成功的距離。放棄才是真正的失敗。
- 問題是大還是小，不先請教專家或導師，怎麼能確定這是不可解的事？也許只是自己在鑽牛角尖而已。
- 如果你的人生故事被記錄下來，包括這次的放棄，能否成為小孩的榜樣？父母的榮耀？
- 在八十歲的時候，被孫子問到為什麼當年要選擇放棄追逐夢想，你準備好如何解釋了嗎？
- 回想一下吧！那個非超越不可的「他」，難道你不知道，你的強大是打在「他」臉上最響的耳光？（「他」是誰？你懂的！）

掌握堅毅的竅門

所謂「相信是成功的起點，堅持是成功的終點，學習是成功的基礎，行動是成功的保障」，約翰·洛克菲勒說過：「世界上沒有東西可取代毅力，才幹不行，因為懷才不遇者比比皆是，一事無成的天才很普遍；教育也不行，因為世界上充滿了學而無用的人；只有毅力和決心才能無往不利。」

｜·不斷完成小目標，有助於提高堅毅力

堅毅力可以有計畫性地培養出來，心理學家曾經進行了一項實驗，讓三組不同的隊伍分別朝著十公里以外的三個村子出發；第一組不知道距離、不知道去處，只被告知跟著領隊走即可；第二組則被告知距離和地點，但除此以外，並沒有其他任何資訊；第三組不但清楚知道距離和目的地，而且每一公里都清楚標示距離終點的公里數；結果可想而知，第一組隊伍最慢到達，他們對未知的路況充滿疑慮和擔憂，在過程中頻頻抱怨；第二組隊伍稍快到

達，可是過程中情緒比較低落和疲憊；而第三組隊伍不單最快到達了終點，過程中隊員一直在快樂的氛圍中前進，情緒很興奮。

　　心理學家得出結論：「當人們有了明確的目標，並在行動的過程中能夠不斷對照當下與目標的距離，能有效評估和掌握自己的進度，其動機就會因為獲得積極的回饋而增強信心，並更自覺地克服困難，當每前進一步，便會體驗到『成功的喜悅』，而這種『感覺』將會產生動力，繼續去實現下一個子目標，由此進入一個良性循環。」

　　在一九八〇年代初，馬拉松賽跑中流傳著跟這個心理實驗相呼應的現實故事。兩次奪得世界冠軍的山田本一，在自傳中披露了他獲勝的祕訣，他表示，每次比賽前，他都會走幾遍比賽路線，並仔細記錄好沿途中的標誌，把四十多公里的路程有條理地分解成無數個小目標／小終點，然後在比賽時，每到達一個標誌便期待著衝向下一個，如此類推，達標的喜悅讓他保持著衝勁，繼續堅持地跑完全程，這就是他成功的祕訣。

　　其實人生好比跑馬拉松，在生活中，大部分的人之所以堅持不下去，不是因為太難，而是因為距離目的太遠了。看不到盡頭的路，實在會讓人感到沮喪而放棄，但我們可以從山田本一的故事中學習到，把大目標分解為多個易於達到的小目標和小終點，再加以劃分等級，從小事做起、由易入難、循序漸進，腳踏實地向前邁進，完成小目標所帶來的成就感，將會變成實現大目標的動力，這是一個正面回饋的過程，既可以增強信心，又能鍛鍊毅力，成功自然就在眼前。

・意志力是一種有限的資源，學會「斷捨離」能有效加強毅力

　　成功的人之所以成功，不見得是意志力特別高或堅毅力特別強，而在於懂得選擇什麼「不做」。約翰・洛克菲勒說道：「人生中最令人感到挫折

的，莫過於想做的事太多，結果不但沒有足夠的時間去做，反而是想到每件事的步驟繁多，而被做不到的情緒所震懾，以致一事無成。所以，精明的人只會做與完成最大目的相關的事情，而且專心致志，所以總能做出最有價值的貢獻，並獲得許多好處。」

至於如何更好地抓住重點、遠離瑣碎、保持專注，股神華倫・巴菲特建議了一個簡單又實用的方法，透過三個步驟，確認優先要務。第一步，寫下二十五個目標；第二步，思考並篩選出五個最優先的目標；第三步，認真看清楚其他沒有選擇的二十個目標，然後盡力避開它。

因為人的時間和精力都是有限的，想要成功必須學會先「捨」後「得」的道理，捨得有限，才能擁抱無限，當做出「不做」的決定後，所得到的或許會比所失去的更多。

企業家面臨的挑戰，很多時候不在於他們能做什麼，而是在於面對各種所謂的機會或誘惑時，勇敢說「不」。

當決定好什麼不做之後，事情反而會變得更簡單，內心也會更有衝勁去採取行動。行動的原動力來自於意志力，因此若要停止無意義的決策，可以透過縮減目標的方法，減少做無謂的事情，持續專注在最優先的目標上，能更快找到突破口。

凡事物極必反，沒有目標的忙碌會讓人迷茫，可是目標太多卻會分散精力和時間。卓越和平庸的差距，往往在於能否保持專注，卓越的人往往專注於完成一個個小目標，而平庸的人同時兼顧太多事情卻注定碌碌無為。做事情要有所選擇，有判斷性的「少做」，才是通往效率的途徑。工作中，我們一定要有強烈的價值驅動，將自己的時間和精力集中於「有價值的區域」，才會有效促進意志力和堅毅力。

實・踐・練・習 21
堅持做簡單的事情

｜金句

我不害怕曾經練過一萬種踢法的人，但我害怕針對一種踢法練過一萬次的人。

——國際著名武術家、截拳道創始人，李小龍

｜目的

成功就是堅毅地練習基本動作，能把一件簡單、平凡，且有意義的事做至極致，已經很不簡單。

本訓練選定了兩個一般人都能輕鬆做到卻又無法堅持的項目：跑步和閱讀，來當作挑戰的目標，以達到磨鍊心智的效果。

｜練習方式

日常生活中，一些看似平凡卻有意義的行為，只要堅持執行到成為習慣，就會引發一系列好的連鎖反應，為你帶來豐厚的回報。跑步與閱讀正是其中兩個既平凡又有意義的行為；堅持跑步能紓解壓力、增強體質、磨鍊心志；堅持閱讀能豐富內涵、拓展眼界、磨鍊心性。

這兩個習慣都需要強大的意志力與忍耐力才會有效果，一朝一夕是不會看到明顯差異的。如能保持其中之一，已比一般人優秀；若能同時保持兩個習慣，必將改變一個人的氣質並成就一番成就，因為這樣的人會特別自律，

逐漸營造出堅毅的精神，並獲得強大的專注力和自信，最終達到改變自己命運的結果。

堅持跑步

❶跑前準備：一雙跑鞋、合適的服裝，選好適當的時間、地點。

❷跑前熱身：做好足夠的伸展動作，避免運動傷害。

❸開始跑步：開始一趟快樂的旅程。

❹跑步過後：做好緩和收操運動，伸展身體，補充養分，充分休息。

❺建立規律運動的習慣，逐步增加難度。

❻替代方案：如果遇到特定因素（例如天氣）不能跑步時，準備好替代方案可以持續運動。

堅持閱讀：

❶從小事做起，剛開始培養閱讀習慣時，每天固定看十分鐘即可，然後再循序漸進地拉長時間。

❷關於如何找書看，可參考第四篇「主動」裡的訓練「踏出第一步」。

❸了解成功人士都會看什麼書，多去書店購買不同領域的暢銷書籍。

❹擬定閱讀願望清單，同時閱讀一本以上的書。

❺找到自己的書友，可以互相監督、討論、激勵、推薦。

❻讓看書成為一種享受，準備好舒適的閱讀環境。

▎注意事項

・如果身體不適合跑步，譬如有膝蓋問題的人，建議改用滑步機、游泳或其他合適的運動來替代。

・運動強度要適可而止，用心聆聽身體發出的訊號，做出適當的調整。

思考

❶堅持的過程中，假如遇到困難，你會如何克服？

❷每當成功克服時，你會如何獎勵自己？

❸堅持跑步和閱讀，對你的成功有什麼幫助？

❹你的領域中，有什麼事情是簡單有意義，卻難以堅持的事？

❺假如在成功路上無法堅持，你認為會失去什麼？

總結

「在成功的道路上沒有奇蹟，只有累積。」如果想要成功，就必須認定一件事，然後堅持到底。世上沒有什麼事情可以只做一次就「輕鬆」成功的，而是從無止境的堅持中得來的。

所謂成功，就是簡單的事情堅持做，重複做，用心做。播種和收穫不會在同一個季節，不管做什麼，都不要急於回報。當播種後，持續用心灌溉，總會迎來收成的一天。

事實上，成功者不一定是最聰明、最有天賦的那一個，但他們一定是意志最堅定且用心去做事的那一個，他們對自己有一定的要求，長年累月的累積下來，他們與普通人之間的差距便會越來越明顯。

一個人如果沒有真正的努力過、用心拚搏過，那就不叫有過真正的人生，只要你朝著目的保持做好每件事，走好每一步，終究會有資格去抉擇本身想要的人生。

成功路上沒有失敗，只有放棄！所謂「剩」者為王，這裡的「剩」並不是勝利的勝，而是剩下的剩，與其淺嚐輒止，不如鍥而不捨，當這一秒選擇堅持，或許在下一秒便能見證奇蹟的出現，只有堅持到底才能笑到最後，這正是堅毅的力量！

實·踐·練·習 22
沉澱靜思

▌金句

冥想是簡單、謙卑的過程，實現內心的寧靜，就會透過寧靜看待一切。

——美國暢銷書作家，克利亞瑜伽大師，瑜伽訓練專家，

托賓·布萊克（Tobin Blake）

▌目的

「冥想」（Meditation）是一種心性鍛鍊法，其目的是為了讓人集中精神、放鬆心靈，得到內心深處的平靜。本訓練會透過冥想練習，讓你沉澱靜思、認識自己，並把正念冥想的思維方法融入到日常生活中，以達到增強堅毅力、發揮「靜止的力量」的結果。

▌練習方式

❶了解為什麼要練習冥想

在紛繁複雜的社會中，緊隨著節奏急促的生活，各種壓力和欲望時刻都會纏繞著我們，讓人容易憂鬱、煩躁、迷失，如果想為自己找到片刻的寧靜、一個心靈的「世外桃源」，冥想就是一種非常好的方法。

近年來，冥想已逐漸去宗教化和去神祕化，並開始與科學並軌。科學家發現，冥想能夠緩解心理壓力、減輕焦慮和憂鬱、提高睡眠品質、調節神經分泌系統、全面提高生活質量。對於個人而言，冥想也能有效增強自我意

識，提高忍耐力、自制力、專注力、判斷力、創造力、記憶力、理解力等多項能力。

　　雖然冥想的效果無法被具體化，但它就像健身一樣能鍛鍊和強化我們的大腦，只要堅持練習三到六個月，就能發覺一些變化。慢慢的，你會發現自己不僅變得有更強的抗壓能力，而且比以前更專注和高效，能讓自己成為一個更有自信、正向的人，贏得更加幸福美滿的人生。

❷認識冥想是什麼

　　很多人認為冥想相當空泛，究竟何謂冥想？其實冥想是一種心性鍛鍊法，可以磨練專注力和意志力。冥想是一個西方化的稱呼，在中國被稱為「內觀」。

　　冥想已經實踐了數千年，其核心概念就是透過內觀靜坐，調整呼吸，專注於審視自己的內心和想法，聆聽內心的聲音，讓心靈進入深度的寧靜狀態。接著，如果能規律地堅持練習正念冥想，將會使思緒進入更高的意識層面，把知覺和思維從原本被限制、框定的範圍內掙脫出來，進而從更高、更全面的視角來看待過去的人事物。

❸正式開始冥想的步驟

　　冥想一點也不神祕，方法也是越簡單越好。唯一需要的只是堅定的意念，讓自己每天有耐心的練習。透過以下九個簡單的步驟，在幾分鐘內你就可以開始練習冥想（初學者可以找專家協助，或使用一些APP應用程式協助上手）。

　　Ⅰ找一個安靜、通風、不要太亮的地方，注意保暖。注意：太吵或太暗，太熱或太冷，都會影響效果。

　　Ⅱ早晨醒來精神最為飽滿、沒有太多雜念，是練習冥想的最佳時間，

而選擇在中午冥想，則可以提高休息效率，確保下午的工作精力。注意：晚上練習時，因身心比較疲憊，容易入睡而影響效果。

Ⅲ 設定鬧鐘，初學者可以從五分鐘開始練，習慣後再逐步延長時間，建議最佳時長為十五分鐘。注意：鬧鐘的鈴聲盡量不要太大聲或刺耳；練習的頻率比單次練習的時間長度更重要，每天練十分鐘比每週一次一小時的效果更好。

Ⅳ 播放適合的音樂，譬如靜心音樂、放鬆音樂、正念音樂，有助引導進入冥想狀態。注意：把手機鈴聲關掉；也可以點香薰蠟燭、精油來放鬆心情。

Ⅴ 可以坐在椅子上、盤腿或躺下，拿下眼鏡、皮帶。放鬆肩膀和腹部，雙手放腿上，就可以開始了。注意：不要糾結於所謂「完美」的姿勢；舒適自在，沒有緊張感即可；過程中，若想抓癢，試著不要去抓，用改變姿勢來控制衝動。

Ⅵ 閉上雙眼，想像眉心中有一束光，把意識放在其中；專注於吸與呼氣息的進出，然後想像自己置身於一個透明的球中間被包圍著，慢慢吸氣、心中數一，吸滿，再慢慢吐氣，然後再慢慢吸氣，心中數二，如此類推數到十，再從一開始數，保持固定的呼吸頻率，想像讓呼吸的空氣充滿每個細胞。在實行時，呼吸會逐次減緩，減少到一分鐘四次，但那不是憋氣，而是慢慢地吸氣、呼氣。

Ⅶ 觀察身體的感覺：冥想時，讓呼吸保持暢順，感受身體當時的狀態，觀察當空氣進入到肺部和丹田的感覺，並由上到下再由下到上掃描一遍，如果發現緊繃的部位，可以讓意識與之溝通，讓它放鬆；如果剛開始覺得很難，可以先把注意力只放在呼吸上。

Ⅷ 每次恍神或者有別的念頭，不必緊張，也不用強迫自己不要想它，因為這樣停止雜念很傷精神。

可以想像你坐在馬路旁邊，這些想法就像高速公路的車子在眼前走過

一樣，進來了、離開了，只需要簡單的把思緒引導回呼吸上和身體的觸覺上即可。

IX 感恩之心：即將結束的時候，嘗試找出一切美好的事，並學會讚美它、表揚它、感恩它，就算是生命中最簡單的事。以感恩的心來結束冥想過程，會讓心裡更舒暢，讓人對未來的生活更加樂觀。

一旦開始建立冥想的基礎，就可以親身體驗到所有的好處，享受冥想帶來的平靜與美好，也會更有動力繼續練習。堅持長期練習下來，身體和腦袋會慢慢培養出習慣，做到快速進入冥想的狀態，在遇到困境時，也能立即發揮更強的專注力及意志力。

注意事項

· 冥想不一定適合所有人：對於本質上不接受冥想，或患有嚴重心理健康問題的人，需要有專業老師輔導，才能在冥想練習中受益，否則可能會因為冥想而產生更多的問題。

· 在開始前，請先評估自己的心理健康，如有需要，請尋求醫生提供專業建議。

思考

❶ 在冥想的過程中，會遇到哪些挑戰？

❷ 遇到這些挑戰時，你會如何克服它？

❸ 在冥想的過程中，你受到哪些啟發？

❹ 熟練冥想的練習時，你發現在哪些方面有所提升？

❺ 在冥想練習過後，你所獲得的收穫要如何應用在成功路上？

┃總結

　　成功的人必備條件之一，就是：專注。他們會專注於最有價值、最擅長、最核心的事，最終以高效率的方法來完成目標。專注是一種境界，是心無旁鶩地做一件事情。

　　為了做到這一點，就必須習慣性地排除一切雜念的干擾，然後集中精神能量在某一特定的想法或事情上，否則如果在成功前轉移方向，就可能會前功盡廢。

　　冥想的核心概念就是專注於思緒，整個過程都需要把注意力放在呼吸、思想和感受上，因此當堅持這個練習，久而久之自然能養成專注的習慣，甚至讓專注變成一種無意識的行為。

　　即使不是在冥想練習時，也能收放自如，自動抑制思維離散，控制渙散的精神，讓堅毅的精神變得悠然自得、得心應手。

寓・言・故・事 21
敲動生命的大鐵球

　　突如其來的一則新聞報導，引起了日本營銷界的轟動，位居五大營銷大師之首的清水老師即將引退，並且在一個月後舉辦一場告別演說。據說在會議當天，清水老師將會把畢生經驗的心血結晶，傳給來到現場的有緣人，也是因為這個傳聞，除了營銷界的菁英以外，連許多跨業界的頂尖高手都按捺不住，慕名而來。

　　國際會議中心負責售票的人員表示，萬人的觀眾席不到十分鐘便一掃而空，比許多演唱會門票還搶手。

　　會議當天，許多人早早就已經來排隊等候，生怕來晚了，便成為不了那個有緣人，得不到大師的真傳。

　　來自保險業、廣告業、品牌行銷業等人，陸陸續續來到現場，會議也正式開始了。

　　七十歲的清水老師穿著一身和服，慢慢走到舞臺中間，以微笑回應眾人的掌聲。

　　這時，舞臺上的燈光暗了下來，會場一邊出現了四名彪形大漢，他們合力抬著一個鐵架走到臺上，鐵架下垂著一顆直徑足足有五公尺長的鐵球。當大家還不明所以的時候，清水大師已經站到鐵球邊，並從和服裡拿出一根小錘子，敲打了鐵球一下，鐵球沒有動，過了五秒，他又敲了一下，鐵球還是沒動。

　　如此這般，清水大師每隔五秒便敲一下鐵球，就這樣持續不斷地敲了一段時間，鐵球還是動也不動。

　　漸漸地，十分鐘、三十分鐘、一個小時都過去了，鐵球絲毫未動，觀眾席上已經有人開始騷動了，陸續有人離場而去，甚至有人叫囂著退票來發洩心中的不滿。

　　可是清水大師還是不為所動，專注地持續每隔五秒敲一次鐵球的動作，彷彿他與其他所有事物已隔絕開來一般，靜靜地敲鐵球。觀眾越走越多，最後留下來的不到幾百人，時間也已經過去兩個多小時了。

　　在漫長而平靜的等待中，突然，有一名女士尖叫道：「球動了！」剎那間，會場安靜了下來，他們看著本來靜止的鐵球，竟然微微地動了一下，清水大師依舊拿著小錘子，慢慢地敲著鐵球。

　　觀眾大氣都不敢呼，聚精會神地看著鐵球以非常微小的幅度，開始慢慢盪了起來，接著，鐵球在清水大師的敲打下，幅度越盪越大，發出「哐、哐」的聲響，震撼著在場的每一位，眾人為大師爆出了熱烈的掌聲。

　　隨即，清水大師放下了小錘子說道：「成功就是以毅力每天進步一些

些。在成功的道路上，如果你沒有耐心去等待成功的到來，那麼，你只能用一輩子的生命去面對失敗。」

|感悟

　　成功就是簡單的事情重複去做，以這種持續的毅力每天進步0.1，當成功來臨的時候，要擋都擋不住。

　　故事中，許多觀眾一開始懷著看熱鬧或碰運氣的心情來到現場，因為過程中的枯燥乏味而沒法忍耐，好比很多人對成功的意志一樣，剛開始時熱情滿滿，但一段時間後卻又耐不住誘惑或寂靜而放棄。說白了，成功其實從沒消失，一直都在，只不過許多人太早離席而已。

寓·言·故·事 22
穿越沙漠

　　灼熱的高溫下，有兩位年輕人正在試圖走出這片綿延千里的沙漠。就在昨天，飛機師阿偉與工程師阿德因為遇上沙塵暴而墜機到沙漠地帶，幸好兩人都沒有因此喪失性命，可是面對浩瀚的沙漠，兩人心裡卻又沒有了底。

　　為了找到訊號更強的地方，兩人不得不邁步前進，便帶上必須的物資離開了。

　　世上總是禍不單行，阿偉與阿德走了一整天，依然沒找到能接收訊號的地方，過了一夜，水也已經喝得一大半了。第二天早上，阿德更是因為缺水而中暑，經過一番討論，他們都覺得這樣下去在沙漠中只能等死，於是決定讓阿偉一人出去尋找訊號，請求救援。

　　阿偉把防身用的手槍交給阿德，並告訴他：「這手槍裡有五顆子彈，我離開後，你每隔兩個小時就往天空發射一槍，這樣我就能依照聲音的方向來跟你會合！」說完後便出發找尋水源和救援了。

　　隨著時間分分秒秒的流逝，獨自留下的阿德知道如果自己什麼都不做，單純地等待，只會讓心中越來越不安。

　　為了不讓自己萌生消極的情緒，阿德計畫好每段時間的喝水量，調好下次開槍的時間，便盤膝靜坐，減少能量的消耗，同時不斷想像脫離這次險境之後的畫面。

　　沙漠中，一次又一次的槍聲劃破天際，卻都沒有回應，只有阿德一個人以驚人的意志力和毅力對抗著惡劣的天氣。終於，子彈只剩下最後一發了，大腦中想要了斷自己的念頭一閃而過，可是最終阿德仍然選擇堅持到底，沒有失去理智，而奇蹟也出現了！這最後的槍聲響後不久，阿偉與直升機救援隊抵達，阿德終於獲救了。

┃感悟

　　當處於緊要關頭的時候，要消除想像中的壓力和恐懼，就要控制自己的情緒，耐住寂靜的階段，鎮定自若地勇敢對抗險惡的心魔，而不是放棄自己求生的信念和對生活的熱愛。

　　很多時候，打敗自己的不是外部環境，而是自己。

　　故事中，在阿德的處境裡，堅持或放棄沒有對錯之分，只有一念之差，堅持也許會成、也許不會，可是阿德知道放棄即是結束，堅持還能有機會，他在兩者之間選擇了後者。

　　成功路上亦是如此，唯有經得起風雨及種種考驗的人，才能成為最後的勝利者。所以，如果一定要成功，即使最後關頭也絕不輕言放棄，永遠相信：成功者永不放棄，放棄者永不成功！

12:00

Pinnacle 巔峰

個人經歷分享

登頂後觀望到的風景，更加啟發人心。

有了清晰的目的、懷著正確心態、採取實際行動、善於洞察人性、專注貫徹到底，終於在幾年的努力下，我迎來了首個成功之輪的巔峰，成功獲得人生真正的財富與自主。

我知道自己的收入已經完全掌握在自己手裡，以我看來，沒有什麼比這個更能樹立一個人的自信心了。對比過去「專業人士」的思維模式（以自身專業技能及時間來賺取金錢），成功轉換成「企業家」的思維模式（建立一套有規律、有價值的系統，從而帶來實質的回報），也成功改變了過去對金錢的錯誤觀念，了解更多的槓桿原理，獲得正確的理財智慧、健康智慧、財商教育、財務信息，並建立一個完整的人脈網，讓我能緊貼著瞬息萬變的市場，時刻以最快的速度收集所需要的相關資訊，協助做出決定，從而增加各種事業發展與投資的收益。

不過，最讓我感到自豪的是，我的生活隨著靈活財務所帶來的自主而徹底改變，生活水準在日益提高的同時，安排起來也更加充滿彈性，因為我有了更多的時間，一方面可以自行決定什麼時候工作、在哪裡工作、做什麼事、與誰合作；另一方面也可以隨時陪伴父母做他們想做的事，完成他們的心願，也不會錯失了孩子成長的每一個重要時刻，能夠創造更多家人之間美好的回憶。

有人說，陪伴也許是世上最奢侈又難得的禮物，因為不管創業還是工作，時間都會被切割得越來越細碎，能有一段完整的時間陪伴身邊的人，或是讓自己靜一靜，都越來越難。

我非常能體會這種感覺，當我還是一個以時間換取收入的專業人士時，這些都是想都不敢想的奢侈之舉，偶然陪伴易，隨時陪伴難，而且在不靠其他的資助下，還能毫無經濟負擔的陪伴更是難上加難。

　　從二〇〇九年九月九日九點宣布辭掉工程師的職位那一天起，我正式踏入創業之路，就知道這是一條有風險的道路。我賭上在工程界將近十年的投入、孤身在外生活的經濟壓力；假如沒有在網絡行銷的事業中學到的那些財商知識，或者沒有意識到自己能在這平臺上充分運用這些知識，也許當時我未必有勇氣做出那個決定，所幸最後我成功了。

　　我知道，自己還有很多東西要學習，也知道在實現自己的下一個成功之輪的巔峰前，還會遭遇很多次失敗，但是，我並沒有因此而感到畏懼，相反的，我對未來充滿信心。我認識很多人，他們並沒有意識到自己的潛能，因為除了自己的「專業」，他們不敢離開那舒適圈，我想要鼓勵他們：「不要害怕，勇敢地追求自己的夢想吧，因為成功只需要一個理由；與其做一個有價錢的人，不如做一個有價值的人。」

　　當時創業期間，我最喜歡看的是《管道的故事》一書，尤其在失意時更是以此來勉勵自己，想像著有一天成功建立自己的管道後，一定要學「柏波羅」一樣把自己成功的經驗分享出去。因此，在我獲得成功後的十年期間，我從來沒有停止普及我所認知的財商知識、協助貧窮家庭重建家園，推動青少年理財觀念課程，並策畫與主導許多成功企業家培訓，甚至獲邀到世界百大大學成為青年創業論壇的專題講師，向正要踏入人生重要轉折點的莘莘學子分享創業時的心路歷程，希望讓學子有所啟發與心理準備。後來，我更是受邀請至不同國家的舞臺上為正在創業的人分享經驗。

　　記得二〇一五年，在新加坡會展中心的演講過後，一位素未謀面的觀眾來到後臺，緊緊握著我的手，激動萬分地說，她把幾年前我在香港會展中心的一次演講錄下來，並在每次遇到挫折的時候反覆聆聽，彷彿能從我的故事與能量中受到鼓勵，讓她重拾信心，以至她後來達到成功。

　　我體會最深的就是，一個人必須不斷創造價值、發現價值、增加價值，因為我相信財富永遠會流向那些有價值的人事物上。在過去的幾年間，我感到非常幸福，我見證了許多學員的成功故事；同時，當我分享越多，總結的

經驗便越純粹。事實上，我認為透過教導別人及傳授經驗後，自己學習得更多，自己才是最大的得益者。

透過這些我親自參與其中的成功見證，讓我更確定，成功是有跡可尋的，重要的是堅持自己的決定，保持謙虛的心態，傾聽別人的意見，結交志同道合的朋友，勇敢面對自己的不足，時刻做好充足的準備，並且不要害怕賺錢，因為賺了錢才能給予更多，以及幫助有需要的人。

在成功的道路上，我最大也是最意外的收穫之一，就是成功影響了一位想都沒法想像能影響到的這一位——帶給我生命的他。每個人的心中，都住著一個無人能敵的英雄，可以是鋼鐵人，也可以是孫悟空，但我心目中的英雄是頂天立地的父親。

自我出生以前，父親便有抽菸的習慣，從來菸不離手，工作忙的時候，每天抽兩、三包菸（四、五十根）都不在話下，平時有所減少，但也從未間斷；菸是一種有成癮性的東西，抽多了，無論是身體還是心理，都會對菸產生依賴，一會兒不抽，就渾身難受，所以縱使我們一家都很擔心他的健康，希望他能戒菸，但畢竟這是持續快五十年的習慣，又怎能說戒就戒？除非有絕對的決心與信念！

聽母親說，家裡某天夜晚，她隱約看到父親在煙灰缸中熄滅了那抽了一半的半支菸後，突然打開抽屜，將所有的香菸和菸具都丟進垃圾桶裡，就這樣說不抽就不抽了。是的，從此以後父親就沒再抽一根菸了，不需要戒菸貼，也沒吃戒菸糖，甚至在朋友再三慫恿下也是無動於衷，僅靠著自己強大的意志力便戒菸成功，令我感到由衷的佩服。即使父親從未表現任何異樣，但我相信在他平靜的外表下，戒菸的過程肯定會讓他的心理和生理經歷一番煎熬。

我曾問母親：「為何父親突然會戒菸呢？而且一次到位，這麼徹底？」

母親的回應讓我感慨良多，她說：「還不是因為你？你爸說，他看到你今天有這番成就，他也該顧及一下自己的健康，便決定戒了。」

　　那一瞬間，我突然覺得過去再多的堅持與辛酸，一下子什麼都值得了。自少學習不孝有三，其一則為「事謂阿意曲從，陷親不義，一不孝也」，意味盲目地順從父母，有誤而不勸說，視為不孝。面對父親抽菸習慣而沒有成功勸退，我一直認為這就是我的不孝。誰知，我竟然能透過自身的努力不懈，小有成就後，反過來影響父親對健康的重視，並願意做出改變，我想這也許是一種孝義吧！**一個人有了孝道，就有了恩義的善根，就能向外延伸到生命中的每一個人。**

　　二〇一七年，一次偶然的機緣下，我和Karen造訪了被稱為「世界上最美的島嶼」的大溪地波拉波拉島度假，那是一座難以分辨是夢境還是現實的島嶼，四周清澈珊瑚環礁散放寶石般通透的藍，與純白沙灘互相融合，是受上帝恩賜的祕境，親歷其景，彷彿置身仙境，令我有時間可以沉澱自己。

　　一天的夜晚，我們坐在海上小屋的陽臺上，看著滿天繁星，徐徐的海風拂過耳際，聽著一陣陣的海浪聲，令我的思緒飄回過去幾十年的光陰，想起年少時的回憶、創業時的經歷，以及成功後的心境，我更堅信成功的意義不是擁有多少，而是能夠給予多少、幫助多少人。

　　當時我問自己：「我還需要做些什麼？我還能做些什麼？」我終於想到了，我希望把自己對於成功的理解、個人的經歷，以及其中的奧妙寫成一本書，分享給所有在成功路上拚搏的朋友。以前的我，中英文都不是特別好，更別提寫出一本書來，可是就像父親戒菸的啟發，只要有絕對的決心和信念，就沒有不可能。

　　關於撰寫《成功之輪》，這又是另一個漫長的故事，過了五年，終於在四十歲以前完成這個心願；雖然我即將四十歲，對自己還是充滿信心，我正以第二個成功之輪的「巔峰」出發；獲得個人的成功固然重要，但最讓我激動的是在過程中所體現出來的個人價值，我期望可以透過有限的影響力，做出最大的貢獻，幫助曾經或是正在成功路上迷茫的人，找到方向，這便是我在新一輪成功之輪的「目的」。我認為那是一種行善的根源，因為**成功，不**

在於贏了多少人，而在於幫助了多少人，將有價值的信息，傳遞給身邊的朋友，讓他們變得更有價值，就是做了件好事，所以說：**「行善」的最高境界不是施捨，而是引路。**

《成功之輪》中包含的十二個篇章，從「目的」至「巔峰」，每個都是我一步步實現成功的親身體驗的總結，真心希望對你有幫助。所謂山有峰頂，海有彼岸，漫漫長途，終有迴轉，餘味苦澀，終有回甘。世上沒有被夢想拋棄的人，只有被人拋棄的夢想，未來無限光明，它將會為越來越多的人帶來快樂和自由，願主祝福你，並祝你早日成功登峰。

何謂「巔峰」

巔峰可解釋為山峰的最高點，亦可比喻為事物發展的最高點；成功登峰的人才會真正感受到那種苦盡甘來、吐氣揚眉、出人頭地的莫大之喜，在那裡的風景特別美麗、空氣特別清新，回頭一看盡是各種美好的回憶，放眼望去亦是一片美景，俯瞰群山，豪情滿懷。

正如奧斯卡最佳紀錄片《赤手登峰》（Free Solo）的主角——攀岩運動家亞歷山大·霍諾德（Alexander J Honnold）說到：「那天在酋長岩上，是我人生中最滿足的一天。」故事是這樣的，霍諾德經過長達兩年的準備及刻苦鍛鍊後，成為歷史上首位在沒有使用任何安全裝備保護，無繩索獨攀的情況下，成功徒手攀登比世界上最高的杜拜哈里法塔更高的「酋長岩」（El Capitan）的第一人。酋長岩本身高達九百十四公尺，山頂的海拔高度達兩千三百零七公尺，是近乎垂直且堅硬的花崗岩，光滑的表面上幾乎沒有任何抓握點，被業界視為徒手攀岩的最高成就，有魔鬼峭壁級別之稱；他的這項成就不僅成功締造了世界紀錄，更被《紐約時報》稱頌為人類歷史上最偉大的體能極限挑戰運動成就。

　　這個扣人心弦、驚心動魄的紀錄片，展現出一位追求登峰的攀登者所具備的精神與態度，事實上，在所有攀登者身上永遠都有一顆追求卓越的心。同樣的，一旦啟動了「成功之輪」，你就是一位「攀登者」，終點就是走向「巔峰」，即完成當初所設定的首要目的。

　　不管目的是實質上的金錢、地位、成就，或是心靈上的幸福、快樂、自由，還是活出自己想要的樣子、想過的生活，經歷了成功路上無數次的突破、由淚水與汗水交織出的道路，到達頂峰之時，正是榮耀之日，也是具歷史意義的一刻！

你的人生你決定

　　每個人對成功的定義都不盡相同，不用懷疑自己，成功就是要活在自己的手裡，而不要死在別人的嘴裡。

　　無論是平凡不過的夢想還是驚世駭俗的成就，只要能達到你的首要目的，都值得大聲歡唱，因為除了你自己，沒有人可以批評或否定你的價值觀與成功。

　　你走過的路，沒有人能比你更清楚，每次面對未知的恐懼、每次惘然無助的徬徨、每次獨自承受的孤寂、每次被人誤會的委屈、每次選擇錯誤的遺憾、每次人事異動的無奈、每次低潮失意的狼狽、每次掉落谷低的絕望，這些經歷不單是成就你走向巔峰的階梯，也為往後再衝下一個「成功之輪」的巔峰打下良好的根基。

　　對於亞歷山大‧霍諾德成功攻克酋長岩，外界也曾經有一些質疑的聲音，有人批評他的「錯誤示範」會讓更多年輕人去效仿、去冒險，而當意外發生時為了收拾殘局，也會置救難人員於險境，甚至有激烈反對者稱極限運動員只是一群多巴胺的「癮君子」。

在此我先不對這些觀點做出回應，就如霍諾德在電影中所展現的一樣，他是為了自己的夢想而攀爬，而不是為了他人的期望而攀爬，也許以上的評論對大眾有參考價值，但無可否認，霍諾德的鬥志和精神，也能給人帶來勇氣去面對生活中的困境和挫折。

正當大家在熱烈討論的時候，專注的霍諾德早已出發往下一個目的邁進了。藉口與成功從來不在同一個屋簷下共存，要藉口沒成功，要成功沒藉口，登峰後再考慮修正吧！畢竟完成後的檢討修正，遠比在矛盾之中原地踏步更具意義和價值。

屹立巔峰的祕密在於品德修養

人的價值，不在於擁有多少錢財、房子有多豪華，而在於品德修養的高低；品德修養就像是一個人的第二個身分證，代表他真正的形象。

作為登峰者，勢必會帶來更大的影響力，受到別人更多的目光和關注，這時，個人的言論和行為免不了也會被放大，如果個人品德修養很差，一旦被發現，將會受到更猛烈的批評和質疑，甚至會造成嚴重的後果。

正如《資治通鑑》中，司馬光就提到：「才能是品德的資本，品德是才能的首要。有才有德是聖人，無才無德是蠢人，德勝才者是君子，才勝德者是小人。自古以來，擾亂國家的奸臣，敗壞家業的逆子，都是才能有餘而品德不足的人，最終導致國破家亡的。」

換句話說，品德修養上的缺陷，是任何能力都無法彌補的，不管多聰明，多能幹，背景條件有多好；一旦「才能」勝過「品德」，在追求成功的過程中，很容易受到名利誘惑，變得驕縱、貪婪，甚至殘忍，對於這樣的人來說，即使成功也是暫時的，人品就是做人的品牌。以下提出幾個屹立巔峰的人必備的品德修養。

感恩才能延續運勢

　　中華民族被稱為「禮義之邦」，是因為自古以來重視禮義的教育；禮的核心是敬，是將感恩之情進行儀式化的呈現，如禮貌、送禮；而「義」的核心是指合宜的道德、行為或道理，是對不求回報的施恩行為的鼓勵，所以說「禮義」可以解讀為對感恩文化的落實。

　　早在史學經典《史記‧禮書》中已有提到：「故禮，上事天，下事地，尊先祖而隆君師，是禮之三本也。」大意是，禮的根本可以概括為三條：對上敬奉天；對下敬奉地；同時尊敬祖先、君主、老師。禮義之教育，就是重視感恩的教育，讓人懂得施恩和感恩，從而使大規模合作得以完成並持續，互相取長補短，進而成為一個巨大的命運共同體，發揮協同效應的力量，達到強強聯合的結果。

　　事實上，巔峰中也會有陷阱，就是很容易進入自我感覺良好的狀態，產生錯覺，誤以為登峰成功的一切只因為自己，而忘記或有意忽略了那些曾經對自己伸出援手的人和事，俗稱「忘本」。無可否認，攀登巔峰的過程中，本人投入的部分占據高達99%，可是，成功路上往往一失足成千古恨，再回頭已是百年身，也許正是當初那不起眼的一個建議、一次忠告、一下點撥，已在無聲無息中讓你避免掉進萬劫不復之地的結果。

　　成功絕對不是單打獨鬥，也不是只靠自己一個人爬上來的，這是經由身邊許多人的幫助、鼓勵、鞭策，甚至是刺激；成功需要的四種人：「名師指路，貴人相助，親人支持，小人刺激」，無論是四種人的哪一種都值得我們感恩，因為不管是正面或負面的聲音，最終都會轉化為成功道路上的神奇力量，造就了你的成功！

　　自古提倡「飲水思源不忘本」，必然有它的道理，運氣不可能伴隨一輩子，如欲避免名師不待見、貴人不相助、親人不支持、小人來不停，在巔峰之際，應當多心懷感恩，這是轉變能量並能吸引更多想要的東西的有效方

法。學會每天感恩、感激一切，你將會被鎖定在感恩的頻率上，一切美好的事物都會到來；切記，感恩，才會天長地久，珍惜，才會真正擁有！

誠信是不可越過的底線

誠信的英文是Integrity，其字源是拉丁文的integer，有「完整」或「完全」的意思；當形容一個人有integrity，代表這個人能夠保持品格上的完整，即使在誘惑或壓力之下，仍能遵守道德和人格的核心價值，確保思想、言語和行為一致，不因利益去決定自己的言行，即是誠信。**誠信是做人之本，鑄就人的品質，是決定成敗的關鍵**；知名作家魯迅先生也曾說過：「偉大人格的素質，最重要的莫過於一個『誠』字。」

誠信的個人品德修養包括：誠實、守信、正直、真誠、尊重他人、遵守規則與法律、社會公德意識。追逐成功的過程，寧做誠信的傻子，不做虛偽的智者；遵守諾言就像保衛榮譽一樣的認真，因為誠信正是為人的基點、事業的支點、成功的起點。

到達巔峰之時，個人所做出的承諾會隨時被別人檢視和挑戰，因此千萬不能掉以輕心，隨時想像自己在「上帝視角」監視自己的行為，並不斷提醒自己什麼是該做的、什麼是不該做的，三思而行，必有後福。

承諾就像一把雙刃劍，如果能做到誠實守信、一諾千金，將會建立良好的信用和信譽，贏得別人對你的信任和尊重，即便身在頂峰之際也能站穩陣腳；反之，如果做人做事不踏實、言而無信，將會失去過去建立的一切，因為信任像一面鏡子，一旦破碎，便難以黏合，站在頂峰也會搖搖欲墜。

作為一個登峰者，將會有更大的發言權和隨之而來的擁護者，很多時候，別人會因為你的成就和功業而選擇相信你，這一份信任既珍貴卻又脆弱，必須好好保護。

　　所謂「海納百川，以誠為先納天下之才，有容乃大，以信為重領潮流之首」，人若誠信，就會有人和你交心，廣集人材；人若失信，誰都會對你死心，離你而去。

　　謊言就像一把刀，插在信任你的人心上，要多疼就有多疼，所以別欺騙別人，即使能騙到一部分人一輩子或者騙過全世界的人一陣子，但勢必無法瞞過全世界的人一輩子；常言道，失信是失敗者的墓志銘，誠信是成功者的座右銘，承諾重於泰山，信譽高於生命，它是緊次於生命一般的重要，是成功者不可越過的底線。

懂「謙」之人，總能時來運轉

　　古今中外，所有的經典著作無不對「謙」的品德修養做出高度的認可和評價，甚至會毫不保留地批評驕傲自滿的人，而致力擁護謙虛、謙卑、謙和的人。正如《聖經》中說到：

- 《箴言》（11：2）：傲慢來，羞辱也來，謙卑的人卻有智慧。
- 《彼得前書》（5：5）：各人要彼此以謙卑為裝束，因為「神」敵擋驕傲的人，賜恩給謙卑的人。
- 《馬太福音》（23：12）：凡高抬自己的必被降卑，凡自己謙卑的必被升高。

儒家的四書五經中也說到：
- 《尚書》：「滿招損，謙受益。」指自滿招致損失，謙虛得到益處。
- 《中庸》：懂得謙虛，是精進自我的必要方式，為大智慧。
- 《周易》的六十四卦中，其中有一卦是：上為「坤」表示地，下為

「艮」表示山。山藏在地下面，就像一個人把實力隱藏起來，示人以平易，聖人稱此卦為「謙」，並且給予謙虛、謙卑等「謙」的品質，最無保留的褒揚，此卦中的六個爻辭全部為吉（即無不利），這在六十四卦裡是獨一無二的。

君子謙謙，無往不利；「謙」是一種返璞歸真、居功不傲、光而不耀的境界，遇事不明也不會裝腔作勢，知道不恥下問，就算學問淵博、成就非凡，也不驕縱、不自誇，更不會蔑視別人。「謙」絕對不是軟弱、膽怯，更不是害怕的象徵，而是表示我們認知自己真正的力量所在。所以，**會「謙」之人，必有三得：得智慧、得人緣、得福氣。**

許多人站在頂峰之時，未能領悟到謙卑的真諦，自認為已經很優秀，以至虛榮心作祟，結果當自己還在陶醉時，別人已經在飛速進步；因為自己不願意繼續深造和創新，慢慢把今天的優勢被明天的趨勢所取代，當危機已經出現，甚至有人提醒，他亦會聽若罔聞，陷自己於危難之中，結果從高處狠狠地摔下來。

總而言之，在巔峰時，莫忘了一句老話：「世界上唯一不變的就是變。」時代變、人事變、市場變，很多時候當人成為了成功者，視野反而容易變得狹窄，固步自封；所以越是成功，越需要拿捏好「謙」的分寸，如「不足」則太過驕傲，如「過度」則變成虛偽；正如稻子一樣，成長時要懂得挺起腰，面對風雨面不改色，長高後卻需要懂得彎下腰，謙虛學習，以戰勝過去的自己為新的目的，因為世界上最強大的敵人不是別人而是自己。

永保謙卑，懂得在掌聲中看到自己的不足，推倒重練，再登高峰；做到謙虛謹慎，才能保證長久的成功。

做一個謙虛的人，就能同時擁有平靜的心、坦蕩的心、進取的心。

做一個謙虛的成功者，你不只擁有一個高尚和優良的品格，更擁有了可以推動人群走向更大成功的力量！

回饋社會、傳授經驗，是成功的祕密錦囊

在很多人眼中，富豪之間的較勁，可能是比豪車、比遊艇、比生活，可是，兩位前世界首富：微軟創辦人比爾‧蓋茲（Bill Gates）和股神華倫‧巴菲特，卻為世人樹立了一個好的標竿，讓人看到不一樣的境界與高度，除了拚投資、拚事業、拚身家，他們拚的還有「慈善捐贈」。

根據調查，直至二〇二一年為止，比爾‧蓋茲和巴菲特的累計捐款金額，已分別超過四百億美元，在《富比士》公布的全美富豪慈善家排行榜中名列前兩大，他們成功幫助無數的生命，為人類未來帶來巨大的貢獻。

東方哲學有一句話：「捨得，捨得，先捨則後得。」而西方諺語則說：Giving is receiving（給予就是接受）。其實所表達的都是一種「捨得有限、贏得無限」的精神；真正有智慧的人，能捨，也敢捨。

越王勾踐捨棄了一時的尊嚴，換來了後來的復國霸業，雪洗前恥；捨得是一種領悟，一種豁達，一種智慧，也是一種人生的境界。小捨小得，大捨大得，不捨不得，越捨越得。生命的價值不在獲取多少，而在於付出多少；這兩位前首富在持續捐贈和親力親為投入其中的情況下，財富累積的速度不降反升，可見一斑。

世界上，大多數的東西都是越分越少的，但是「愛」和「智慧」卻能夠越分越多；當這份禮物傳遞給足夠多的人，讓自己成為別人的貴人時，必然會讓更多人擁戴你、愛護你、幫助你，逐漸為你帶來更好的人緣、更多的運氣，遇事總有貴人相助、逢凶化吉，就好像銀行存款一樣，平時多累積，當有需要時你就會發現它的意義和力量。

俗話說：錦上添花易，雪中送炭難；當一個人意氣風發，人生得意時，很多人就會想方設法地和你打好關係、誇獎你、敬仰你，這是一個危險的訊號，必須要有危機意識，切記要警惕自己不該自鳴得意「翹尾巴」，應該要趁這個機會發揮影響力，傳授經驗和智慧給更多人，幫助別人走出低谷，做

到雪中送炭，這才是最大的成就，因為**成功不是取決於你積累了多少，而在於你給予了多少。**

正如世界傑出華人獎得主、亞洲天王巨星劉德華先生所言：「**學到了就要教人，因為自己也是跟著別人學的，賺到了就要給人，因為在自己能力所及的地方，能幫助就幫助，無愧於心就好。**」如果能鼓舞別人擁有更多的夢想、學習更多、行動更多及改變更多，你就是一位成功者；所謂獨樂樂不如眾樂樂，一個人的成功固然精彩，一群人的成功才真正具有非凡意義！

以前，可能是因為某一位成功人士的鼓勵和指引，而造就了今天的你，已經成功的你，何不延續這份「愛」和「智慧」，帶著使命感去幫助更多渴望成功的人，成為別人的典範，讓正迷失在黑暗中的人突破重圍，邁向成功呢？懂得提高別人，等於抬高自己；能夠在他人迷茫、落魄、危難時，有能力、有心胸、挺身而出去幫助他人的人，肯定是個大氣的人，樂於分享、勇於承擔、不吝於貢獻，他們會成為世界上的光和鹽，真正做到用生命影響生命，這崇高的品德會把你的成就延續下去。

巔峰之後的選擇

人世變化無常，不會永久順境；走向人生巔峰的時刻，更需要保持沉穩的心態，做到不亢不卑、感恩珍惜、心胸寬闊、居安思危、保持警惕、再闖高峰，才能延續你的成就，否則將會逃不過遭受淘汰的命運，或者會因失去目的而變成空虛迷茫，這也是屢見不鮮的事。

很多人在成功以後，難免容易得意忘形、驕橫自大，從此不再謙卑學習，猶如杯子裡已裝滿水，再也無法倒入更多的水，所以沒法繼續進步，競爭力也就會隨著時間流逝而下降，甚至會因此而沒落，真是十分可惜。

問世間是否只有此山最高？顯然不是，所謂一山還有一山高，到達頂峰

的人會發現，前面只有兩條路可以選擇，一條是下山的路（代表不再需要為上坡而奮鬥，可是從此以後，未來只剩下滑落至谷底的結果），而另一條路則是稍微下坡後接著再往下一個高峰攀登（代表接受新的挑戰、新的定位再創輝煌），該選擇哪一條，真的顯而易見。

正如世界頂尖領導大師約翰·麥斯威爾博士所說：「**任何值得做的事都是上坡的。**」如果人生中希望繼續創造價值和意義，必須不斷突破一個又一個的高峰，好比股票指數中的上升趨勢圖一般。再看《赤手登峰》影片中的最後，當霍諾德實現八年來朝思暮想的願望以後，接下來要做的竟然是繼續指力訓練，這種收尾方式，正是屬於一位夢想家的偉大，代表著人類無限的潛能與無止盡的夢想。在總結、沉澱、調整之後，便應為下一個夢想做準備，展開新一輪的成功之輪！

所謂理想，如果只用眼睛而不用心，再近也看不到；如果用心看，再遠的距離也能看到；喝茶要喝出茶味，人生也要活出自己的味道，這是一種境界；成功之輪不停輪轉，從起點轉到終點，終點亦是起點，在人生道路上越走越遠，在理想山峰上越攀越高，正是成功之輪的精髓所在！

實·踐·練·習 23
登上巔峰

｜金句

要改造世界，得先改造自己；要成就事業，得先勞苦自身；要勝利登頂，得先奮力攀登。

——佚名

┃目的

　　成功的人都是不斷攀登命運峻峰的人，本訓練會透過「體驗」的方式，讓人邁開腳步，腳踏實地的走一遍，從山腳走到山頂來體會登峰過程中的點滴，並在山頂上進行「靜思、反思、我思」的思考，從而洗滌、淨化、涵養自己，在體悟中提升自己的心胸、格局與眼界，然後再次出發。

┃練習方式

　　以本書所提出的四個象限、十二個成功必經之路為藍圖，借登山運動的體驗，當作一次達到目的的經歷。從確立正確思維開始，讓自己對征服一座高山而產生興趣與期待（第一象限：思維篇），進而積極地做好準備與計畫的工作（第二象限：行動篇），然後在正式行動時，對於所產生的心境變化進行有效管理，以及與同伴之間達到有效溝通（第三象限：人性篇），透過反覆嘗試與鍛鍊，堅毅地走向頂峰（第四象限：大道篇），而獲得成功。

　　最後在抵達峰頂之後，站在高處的地方，看向遠方的風景，回想登山的感受，並以該心情去「悟」，總結成功路上有價值的智慧、結晶，領悟「珍惜該珍惜的、感激該感激的、發現該發現的、把握該把握的、原諒該原諒的、忘記該忘記的、發洩該發洩的、接受該接受的」，達到放大格局、廣闊心胸、放遠眼界的結果，成為未來的一股力量。

　　請依照以下的步驟進行本訓練中的登山活動：

❶第一象限：思維篇（目的、正面、熱情）

・了解這次挑戰的價值與意義，明白這不是一般的登山遊玩，而是一個有明確目的的訓練，就是「透過登上山頂的體驗，站到成功者的位置去思考」。

- 選定一座在自身能力範圍內能走到的最高山峰，做為挑戰的目標。
- 保持積極正面的態度與熱情，準備迎接登山的挑戰。
- 相信自己一定能做得到，相信過程一定有好事發生。
- 對這次的經歷充滿期待，相信是一次絕佳的學習機會。
- 承諾即使遇到挫折也不會放棄，並會心存感恩、樂觀面對。
- 承諾會用心享受過程中的每一刻，並對此次挑戰充滿熱情。

❷第二象限：行動篇（主動、計畫、準備）

- 積極尋找目標山峰相關的資料，如氣候變化、地理環境、風險評估、新聞資訊、專業分析、難易程度等。
- 主動請教有經驗的朋友關於登山的注意事項，並邀請朋友一同參與登山活動，避免獨攀。
- 做好登山計畫：根據參與登山成員的體能、技巧與經驗等情況，詳細規劃合適的路線、行程、所需時間等。
- 計畫行程時，可以在登山路線上，設定中途休息站做為分段目標，直至終點。
- 檢查登山裝備與食物：攜帶充足的飲水及食物、登山杖、防蚊液、防曬／防潮／防雨／防蟲裝備、保暖衣物、地圖、指北針、GPS、充電寶、低音哨、照明工具、醫藥包等。
- 預先安排至少一位可靠的「聯絡人」，告知對方你的行程與安排，並約定特定時間會報平安。
- 出發當天早上，為自己錄製一個短影片，講出當下的心情與對此訓練的期待，給自己一個正面的肯定和激勵。
- 正式出發前，與其他參與者拍一張大合照，並互相鼓勵，拍一拍彼此的肩膀，說一句：「我們頂峰見！」寓意勉勵彼此，承諾自己不會輕言放棄。

❸第三象限：人性篇（人、痛苦、玩）

- 登山時以小隊為佳，小隊中選出較有經驗的人擔任隊長領隊和兩位副隊長。然後適當地委任其他成員負責不同的職責，這樣能有效增強團隊的合作精神。

- 一位副隊長在前面開路控制步行速度，另一位副隊長負責走在最後，確定沒有人掉隊，而正隊長則在兩位副隊長之間，穿插在隊伍中間以保持前後呼應，並隨時把握全局，其他人可分配為：一人負責團隊不分散、一人負責提醒糧水補給、一人負責注意時間、一人負責健康狀態、一人負責緊急應變……等等。

- 小隊中難免會有不同個性、不同經驗、不同體能的人，因此過程中要強調溝通的重要性，並以「我們」取代「我」，過程中做到互相扶持、互相包容、互相配合、互相監督、互相尊重。

- 過程中，可能會很累、不習慣，甚至抱怨，請隨即讓自己做到轉念，以「感恩」面對「失意」，以「包容」面對「痛苦」。

- 為增添登山的趣味性，可設計屬於小隊的識別系統，表現小隊特色，譬如：隊名、口號、隊徽等，加強小隊的凝聚力和團結性。

- 如有多於一個登山小隊，可設計適合的競賽，製造良性競爭的氛圍，以遊戲激發眾人的鬥志，同時培養團隊精神，讓人重視團隊榮譽。

❹第四象限：大道篇（練習、堅毅、巔峰）

- 登山要有良好的體能，步伐的控制以及呼吸節奏的掌控，缺一不可，建議平日用「爬樓梯」的方式來訓練體能、步伐、呼吸，每天爬上十層樓的高度，坐電梯下來（避免膝蓋受傷），然後再爬上去，以這樣的方式持續訓練。

- 登山也許不是一次就能成功登上峰頂，不必感到沮喪，可以欣賞沿途風景，下次繼續挑戰，直到成功。

- 大部分的人選擇放棄，都是發生在出發的前一晚，總會有各種不去的理由，這正是「噪音」與「誘惑」的階段。

  這個時候最好不要再想「做不做」，而是把思緒切換到「怎麼做」的問題上。

- 過程中，不斷給自己與隊友喝采、肯定，一步步向山頂邁進，讓團隊一同成功。

- 到達頂峰以後，可以做一些舒展身體的動作，呼吸一下大自然的空氣，放鬆並享受成功的感覺。

- 找一處安靜的地方盤腿坐下，瞭望遠處，開始沉澱思考，透過靜思、反思、我思，領悟成功的真諦。

  － 靜思：靜下心來好好思考，不單能清除煩惱，也能產生更多創意和靈感；多沉澱靜思，會逐漸讓你控制表層意識，排除干擾，並完全正確地感受到無瑕的淨化思緒的過程。

  － 反思：回顧過去的總總經歷，發現做得好與不好的地方，你沒有必要譴責自己，也不必去自我爭論，你只要了解當時的判斷、選擇，並反思一下，如果能重來，怎麼做才能做得更好。

  － 我思：我思故我在，要肯定自己存在的意義與價值，不以過去的錯失來否定自己或未來，慢慢回到原點、回到初心，在內心中找到真正的自我，整裝待發，再創輝煌。

注意事項

- 登山前，要看一下旅遊門診以評估身體狀況。
- 登山時，勿破壞環境，不要遺留垃圾，保持適當安靜。
- 登山時，一天約需要補充兩千毫升以上的水分，一定要注意，避免缺水、中暑等情況。

┃思考

❶登山的過程中曾遇到什麼困難？你又如何解決？

❷成功登峰的第一感受是什麼？

❸你如何策劃及與人交流來達到登峰的結果？

❹你如何使用成功之輪十二個章節中的智慧來完成登峰？

❺如果把登山的各種挑戰看作事業的歷練，崎嶇的山路看作成功之路，
　當你經過彎曲的山間小徑和陡峭山壁時，會如何看待這些體驗？

┃總結

　　回憶過去，也許會留下汗水、淚水，心中也會百感交集，你可能會因為
喘不過氣而有放棄的念頭，但同時你的目標也在驅使你一定要堅持下去，再
多幾步，也許就會到達終點。同伴之間的羈絆是強大的力量，在相互扶持和
鼓勵中，不知不覺就能度過一個個難關、困境。所謂關關難過關關過，每次
的跨越都是一種進步，回頭一看總會有一種柳暗花明又一村的感受，這個體
驗將成為成功登頂的一份鼓勵。

　　山頂上，望著一望無際的風景，呼吸著清新的空氣，聽著鳥叫聲，你要
為自己感到驕傲，也為同伴喝采。看看遠方，你會發現這世界多麼的美好，
既然能征服一次的成功，何不繼續挑戰下一個呢？世界那麼大，你的使命才
剛剛開始而已！

　　你很優秀，但千萬不要滿足於你的優秀，因為優秀是卓越的敵人，它會
削弱你的進取心，降低你被激發潛能的機會。你要知道，無論你多麼優秀，
總有人比你更優秀，而你能做的就是讓自己比自己更強一點，更出色一點。
不停地挑戰自己，才能挑戰一切的不可能。害怕失去「優秀」的頭銜，做事
反而會有太多的顧慮，你會感到患得患失，結果或許你保住了「優秀」，卻

永遠也沒法成就卓越。「卓越」，是因為不會怕放棄優秀！讓自己成為一位卓越的人吧，儘管相信自己，抬頭挺胸說一句：「我是最棒的！」

實・踐・練・習 24
寫下你的成功故事

|金句

人生不是一支短短的蠟燭，而是一支暫時由我們拿著的火炬。我們一定要把它燃得十分光明燦爛，然後交給下一代的人們。

——諾貝爾文學獎得主，西方大文豪，著名劇作家，蕭伯納

|目的

如果快樂不能與人分享，就不算是真正的快樂了。為了能把個人的成功經驗有條理地傳承下去，本訓練會請你透過文字紀錄的方式，寫下成功過程中的種種歷程、體會，最終能成為別人的榜樣、借鑑。

|練習方式

人類的智慧能夠延續傳承，大致分為三個傳播階段：第一階段是口耳相傳，第二階段是書寫文字，第三階段是電資流通的時代。人類最初的溝通模式就是口述，而其中最讓人記憶猶新且能流傳千古的，往往都是扣人心弦、曲折離奇、引人入勝的故事。

　　故事是最古老且具影響力的工具，也是最有說服力的溝通技巧。人人都愛聽故事，具體的事實、資料與個案，往往無法讓人心悅誠服；而一個故事卻能說服人們，並使人得到激勵與啟發。

　　透過寫下你的成功故事，可以讓更多人受到啟發，幫助更多人在困難中看到曙光，在絕望中看到希望。

　　在這個訓練中，會以成功之輪的理論為基礎，以及你的成功經驗與感悟為藍圖，從四個象限、十二個成功關鍵要素中，構思屬於你個人的成功故事框架。請寫下以下項目的內容。

　　a)當初追求成功的目的是什麼？

　　b)如何保持正面態度？

　　c)如何保持熱情？

　　d)採取了哪些主動的行動？

　　e)為成功做了什麼計畫？

　　f)為成功做了什麼準備？

　　g)過程中曾遇見什麼人？

　　h)曾經歷了什麼痛苦的事？

　　i)如何做到苦中作樂地面對這些困境？

　　j)如何透過刻苦練習，掌握一個個不熟悉的技巧？

　　k)如何讓自己成功堅持到底？

　　l)最後達到巔峰後又有什麼心態？對未來有什麼展望？

　　透過撰寫這些成功路上的精彩內容，包括其中的阻礙、轉折、結果、結局並分享出去，可以引起更多同在成功路上的人產生共鳴。所謂：窮則獨善其身，達則兼濟天下。一個有智慧之人，一個經濟富裕之人，應該多幫助他人並奉獻社會。如果你和許多人一樣，透過成功之輪的智慧獲得了你的成

功，請把你的故事傳到「成功之輪」的網頁上：www.thewheelofsuccess.com 與大家分享，從而使更多人能從你的經歷中獲得啟發。

成功之輪網站

┃思考

❶撰寫故事時，你有什麼啟發？

❷在寫故事時，你遇到什麼困難？你如何克服它？

❸如果你的成功故事能重來一遍，你會如何演繹它？

❹你希望以什麼形式，將自己的故事廣泛地影響更多人？

❺你希望自己的故事能帶給他人什麼意義？

┃總結

　　成功不在於自己完成了多偉大的成就，而在於你為世界帶來什麼樣的價值，對自己與他人帶來什麼樣的啟示。名列「世界十大文化名人」之首的孔子，被後世稱為「素王」，一位無冕之王。孔子雖然從未居帝王之位，卻因他的品德高尚以及其思想對後世有著深遠的影響，地位早已在君王之上了，時至今天，很多人也許不知歷代帝王的名字，卻無人不知孔夫子的大名，正好說明，成功不是你能贏過多少的人，而是你影響多少人、幫助多少人。

　　當你願意分享自己的成功故事時，就已經開始推開這一扇大門，世界的天平已因為你而產生變化，而你所發放出去的能量，也即將一步步推進世界走向更美好的未來。

寓·言·故·事 23
兩個成功錦囊

　　一個踏入社會不久的年輕人名叫俊賢，性格開朗、待人以寬、對未來充滿憧憬，從小就希望自己能夠成為一個有價值的人，幫助更多有需要的人。

　　俊賢知道「年輕很值錢，但不努力就不值錢」的道理，所以從來不怕吃苦，把握每次學習的機會，每當遇上有經驗的老師，都會主動虛心學習。如此這般，幾年過去，俊賢慢慢也掌握一些知識與經驗，可是，當他懂得越多，越發現自己的渺小，於是更渴望能找到成功的祕訣。

　　皇天不負有心人，有一天，他因緣際會得到了一位老師的指引，到深山向智者求取成功的真諦。年輕人翻山越嶺，跋山涉水，透過重重難關與幾番風雨，終於讓他找到了隱性埋名的智者！

　　年輕人俊賢向智者詢問成功的祕訣，白鬍鬚滿面的智者笑而不語，遞給他兩個錦囊，智者說：「有緣人，這裡有兩個成功錦囊，記住，在你成功之前可以打開第一個錦囊，待你獲得成功之後，再打開第二個錦囊。這兩個錦囊將會帶領你成為一位真正的成功者。」

　　俊賢萬分感激地抱著兩個錦囊，揮別莊嚴的智者後，便迫不及待地打開第一個錦囊，裡面寫著：「成功前，做事要挺直腰。」他細心琢磨著這句話的意思，並以這句話做為他的座右銘，開始全力衝刺事業，凡是遇到什麼辛酸苦辣的事，他都一直謹記這句話，堅持地挺過去，成功跨越無數個難關，直到幾年後，俊賢的事業開始有成就，也組建了一個幸福的家庭，走向人生的高峰。

　　一天晚上，在夜深人靜時，俊賢決定要打開多年前智者給他的第二個錦囊，裡面泛黃的紙張寫著：「成功後，做人要彎下腰。」他再次細細品味這句話背後蘊含的智慧，越想便覺得越有道理，無論成就有多大，更應該要謙

虛、聆聽與學習，才能成為更好的自己。他明白，如果自己把過去成功路上的經驗總結起來，並把知識分享給更多人，就能成為一位有價值的人，讓更多朋友一起邁向成功！

感悟

人貴在有自知之明，無論你的成就有多高，一定要清楚天外有天，人外有人，時刻保持謙虛和謹慎。在不同階段中，都應該要有做人做事的態度。故事中的智者把成功路上千百萬條的理論總結成兩句話，不是因為其他不重要，而是因為在追逐成功時，關鍵在於「永不言敗」，只要能挺過了難關便能成功。而當達到成功以後，如果想要持續地保持成功，關鍵在於「泰而不驕」，因為一個驕傲的人，就會容易固執，拒絕別人的忠告，並且喪失客觀標準，結果總是在驕傲裡毀滅了自己。

寓·言·故·事 24
狼王的精神

在一個競爭激烈的草原裡，身強體壯的年輕公狼阿浩打敗了狼群中所有對手，成功登上了狼王的寶座，成為狼群的領頭狼。阿浩當上狼王後，不單沒有怠惰，反而更加勤奮，除了繼續帶領狼群去覓食、嬉戲、管理，還每天訓練狼群中的精銳部隊，組織更有規模的狼群戰鬥陣營，因為在草原中還有其他狼群虎視眈眈，伺機入侵牠們這塊肥沃的土地。

經過狼王阿浩和精銳部隊的策劃與努力下，在幾次關鍵的戰役中，都能成功圍堵並擊退伺機來犯的其他狼群，大大地廣闊了狼群的疆土。在狼王阿

浩的領導下，有許多狼族也紛紛奔來投靠，在這片草原上已經沒有其他狼族可以威脅到阿浩的狼群了。

當大家以為這下子可以鬆一口氣，不用像以前一樣辛苦地操練了，殊不知阿浩竟然把訓練的規格再度升級，鍛鍊比以往更嚴格。狼群對此很不理解，危機既然已經解除了，為什麼還要這麼嚴格？狼王知道大家的心聲，便向狼群說明了自己的看法。

狼王阿浩對著大家說道：「身為狼王，我有責任讓狼群強大，可是安逸的日子只會讓大家逐步失去敏銳的觸覺，今天我們趕走了爭奪領地的狼群，但必然會有更強大的敵人出現。危機必然會出現，所以在它到來前，我們必須要立下新的標竿，學習新的技能，站到新的高峰。持續提升自己，才能保護自己和狼族。我們的對手不是別人，而是自己！」

聽了狼王的講述，群狼恍然大悟，從此以後，狼族除了堅守自己的本職崗位外，還不斷挑戰自己，迎來了一個又一個的高峰。

▍感悟

故事中，阿浩透過自己的努力從狼群中脫穎而出，然後帶著狼群一步步成長，最終成為草原的霸主，每次達到一個高峰後，便會往下一個更高的方向邁進，這是一種態度，也是一種精神。

達到高峰不難，難就難在持續保持在高峰，而方法只有一個，就是不拘泥於眼前的功名，勇敢地往更高的高峰出發。只有捨得有限，才能擁抱無限。巔峰，就是通往下一個境界的入口。

❶	❷
❸	❹
❺	

❶泰國拯救孩童慈善活動：為一群被拐騙且無家可歸的孤兒提供安全居所、建造可飲用的乾淨水源和可成長的環境。

❷澳洲Phillip Island拓展培訓：於澳洲舉辦四天三夜拓展活動，育教與玩樂並行，是結合體力、耐力、與腦力激盪的戶外培訓，生動活潑又有趣。

❸觀念釐清、實戰經驗研究，幫助更多人從平凡走向卓越。

❹馬來西亞精英培訓：兩天一夜的SST培訓，在疫情趨緩的時候，將線上會議完美銜接線下活動。

❺香港高峰會：國際展貿中心舉辦的領袖高峰會，齊聚亞太多個區域的精英領袖。

❻新加坡國際會展中心：與數千精英分享成功經驗。
❼於墨爾本會展中心演講完後接受採訪。
❽接受上台表揚傑出成就。
❾與來自世界各地的Global Galaxy精英領袖共賀週年慶活動，慶祝過去一年的佳績，展望新一年的輝煌。

Joyful-Life

15